Accounting Textbook Series in 21st Century

21 世纪会计学系列教材

《会计信息系统》
学习指导、练习与实验

薛祖云　主　编

林朝南　副主编

厦门大学出版社　国家一级出版社

XIAMEN UNIVERSITY PRESS　全国百佳图书出版单位

前　言

　　本书是厦门大学出版社出版的 21 世纪会计学系列教材《会计信息系统》(第四版)的配套用书。本书主要内容包括三部分:一是教材《会计信息系统》各个章节的学习指导与练习;二是习题的参考答案;三是会计信息系统实验。

　　本次再版修订的主要内容包括:(1)针对《会计信息系统》(第四版)教材内容的更新和修订,本书的第一、二部分进行了相应的修订,与教材保持一致;(2)对会计信息系统实验(第三部分)进行了较大幅度的修订。

　　本书第三部分主要修改之处包括:

　　1.调整了实验部分的结构,对章节进行重新编排。调整的内容包括:(1)将实验一"创建账套"与实验二"账套维护"进行归并,归并后统称为实验一"账套管理";(2)将实验五"总账参数设置"、实验六"会计科目设置与期初余额录入"以及实验七的第一部分"凭证类型设置",全部并入"总账系统初始设置"中,分两次进行说明;(3)将"UFO 报表系统"调到"工资账套的初始设置"前面,改为实验八。

　　2.增加了单项实验的内容。主要包括:(1)增加了外币设置及外币业务处理、结算方式的设置与运用、取消记账的方法、利用报表模板生成报表、工资权限的设置等实验内容;(2)增加各步骤的特别注意事项;(3)在综合实验部分增加了职工薪酬系统和固定资产系统的实验操作内容。

3.对各实验的具体内容进行了细微的调整和纠错。

本书修订由薛祖云教授总负责,参加修订工作的有林朝南、王琮、占萍萍等。限于编者水平,书中疏漏乃至错误之处在所难免,诚望广大读者批评指正。

编 者

2013 年 5 月

目　录

前　言

第一部分　学习指导与练习

第二部分　习题参考答案

第三部分　会计信息系统实验

第一部分　学习指导与练习

第 1 章　会计信息系统概述

本章要点

　　本章主要介绍会计信息系统的基本知识与相关的概念辨析,掌握这些基本知识以及准确地界定相关概念是学习后继各章节的基础。本章共四节,第一节介绍计算机系统与信息技术,包括计算机系统的组成、数据库管理系统、数据通信、计算机网络技术等;第二节介绍企业的交易循环与会计循环;第三节介绍会计信息系统的基本概念,包括数据与信息概念的辨析、会计数据和会计信息、会计信息系统等;第四节介绍会计信息系统的结构,包括功能结构、物理结构、组织结构和会计信息系统之间的数据关联。

　　本章学习应重点掌握:交易循环与会计循环的处理步骤;会计信息系统的基本概念;会计信息系统的功能结构、物理结构以及会计信息系统之间的数据关联。对交易循环、会计循环和企业信息系统结构示意图应有比较深刻的理解,下列示意图所展示的内容在其他各章节都将分别叙述到。

　　1. 会计是过程的控制与观念的总结,企业的经营、交易过程都要通过会计这个综合的信息系统进行总括反映。因此,交易循环的每个环节都会与财务处理与财务报告循环(会计循环)发生关联。如图1-1所示。

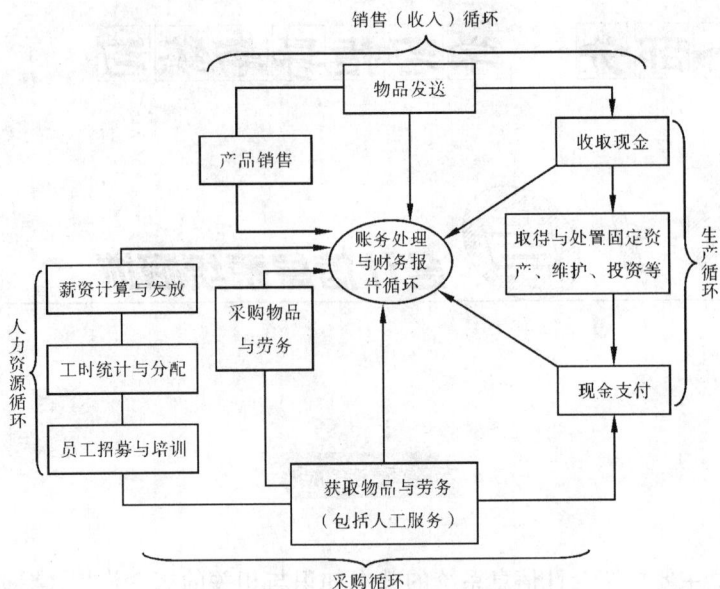

图 1-1　基本交易循环关系示意图

2. 会计是一个信息系统。为了反映企业的财务状况与经营成果,需要运用一定的方法与程序,周而复始地进行数据的输入、处理与输出,即构成了会计循环。在计算机环境下,会计循环中的某些流程需要进行重新整合,以提高数据处理的效率。因此,掌握传统手工会计循环的各个过程对理解计算机环境下的会计业务流程重组是至关重要的。如图 1-2 所示。

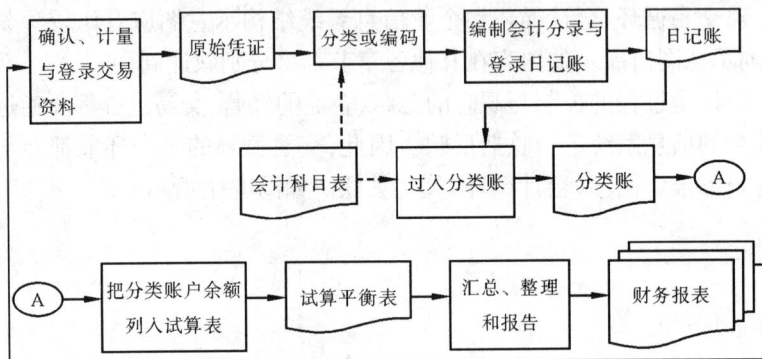

图 1-2　财务会计循环示意图

3. 在企业信息系统中,会计信息系统只是其中的一个子系统。随着企业信息化的深入开展,会计信息系统需要并入整个企业信息系统集成运行,因此,会计信息系统与其他子系统存在频繁的数据关联。如图1-3所示。

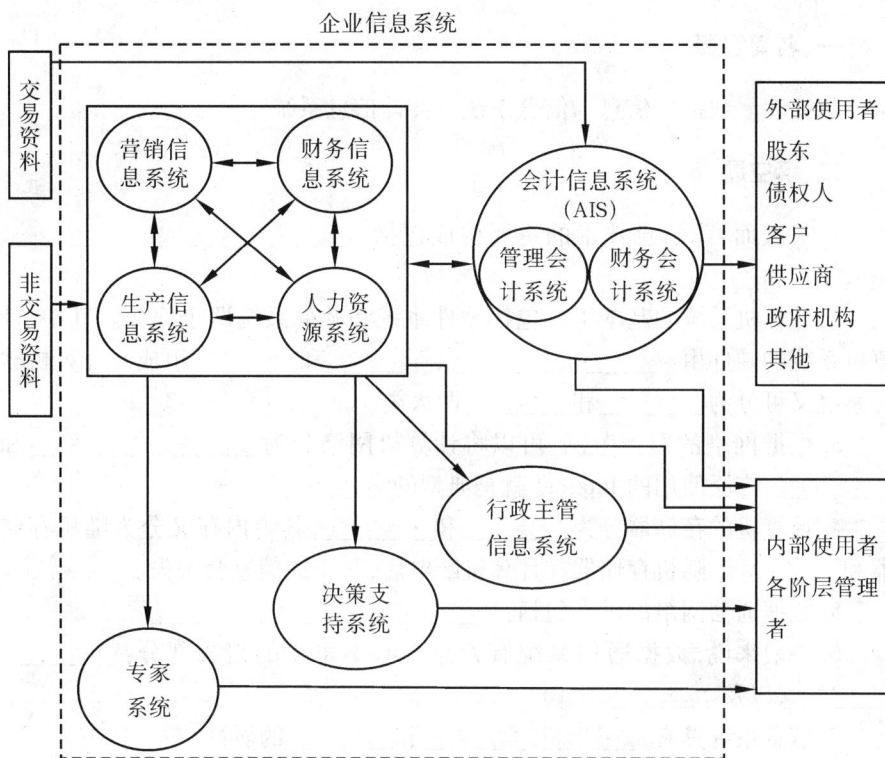

图 1-3 企业信息系统结构示意图

本章的重点和难点在于:如何将信息技术(主要指计算机技术)和传统的会计工作有机地结合在一起,理解计算机环境下的会计信息系统的功能结构、物理结构和系统内部的数据关联等。

习　题

一、名词解释

数据库　数据　信息　信息系统　会计信息系统

二、填空题

1.一般而言,信息技术的主要构成包括＿＿＿＿、＿＿＿＿、＿＿＿＿、＿＿＿＿和＿＿＿＿。

2.计算机系统的基本组成包括硬件系统和软件系统两个部分。其中,计算机系统的硬件由＿＿＿＿、＿＿＿＿、＿＿＿＿和＿＿＿＿组成。计算机软件系统又可分为＿＿＿＿和＿＿＿＿两大类。

3.根据网络的覆盖范围,可以将计算机网络分为＿＿＿＿、＿＿＿＿和＿＿＿＿。广泛使用的 Internet 就是典型的＿＿＿＿。

4.计算机的存储器分为＿＿＿＿和＿＿＿＿,其中内存又分为随机存储器和＿＿＿＿。随机存储器在计算机断电后,其中的信息会丢失。

5.数据通信网络的优点包括:＿＿＿＿、＿＿＿＿、＿＿＿＿。

6.一般来说,数据通信系统有着三个必不可少的组成部分:＿＿＿＿、＿＿＿＿,以及＿＿＿＿。

7.信息系统具有＿＿＿＿、＿＿＿＿和＿＿＿＿的属性。

8.数据库系统的基本特征包括:＿＿＿＿、＿＿＿＿、＿＿＿＿、＿＿＿＿、＿＿＿＿、＿＿＿＿。

9.数据库系统的局限性包括:＿＿＿＿、＿＿＿＿、＿＿＿＿。

10.传感器系统正向着＿＿＿＿、＿＿＿＿、＿＿＿＿和＿＿＿＿的方向发展。

11.会计的各项活动体现了对信息的某种作用:＿＿＿＿是收集和初步确认信息;＿＿＿＿是为了取得某种信息而预先设置好塑造该信息的模型或框架;＿＿＿＿是信息的分类;＿＿＿＿是确认账面信息;会计管理是会计信息的使用;会计检查主要是审查会计信息。

12.会计信息系统的物理结构可以分为＿＿＿＿和＿＿＿＿两类。

13.一般而言,制造企业包括五个基本交易循环,分别是:＿＿＿＿、采购循环、_____、人力资源循环和_____。

14. 会计信息系统中最为基本的两个处理子系统为_____和_____。

15. 会计信息系统按应用层次分类,可以分为:_____会计信息系统、管理型会计信息系统和_____会计信息系统。

16. 财务会计子系统通常包括八个子系统,它们分别是:_____子系统、_____子系统、_____子系统、_____子系统、_____子系统、_____子系统、_____子系统和_____子系统。

17. 会计信息系统的三个基本构成要素为:_____、_____、_____。

18. 决策支持系统一般包括四个基本构成部分,分别是:_____、_____、资料库和_____。

19. 除了基本功能之外,会计信息系统一般还要专设_____、_____两个子系统。

20. 分布式系统通过计算机网络把不同地点的_____、_____、_____等资源联系在一起,服务于_____。分布式系统又可分为一般分布式系统和_____。

21. XBRL 即_____,它是一个公开的标准,由 XML 定义的一种新语言,专用于财务与商务报表方面。

22. XBRL 的技术框架包括三个部分:_____、_____和_____。

23. XBRL 分类标准由_____和_____两部分构成。

三、不定项选择

1. 在下列子系统中,(   )属于整个电算化会计信息系统的核心。
A. 会计报表子系统　　　　　　　B. 账务处理子系统
C. 成本核算子系统　　　　　　　D. 固定资产子系统

2. Intranet(内部网)是指采用 Internet 技术建立的(   )网络。
A. 广域网　　　　　　　　　　　B. 企业外部专用
C. 企业内部专用　　　　　　　　D. 城域网

3. 局域网的主要特点包括(   )。
A. 数据传输距离较长　　　　　　B. 数据传输率高
C. 传送误码率低　　　　　　　　D. 网络结构不规范

4. 计算机会计信息系统内各子系统间的数据传递方式如果采用账务处理中心式,那么各个账务子系统对原始凭证的汇总、处理后,编制出(   )直接传递到账务处理子系统。

A. 记账凭证   B. 报表

C. 付款汇总表   D. 付款凭证

5. 会计信息系统的特点是:( )。

A. 综合性   B. 复杂性

C. 会计信息的及时性、准确性和可靠性   D. 内部控制严格

6. 会计信息系统内的数据传递方式大体上有( )。

A. 集中传递式   B. 直接传递式

C. 账务处理中心式   D. 一般传递式

7. 管理会计信息系统包括( )。

A. 资金管理子系统   B. 成本管理子系统

C. 项目管理子系统   D. 决策计划子系统

8. 会计信息系统内子系统间接收和传递数据的类型包括( )。

A. 单向接收型   B. 双向接收型

C. 单向发送型   D. 双向联系型

9. 数据库系统可能产生的效益包括( )。

A. 增强数据储存与应用的弹性

B. 减少数据重复性,消除数据要素之间的不一致

C. 提高数据存取与应用效率

D. 增强数据安全与内部协调

10. 以下有关 XBRL 财务报告特点的表述中,正确的有( )。

A. XBRL 可提高财务报告编制和发布的效率,同时保证数据的准确性。

B. XBRL 能进行方便快捷的数据检索,便于使用者分析其所需要的数据。

C. XBRL 为会计信息的监管提供了便利,提高了会计信息的透明度。

D. XBRL 推动了财务报告的国际标准化进程。

四、判断题

1. 数据和信息在概念上相同。( )

2. 会计信息和会计数据具有绝对性。( )

3. 只读存储器(ROM)中的信息,断电后不会消失。( )

4. 管理型会计信息系统是以提高决策的效果为目标,面向决策者的一种信息系统,由决策支持型会计信息系统发展而来。( )

5.决策支持系统可以替代管理者做出决策。(　　　)

6.会计信息系统中,对会计科目进行编码的目的在于便于记忆。(　　　)

7.一般而言,基层管理者的决策比高层管理者的决策更加结构化。(　　　)

五、问答题

1.简述数据库系统的基本特征和优缺点。

2.简述 XBRL 技术的优势。

3.简述 Internet 和 Intranet 的定义、特点以及二者之间的区别和联系。

4.会计信息系统的目标和特点是什么?

5.会计信息系统的数据传递方式有哪些?

6.简述会计循环处理的基本步骤。

六、小组讨论题

假如你是企业的 CFO 或会计主管,请思考:

1.会计信息系统的目标是什么?

2.如何使会计人员在建设和应用会计信息系统中充分发挥其专业作用?

3.会计信息系统的日常应用中,应该重点注意哪些方面?

第2章 会计信息系统的分析与设计

本章要点

会计信息系统的开发是一项具有技术内容和社会内容的系统工程,开发过程中需要采用科学、系统的开发方法和工程化的开发技术与步骤。本章一共三节,第一节概述性地介绍会计信息系统的开发,包括会计信息系统开发的基本条件、信息系统开发的三种方法之间的比较;第二节介绍会计信息系统的调查与分析,包括调查的目的、主要步骤、分析的目的、结构性分析方法以及分析步骤;第三节介绍会计信息系统的设计,包括信息系统的总体设计和详细设计。

传统的会计电算化教学通常是以会计软件的设计作为主要内容,教学生如何应用程序设计语言(如 FoxBase 或 FoxPro 等)来分析和设计会计核算软件。随着软件和系统科学的发展以及财务软件和系统建设的专业化、公司化,大学本科生毕业后需要自己动手设计财务软件的机会大大减少,但这并不意味着这部分知识不重要。在实务中,尤其是在会计信息系统的调查、分析阶段,会计信息的建设往往需要会计人员的参与。因此,理解会计信息系统开发的整个过程、方法和程序,对系统运行后的高效率使用和正确维护是相当重要的。

本章学习应重点掌握:什么是软件危机及其解决的主要的途径;生命周期法、原型法及其面向对象法的基本思想、工作流程、主要任务、设计原则及其优缺点等;结构化分析方法的基本思想及其工具的使用;数据流程图的方法、内容和步骤;系统总体设计的结构化分析方法、设计的内容、设计的原则等。

习　题

一、名词解释

生命周期法　原型法　结构化分析方法　数据流图
数据词典　系统分析　系统设计　系统测试

二、填空题

1. 生命周期法也称为_____,是目前国内外较流行的信息系统开发方法,具体来说,是将整个会计信息系统开发过程划分为相对独立的六个阶段:即_____、_____、_____、_____、_____、_____。

2. 系统分析是信息系统开发第一阶段的任务。系统分析又分为_____和_____两个阶段。

3. 系统设计是指在_____的基础上,根据目标系统的逻辑模型建立物理模型,确定系统的具体实现方案。

4. 系统测试是指为了在系统的试运行阶段,尽可能的查出程序内部的各种错误,以保证系统质量而进行的调试和检验。测试的任务是及时发现错误,并排除错误,使软件达到预定的要求。系统测试包括_____、_____和_____。

5. 程序设计的任务是按照_____的要求,选择适当的程序设计语言把每个模块代码化,即编写程序。一般来说,每个模块要由多个程序构成,程序设计阶段要进行各个程序的测试。该阶段的文档包括源程序清单和_____。

6. 原型法的基本思想是,在获得_____的基础上,快速地构造系统工作模型——初始模型,然后演示这个模型系统,在_____参与的情况下,按用户合理而又可行的要求,不断修改这一原型系统。每次修改都使系统得到一个完整的新原型,直到用户满意为止。

7. 当系统制成并交付使用后,便进入了软件生命周期的运行和维护阶段。其中维护工作又由_____和_____两部分组成。

8. 系统评估的任务是评估系统的优劣,评估从_____和_____两个方面考虑,内容一般包括系统的完成目标情况、_____和_____三个方面。

9.生命周期法的突出优点是强调系统开发过程的_____，强调在_____的前提下来考虑具体的分析设计问题,即_____的观点。

10._____多应用于小型局部系统或处理比较简单系统的设计环节到实现环节。

11.结构化分析方法就是对一个复杂系统进行"_____"的一种分析方法,它有较强的可操作性和规范的描述方法。结构化分析方法使用的工具有:_____、_____和处理说明。

12.对象由_____和_____组成,对象之间的联系主要是通过_____来实现的。

13.数据流图一般使用四种基本元素来描述会计信息系统数据处理过程,它们分别是:_____、_____、_____和_____。

14.用户对计算机会计信息系统提出的有关性能方面的要求,主要有:_____、可靠性、_____、灵活性、易用性。

15.系统总体设计又称为_____或_____,其主要的工作包括系统的总体结构设计、数据库文件设计、代码设计、输入/输出设计、编写总体设计说明书。

16.结构化设计方法(SD)是与结构化分析相衔接的方法,用于从系统分析数据流图导出系统模块结构图,以_____来划分模块。其遵循的原则有:_____、_____和_____。

17.数据库文件的组织形式是指一个文件中记录的排列方式,它决定了文件的_____。文件的组织形式主要有_____和_____。

18.数据库文件的属性包括_____、_____以及共享性。

19.为了建立一套完整的编码体系,编码设计必须遵循以下的原则:_____、_____、稳定性、简明性、可扩性和_____。

20.会计信息系统中的各种数据的编码按结构特性来划分,主要包括:_____、_____和分区码。目前,会计信息系统中会计科目代码的结构通常为_____。

三、不定项选择

1.在复杂的信息系统开发过程中,采用的方法是(　　)。

A.原型法　　　　　　　　　B.面向对象法

C.生命周期法为主,其他方法为辅　　D.CASE 方法

2. 常用的系统划分原则是(　　)。

A. 按低耦合度、高内聚度划分　　　B. 按过程划分

C. 按设备要求划分　　　　　　　　D. 按时间要求划分

3. 数据流是传递数据的通道,它反映系统各个部分之间的数据传递关系, 数据流的流向可以是(　　)。

A. 从"起点"流向"处理"　　　　　B. 从"处理"流向"文件"或者相反

C. 从"处理"流向"终点"　　　　　D. 从"处理"流向"处理"

4. 在系统设计时,用数据词典对计算机会计信息系统数据流图中各 (　　)及其数据流进行详细的描述和进行确切的解释。

A. 加工　　　　　　　　　　　　　B. 数据流

C. 起点或终点　　　　　　　　　　D. 文件

5. 系统开发过程中,最为关键的阶段是(　　)阶段。

A. 可行性研究与计划　　　　　　　B. 运行与维护

C. 编程与测试　　　　　　　　　　D. 分析和设计

6. (　　)是系统分析的最终结果,它反映了所建立系统的功能要求、性 能需求、运行环境等方面内容,是开发人员和用户共同理解计算机会计信息系 统的桥梁,也是系统设计的基础。

A. 详细设计说明书　　　　　　　　B. 程序分析说明书

C. 概要设计说明书　　　　　　　　D. 系统分析说明书

7. (　　)阶段,是生命周期法的第一个步骤,这一阶段主要是了解和初 步评估待开发信息系统的可行性,并且为系统开发做出规划准备。

A. 系统开发　　　　　　　　　　　B. 系统调查

C. 系统分析　　　　　　　　　　　D. 程序设计

8. 系统分析阶段指出系统应该(　　)。

A. 怎样做　　　　　　　　　　　　B. 如何做

C. 做什么　　　　　　　　　　　　D. 如何解决问题

9. 关于信息系统数据流程图中"处理说明"的描述,正确的是(　　)。

A. 必须对每个层次数据流程图上的处理都要说明

B. 必须对最底层的数据流程图的处理加以说明

C. 处理说明不能采用 IPO 图

D. 处理说明不能采用判定表

10. 系统测试是指为了在系统的试运行阶段,尽可能的查出程序内部的各 种错误以保证系统质量而进行的调试和检验。系统测试包括(　　)。

A.单元测试　　　　　　　　　　B.组装测试

C.运行测试　　　　　　　　　　D.确认测试

11.系统评估从功能和性能两方面考虑,内容一般包括(　　　)。

A.开发成本　　　　　　　　　　B.系统的完成目标情况

C.取得的社会效益　　　　　　　D.用户的满意度

12.生命周期法的工作流程是指研制和开发任何一个信息系统都要按顺序经历系统分析、系统设计、程序设计、系统测试、运行和维护、系统评估六个阶段。在系统生命的每一个阶段,都有明确的任务,并生产校验的文档,作为下阶段工作的基础和依据。其主要文档有(　　　)。

A.系统分析说明书　　　　　　　B.概要设计说明书

C.详细设计说明书　　　　　　　D.测试报告

13.当系统制成并交付使用后,便开始了软件生存周期的运行和维护阶段。系统投入运行之后,仍有必要对系统进行维护。维护工作主要包括(　　　)。

A.正确性维护　　　　　　　　　B.完善性维护

C.环境维护　　　　　　　　　　D.计算机病毒治理和维护

14.系统初步调查之后,对企业现有的具体条件下新系统的开发工作是否可行进行分析,主要从(　　　)三个方面进行分析。

A.技术可行性　　　　　　　　　B.环境可行性

C.经济可行性　　　　　　　　　D.人员可行性

15.处理说明是结构化分析的重要部分,常用的工具有(　　　)。

A.结构化语言　　　　　　　　　B.判断表

C.形式语言　　　　　　　　　　D.判断树

16.结构化设计方法是与结构化分析相衔接的方法,用于从系统分析数据流图导出系统模块结构图,以低耦合度、高内聚来划分模块。其遵循的原则有(　　　)。

A.自顶向下、层层分解　　　　　B.模块的单一性和独立性

C.高内聚低耦合　　　　　　　　D.低内聚高耦合

17.为了满足计算机会计信息系统对会计数据存储、加工、输入和输出的要求,需要根据系统分析的数据流图和数据词典的要求和特点建立很多数据库文件,下列(　　　)符合数据库文件的分类。

A.账务数据库文件　　　　　　　B.辅助性数据库文件

C.总括性数据库文件　　　　　　D.临时工作库文件

18.一个企业在建设会计信息系统前应具备的基本条件包括(　　　)。

A.高层领导对会计信息系统开发的了解和重视

B.科学合理的管理基础工作

C.要有需求牵引

D.制定切实可行的开发策略

四、判断题

1.程序维护包括正确性维护、完善性维护以及环境维护。（　　）

2.系统设计就是对会计信息系统进行详细设计。（　　）

3.在系统分析时,适用的主要方法是结构化分析方法,使用的主要工具是数据流图和数据词典。（　　）

4.生命周期法是开发信息系统最好的方法,因此,开发计算机信息系统只能采用生命周期法。（　　）

5.一个数据流图中至少有一个加工,并且任何加工至少有一个输入数据流和一个输出数据流。（　　）

6.运行和维护阶段工作完全由购买软件企业的财务人员承担。（　　）

7.在实际开发一个会计信息系统时,CASE 方法可以单独使用。（　　）

8.结构化设计方法中模块划分的原则为:低内聚高耦合。（　　）

9.系统开发过程中,最为关键的阶段是分析与设计阶段。（　　）

10.分区码是这样一种编码:每一个编码由几个区段组成,每一个区段表示一种特征。（　　）

五、问答题

1.什么是原型法？什么是生命周期法？两者有什么不同？

2.简述生命周期法开发信息系统各个阶段的主要任务及其必备的文档。

3.什么是数据库文件的组织形式？简述数据库文件的主要组织形式。

4.什么是数据流图？其中有哪些常用的符号？

5.什么是编码设计？编码方法主要有几种？编码设计必须遵循的原则有哪些？

6.简述面向对象法的设计方法。

7.简述结构图中模块的划分原则。

8.简述输入/输出的内容及其设计的原则。

9.某工厂销售与应收账款业务过程分为如下八个步骤:

(1)客户通过电话、邮件、或上门洽谈订货,由销售部门开出销货订单,引

发其他销售作业步骤。（处理流程①）

（2）销售部门经办人请求信用审核部门审核客户信用状况以及授权销货交易。（处理流程②）

（3）销售部门职员把多联式销货单和其他交易资料分送仓储、运输和开单等部门。（处理流程③）

（4）发运部门职员根据已授权销货单安排从仓库提货、包装和发运，并把发运汇总资料转送开单部门。（处理流程④）

（5）开单部门职员核对销货订单与发运汇总，依据企业的产品价格目录资料或合同资料开出发票寄送给客户，发票上必须列明销售物品品种、价格、运费、税项、销售折扣或折让、付款方式等，然后把发票中的相应联转送会计部门和存货控制部门。（处理流程⑤）

（6）会计部门负责应收账款核算的职员登录有关的客户往来明细分类账，反映应收账款的增加。（处理流程⑥）

（7）存货控制部门职员依据相关部门转来的交易资料登录存货记录，反映库存存货的发出数量。（处理流程⑦）

（8）负责账务处理的职员根据发票的记账联、应收账款和存货等部门转来的交易资料，定期过入总分类账户。（处理流程⑧）

要求：根据文字说明，用数据流程图画出业务流程。

六、小组讨论题

假如你有一个机会可以参加某企业建立计算机会计信息系统，并充当系统分析员的角色，请思考如下的问题：

1. 如何进行系统调查，调查的方法和手段有哪些？
2. 如何编写可行性分析报告？
3. 如何确定和描述新系统的功能？
4. 如何协助 IT 人员完成数据流程图的绘制和规格说明书编写？

第3章 账务处理子系统

本章要点

一个完整的会计信息系统是由若干个功能相互独立而又相互联系的子系统组成的。其中的账务处理子系统是最重要的子系统,它在会计信息系统中处于核心地位,与其他子系统存在频繁的数据联系。账务处理子系统是以凭证为原始数据,通过对凭证的输入和处理,完成记账、结账、银行对账、账证表查询与打印、系统服务和系统管理等账务处理工作。本章共有七节,第一节主要介绍财务处理子系统的流程分析,包括财务处理子系统的范围、特点、目标,并对手工账务处理系统和计算机处理系统进行了比较;第二节主要说明该系统编码设计和系统结构,包括会计科目编码的设计方案、设计原则、模块结构;第三节介绍财务处理子系统的初始化,包括账套设置、权限设置、科目设置以及其他初始化设置;第四节阐述该系统日常的业务处理,包括凭证输入、审核和修改、记账等过程;第五节介绍期末业务处理,包括期末摊、提、结转业务的处理、期末对账、期末记账等;第六节主要介绍该系统的辅助核算功能,包括出纳管理、部门核算和管理、项目核算和管理、个人往来核算等辅助功能;最后一节是关于账表输出与系统维护等相关内容。

早期的会计核算软件以及近期的适用于小企业的会计软件,实际上就是一个账务处理系统。账务处理就是从凭证到记账、从记账到账表输出的过程,即以凭证为原始数据,通过对凭证的输入和处理,完成记账、结账、银行对账、账证表查询与打印、系统服务和系统管理等账务处理工作。从历史上看,会计的整个体系都是围绕账务处理的基础上发展而充实起来的,尽管会计工作的具体内容因时期、单位规模和行业特征的不同而有简有繁,有粗有细,但账务处理一直都是必不可少的重要内容。现今的会计核算软件也都是以账务处理子系统为核心的。

账务处理子系统包含所有经济业务的会计总括核算,如采购业务、销售业务、投资业务、固定资产、所有者权益等所有会计要素的核算都涵盖在账务处理子系统中。对于小规模的或经济业务比较简单的企业,一个账务处理子系统就能满足企业内部管理和外部信息使用者的需求。而规模较大或者经济业务较复杂的企业,则可以将一些需要明细核算的会计项目,如存货、固定资产、采购和销售、往来核算、职工薪酬核算等独立出来单独建立一个子系统进行管理与核算,以提供更为翔实的明细信息。这些子系统与账务处理子系统存在密切的数据联系,账务处理子系统以总括核算为主,而其他子系统则侧重于明细核算。

在传统的手工会计处理流程中,"凭证——账簿——报表"三位一体形成了会计核算的有机整体。由于手工记录和处理的低效率,财务报表需要根据账簿体系(总账、明细分类账)中的数据来编制的,因此,账簿在手工会计核算体系中扮演着非常重要的角色,是会计凭证到会计报表的"桥梁"。而且,通过每笔业务的"平行登记"(发生的业务同时登记总账、明细账的方法),提供了月末对账的基础,提高了会计内部控制的效率。但是,在计算机账务处理系统中,由于计算机分类、处理和计算的高效率,财务报表可以从已录入的凭证中直接按报表项目的性质分类取数编制,因此,账簿的作用在计算机账务处理系统中已经弱化,"平行登记"和月末对账已经失去了原有的意义。这是会计信息化后会计业务流程重组的结果。

计算机处理的高效率也可能带来会计控制的高风险。由于会计凭证一旦录入了系统,其他的处理运算过程全部由计算机程序自动完成,因而不可能像手工会计那样可以通过期末对账发现差错。"垃圾进,垃圾出"就是对信息系统的这种风险的最好表述。因此,对账务处理系统"凭证录入"这个环节需要设置严格的内部控制措施,以保证每一笔经济业务或事项都能准确、及时和完整地输入到系统中。

此外,计算机账务处理系统通过会计流程重组,可以拓展传统会计核算的范围。一些辅助核算功能,如部门核算、项目核算和个人单位往来核算等,可以在计算机账务处理系统中轻而易举地实现。

本章学习应重点掌握:手工账务处理系统和计算机账务处理系统的异同、系统编码的设计、系统所要实现的功能及结构设计、对该系统进行初始化设置、进行日常和期末的业务处理、根据实际情况进行辅助核算和管理、输出所需账表并对系统进行维护等。

习 题

一、名词解释

账务处理子系统　机制凭证　位数编码　分组编码　静态屏幕审核法
二次输入校验法

二、填空题

1. 一个完整的会计信息系统是由若干个功能相互独立而又相互联系的子系统组成的。其中_____是最重要的子系统,它在会计信息系统中处于核心地位,与其他子系统存在频繁的数据联系。

2. 账务处理子系统以_____为主,而其他子系统则侧重于_____。

3. 账务处理子系统中设计的辅助核算主要包括_____、部门核算和管理、项目核算和管理以及_____。

4. 无论是手工输入的记账凭证还是机制凭证,都需要_____进行审核,以确保数据录入的正确性。

5. 会计科目编码设计时,会计科目通常采用_____的编码方式,将会计科目分成几段,每一段有固定的位数,第一段表示一级科目编码,第二段表示二级科目编码,以此类推。

6. 账务处理子系统的基本功能模块包括:_____、凭证管理、账簿管理、_____、_____、系统服务等。

7. 初始化模块主要完成账务处理子系统系统启用前的一些准备工作,具体包括_____、凭证类型设置、_____、人员_____、初始余额输入以及其他工作环境设置。

8. 凭证管理模块主要完成会计凭证的全部处理工作,包括_____、_____、打印与查询凭证、机制凭证的生成等。

9. 账套设置通常应当设置以下参数:账套号、_____、_____、安装预置科目、本位币、_____和会计日历。

10. 科目设置是指将单位会计核算中使用的科目逐一地按要求描述给系统,并将科目设置的结果保存在相关文件中的过程。会计科目设置的基本内容包括:_____、科目名称、_____、_____、辅助核算。

11. 手工记账凭证只能采用 _____ 输入的方式。输入方法分为 _____ 和 _____。机制记账凭证一般由系统 _____ 模块完成。

12. 账务处理子系统中,辅助核算功能包括 _____、银行账、数量金额账、外币账、个人往来账、_____、_____ 等。

13. 账务处理子系统的日常业务处理包括记账凭证的 _____、_____、_____ 和 _____ 等。计算机大量的人机操作工作都集中在凭证处理这一环节。

14. 记账凭证的审核应该由具有 _____ 权限的操作人员进行,审核人和录入人员不能是同一个人。

15. 账务处理子系统一般提供凭证类别设置,通常需要设置 _____、类别名称和 _____。

16. 账务处理中的修改错误凭证的功能,由有 _____ 权限的人员进行。

17. 账簿输出分为 _____、_____、_____ 和日报单输出。每种输出均有查询和打印两种输出方式。

18. 备份的数据主要有:各项 _____、输入计算机的所有 _____ 和各种账簿文件、上机记录等。

19. 账务处理子系统中的自动转账功能是通过设置 _____ 和 _____ 两个子模块来实现的。

20. 定义自动转账业务模块包括定义 _____、转账摘要、凭证类型、会计科目、借贷方方向、_____ 和 _____ 等。

21. 一张记账凭证必不可少的基本内容包括:_____、_____、_____、_____、_____、_____ 等。

三、单项选择

1. 机制凭证是指(　　　)。
   A. 计算机打印的凭证　　　　　B. 输入计算机的凭证
   C. 计算机自动生成的凭证　　　D. 规范的记账凭证

2. 记账凭证的正确编号方式是(　　　)。
   A. 按顺序编号
   B. 允许漏号,但不允许重号
   C. 所有凭证用一个连续的号
   D. 由系统分类别按月进行编号,不允许重号,不允许漏号

3. 关于删除会计科目,下边哪一个描述是不正确的:(　　　)。

A. 会计科目建立后,不能删除

B. 科目输入余额后,可通过将余额置零后删除

C. 科目的删除应自下而上进行

D. 已有发生额的科目不能删除

4. 进行月末结账处理,下列描述哪一个不正确:(　　)。

A. 结账前必须将所有凭证登记入账

B. 某月结账后,将不能再输入该月凭证

C. 结账过程中不允许无故中断系统运行或关机

D. 每月可多次结账

5. 关于凭证审核的正确叙述是(　　)。

A. 常用的审核方法是将凭证打印出来进行检查

B. 凭证审核是指按照会计制度规定,对制单人填制的记账凭证进行检查

C. 审核人发现凭证错误可以直接修改

D. 制单人可以取消审核进行凭证修改

6. 会计信息系统方式下的记账凭证与手工方式相比,基本保持不变的是(　　)。

A. 记账凭证的产生　　　　　　B. 记账凭证的内容

C. 记账凭证的填制　　　　　　D. 记账凭证的取得

7. 大部分会计软件在完成一般企业会计核算的基础上,又提供了(　　)与管理的功能,以实现核算型会计软件向管理型会计软件的过渡。

A. 辅助核算　　　B. 往来核算　　　C. 项目核算　　　D. 部门核算

8. 银行对账单销掉的是企业银行存款日记账和银行对账单上的(　　)项。

A. 明细账　　　B. 总账　　　C. 已达账　　　D. 未达账

9. 会计信息系统的基本工作任务是(　　)。

A. 减轻会计人员繁重的手工劳动

B. 提高会计人员的素质

C. 加强财务管理,提高会计核算质量

D. 减少会计人员的数量

10. 在定义完所有的自动转账凭证后,每月月末只需执行生成转账凭证即可快速生成转账凭证,所生成的转账凭证将自动追加到(　　)的记账凭证中去。

A. 记账凭证文件　　　　　　B. 转字

C. 审核　　　　　　　　　　D. 未审核

11. ( )具体负责电算化系统的日常运行管理和监督,进行系统重要数据的维护,对操作人员及其权限进行管理,负责系统的安全保密工作。

A. 系统维护员   B. 系统操作员

C. 系统管理员   D. 系统审核员

12. 为了提高查询的速度,记账凭证输出时一般要给出限定条件。最常用的查询限定条件是( )。

A. 摘要内容   B. 凭证编号

C. 操作员编号   D. 借贷科目

13. 根据财政部规定,电算化会计核算信息系统必须提供( )和恢复功能。

A. 数据保存   B. 数据转移

C. 数据备份   D. 数据销毁

14. 关于会计电算化意义的说法错误的是( )。

A. 提高工作效率   B. 促进会计工作职能的转变

C. 提高会计工作职能   D. 仅仅是替代手工完全记账、编表工作

15. 会计科目设置是一项系统和细致的工作,应由( )进行。

A. 具有建账权限的用户   B. 系统管理员

C. 账套主管   D. 会计人员

16. 会计电算化系统中核心子系统是( )子系统。

A. 账务处理   B. 存货

C. 报表处理   D. 职工薪酬

17. 手工会计数据处理流程是( )。

A. 收集原始数据、处理会计数据、报告会计信息、存储会计数据

B. 原始凭证、记账凭证、报告会计信息、存储会计数据

C. 整理记账凭证、登记账簿、存储会计数据

D. 收集原始数据、处理会计数据、存储会计数据、报告会计信息

18. 3-2-2 结构的科目代码最多核算到( )级明细科目。

A. 四   B. 七   C. 五   D. 三

19. 已记过账,账务系统中( )科目。

A. 不能增加   B. 可以增加任意级

C. 最末级的同级可以增加   D. 有二级科目时,可增加第三级

20. 会计核算软件中采用的( )会计科目名称、编码方法,必须符合国家统一会计制度的规定。

A. 总分类账　　　　　　　　　　B. 明细分类账

C. 二级账　　　　　　　　　　　D. 日记账

四、多项选择

1. 账务处理子系统与其他子系统相比，具有的特点是:(　　)。

A. 以历史信息为主，涵盖所有能以货币表现的经济业务

B. 规范性强，一致性好

C. 以总括核算为主，在整个会计信息系统中起核心作用

D. 控制要求严格，正确性要求高

2. 手工账务处理流程的局限性包括(　　)。

A. 会计信息提供不够及时　　　　B. 准确性差

C. 数据大量重复登记　　　　　　D. 工作强度大

3. 对会计科目进行编码化处理是计算机账务处理的前提，其目的在于(　　)。

A. 保证会计科目的唯一性　　　　B. 简化会计数据的表现形式

C. 占用大量内存空间　　　　　　D. 加快计算机的运行处理速度

4. 科目编码设计的基本原则包括:(　　)。

A. 规范性原则　　　　　　　　　B. 层次性原则

C. 一致性原则　　　　　　　　　D. 扩展性原则

E. 简短性原则

5. 在设计会计科目编码时，常见的科目编码方法包括:(　　)。

A. 顺序编码　　　　　　　　　　B. 位数编码

C. 地区编码　　　　　　　　　　D. 分组编码

6. 会计信息系统中，记账凭证按来源不同可以分为:(　　)。

A. 手工记账凭证　　　　　　　　B. 收字记账凭证

C. 机制记账凭证　　　　　　　　D. 付字记账凭证

E. 转字记账凭证

7. 不属于会计核算软件的初始化功能的项目有(　　)。

A. 定义自动转账凭证　　　　　　B. 操作岗位分工

C. 录入银行对账单　　　　　　　D. 复核记账凭证

8. 实现会计电算化后，把广大会计人员从繁琐的(　　)中解放出来。

A. 记账　　　　B. 算账　　　　C. 报账　　　　D. 对账

9. 作为替代手工记账条件的制度应包括(　　)。

A.操作管理　　　B.硬件管理　　　C.软件管理　　　　D.会计档案管理

10.账务初始化是指(　　　)。

A.把当前手工账簿上的账目、账面数据输入到计算机中去

B.财务人员工作及权限的分配、建立适合本单位核算的账务结构体系等

C.提供决策

D.提供数据恢复和备份

五、判断题

1.对于小规模的或经济业务比较简单的企业而言,一个账务处理子系统就能满足企业内部管理和外部信息使用者的需求。(　　　)

2.在我国,会计科目编码体系的设置实际上就是从总分类到明细分类科目自上而下的设计过程。(　　　)

3.账套设置即建立核算单位。通用会计软件的账务管理系统在设计时,为了防止企业会计舞弊的发生,只允许在一个会计软件系统下建立一个账套。(　　　)

4.企业会计年度自每年的 1 月 1 日起至 12 月 31 日截止。所以,会计期间应该设定为 12 个月。(　　　)

5.设置会计科目时,应从一级科目开始逐级设置下级的分类和明细科目。(　　　)

6.辅助核算必须设置到末级科目上才有效,否则系统不予确认。一个科目只能设置一种辅助核算。(　　　)

7.一般由最低一级科目开始,上级科目的余额与发生额由系统自动进行汇总。数据录入完毕后,应当由计算机自动进行试算平衡。(　　　)

8.凭证经审核就不能被修改、删除,只有被取消审核签字后才能进行修改或删除。而且取消审核签字只能由审核人自己进行。(　　　)

9.无论是作废凭证或已标错的凭证,还是手工凭证或机制凭证都要经过审核程序。(　　　)

10.账务处理系统对期末业务的处理都是由计算机根据用户的设置自动完成的。所以生成的摊、提、结转记账凭证可以直接记账。(　　　)

11.一般来说,实行计算机记账后,只要记账凭证录入正确,计算机自动记账后各种账簿都应是正确的。(　　　)

12.为了保证账证相符、账账相符,应经常进行对账,至少一个月一次,一般可在月末结账前进行。(　　　)

13. 账务处理子系统中不用账证、账账核对。（　　　）

14. 计算机会计信息系统中,计算机自动处理会计数据,会计基础工作规范化也就不需要了。（　　　）

15. 会计电算化方式下,账务处理流程与手工方式没有区别。（　　　）

16. 账套一旦使用后,将不能再修改该账套的科目级长。（　　　）

17. 上月未结账,则本月不能记账,但可以填制凭证。（　　　）

18. 在计算机账务处理子系统中没有必要进行总账、明细分类账和日记账的对账。（　　　）

19. 在计算机条件下,区分或单独设置总账、明细账和日记账文件仍然是有必要的。（　　　）

20. 已记账凭证进入会计信息系统后,仍然可以对凭证进行修改操作,从而保证会计数据的正确和完整。（　　　）

六、问答题

1. 简述账务处理子系统的特点和目标。

2. 简述手工账务处理与计算机账务处理的异同。

3. 简述会计科目编码设计的意义。

4. 简述审核凭证的一般方法。

5. 简述账务处理系统针对不同的错误凭证提供的修改方法。

6. 简述期末结账的意义及结账时应注意的事项。

7. 简述账务处理子系统的账表输出方式。

8. 某公司总账子系统的数据处理过程如下:

（1）由录入员通过键盘输入凭证,或通过自动转账功能生成机制凭证,输入的凭证经审核无误后,记入记账凭证文件;

（2）根据记账凭证文件更新科目余额文件,以便随机查询任意会计科目的当前借方、贷方发生额及期末余额;

（3）根据科目余额文件和记账凭证文件输出现金日记账和银行存款日记账以及其他各种明细账;

（4）根据记账凭证文件和对账单文件对银行业务进行对账;

（5）根据科目余额文件输出总账;

（6）根据科目余额文件和记账凭证文件生成会计报表;

要求:根据公司数据处理过程绘制相应的数据处理流程图。

第4章　采购与应付子系统

本章要点

　　采购成本的大小对企业产品成本和最终利润有直接的影响,同时由采购业务引起的应付账款或预付账款的管理对企业经营来说也是至关重要的。因此,对采购与应付账款这一环节的核算和管理是企业会计信息系统的重要构成部分。本章从采购与应付账款循环的业务流程与数据流程入手,阐述该系统内部结构、数据输入、处理和输出等日常业务处理,以及该系统的其他与管理有关的模块功能。本章共有五节,第一节是关于采购与应付子系统的概述,包括采购管理、采购交易的会计核算办法、系统的特点和目标;第二节主要介绍该系统的流程分析,包括系统的业务流程、数据流程、系统的主数据库文件;第三节阐述了采购与应付子系统的数据编码及其功能模块;第四节介绍了该系统的初始化设置,包括了供应商档案设置、部门档案和职员档案设置、结算方式设置、付款条件设置、采购类型设置、单据设计和年初建账等;第五节主要是关于该系统的日常业务处理,包括各种单据的数据输入、数据处理、账表输出和系统服务。

　　采购与应付子系统是企业会计信息系统中一个比较复杂的子系统。在这个子系统中,既有物流的流动,又有资金流动,同时又要反映与供应商间的结算关系,因此如何理解物流、资金流与信息流这三条线的联系,是学习采购与应付子系统的关键。

　　本章学习应重点掌握:采购交易的会计核算办法、系统可能发生的业务流程并将它转化为数据流程、系统数据编码设计和初始化设置、系统的日常业务处理等。

习　题

一、名词解释

持有成本　采购成本　订货成本　自动采购结算　采购发票文件

二、填空题

1. 无论是工业企业或是商业企业,企业_____环节都是企业价值实现的开始。

2. 正常的采购业务由_____开始。

3. 企业一方面要减少资金的占用,另一方面要减少_____的风险和_____的成本,把库存减少到最低可接受程度(经济库存量)。

4. 一般而言,存货的储备成本包括三种:采购成本、_____、_____。

5. "经济订货批量"公式为:$Q = \sqrt{\dfrac{2SF}{H}}$,其中:Q – 经济订货批量;S – _____;F – _____,H – _____。

6. 采购管理包括实际采购量的控制、_____的控制、_____的控制、入库的管理四个方面。

7. 采购与应付子系统不是一个独立的系统,材料采购后的入库和货款的实际结算等数据要传递到_____子系统和_____子系统。

8. 保证物流、资金流与_____三条线之间的联系,是采购与应付子系统的关键。

9. 采购与应付子系统的主数据库文件包括:_____、入库单文件、_____、_____和应付账款文件。

10. 供应商编码的编码原则是_____。

11. 采购与应付子系统业务流程主要包括_____、采购入库、采购入账、_____四个环节。

12. 采购与应付子系统的业务处理主模块包括_____和_____两个子功能模块。

13. 采购发票的输入是以_____为依据来输入的,需要输入的基本数据有:_____、_____、税率、采购部门、_____、编码、数量、_____等。

14.采购与应付子系统初始设置主要内容有包括:＿＿＿＿＿设置、部门档案设置、职员档案设置、结算方式设置、＿＿＿＿＿设置、＿＿＿＿＿设置、＿＿＿＿＿以及年初建账等。

15.采购与应付子系统在输入阶段,系统接受两类数据:第一类数据是＿＿＿＿＿,第二类数据是＿＿＿＿＿。

16.系统年初建账模块的主要功能是＿＿＿＿＿。

17."材料成本差异"科目表示实际成本和计划成本之间的差额,借方登记＿＿＿＿＿,贷方登记＿＿＿＿＿。

18.采购订单录入界面的状态栏分为＿＿＿＿＿、＿＿＿＿＿、＿＿＿＿＿三种状态。

19.采购入库单可以直接录入,也可以由＿＿＿＿＿或＿＿＿＿＿产生。

20.系统的采购结算一般会提供＿＿＿＿＿和＿＿＿＿＿两种功能来确认采购成本。

三、不定项选择

1.采购与应付子系统的关键是如何保证( )的联系。

A.物流和资金流　　　　　　　　B.物流和信息流

C.资金流和信息流　　　　　　　D.物流、资金流与信息流

2.采购与应付子系统所涉及的数据编码比较多,但是如果采购与应付子系统与存货子系统集成运行,则初始化时只需要对( )进行设置。

A.存货编码　　　　　　　　　　B.存货类别编码

C.仓库编码　　　　　　　　　　D.部门编码

E.供应商编码

3.采购与应付子系统所涉及的数据编码比较多,通常包括:( )。

A.存货编码　　　　　　　　　　B.存货类别编码

C.仓库编码　　　　　　　　　　D.部门编码

E.供应商编码

4.下列子系统和采购与应付子系统之间存在数据传递的是:( )。

A.销售与应收子系统　　　　　　B.成本核算子系统

C.账务处理系统　　　　　　　　D.存货子系统

5.自动转账包括三个子模块,它们是( )。

A.转账凭证设置　　　　　　　　B.编制自动转账凭证

C.查询自动转账凭证　　　　　　D.自动转账

6. 付款条件设置内容主要在(　　　)中引用。

    A. 采购订单　　　　　　　　　　B. 销售订单

    C. 采购结算　　　　　　　　　　D. 销售结算

    E. 供应商

7. 采购入库单的录入方式包括:(　　　)。

    A. 复制原采购订单方法填制　　　B. 复制原采购发票的方法填制

    C. 复制以前入库单的方法填制　　D. 直接手工录入

8. 往来核销提供自动核销和手工核销两个功能,下列(　　　)属于自动核销。

    A. 业务号勾对　　　　　　　　　B. 逐笔勾对

    C. 总额勾对　　　　　　　　　　D. 余额勾对

9. 一些企业在存货档案中对某些重要存货项目设置了(　　　),超过限定时系统会自动报警。

    A. 最高售价　　　　　　　　　　B. 最高进价

    C. 最低库存　　　　　　　　　　D. 最高库存

10. 关于采购与应付子系统数据输入说法正确的是(　　　)。

    A. 业务量不多的用户用前台处理

    B. 基础较好的用户用后台处理

    C. 第一年使用的用户用前台处理

    D. 人机并行阶段用后台处理

11. 与其他子系统一样,供应商编码一般也采用(　　　)方式进行设计,以便根据采购管理、往来账管理和提供各种采购信息的需要进行分类、汇总等处理。

    A. 群码　　　　　　　　　　　　B. 分区码

    C. 组合码　　　　　　　　　　　D. 顺序码

12. 采购入库单可以由(　　　)生成。

    A. 采购订单　　　　　　　　　　B. 采购退货单

    C. 采购付款单　　　　　　　　　D. 采购合同

四、判断题

1. 年采购成本与年总采购量有关,一般与订货量无关。每次订货量越大则每年订货次数越少,年订货成本越低。(　　　)

2. 购货时,每次订货批量越大,则每年订货次数越少,年持有成本也降低。(　　　)

3. 凡是审核过的入库单将不能再修改,只能查询。(　　　)

4. 应付账款文件用来存放与每一供应商结算的余额,可以是应付账款(余额在贷方),也可以是预付账款(余额在贷方)。(　　　)

5. 采购订单录入时,订单编号必须唯一;订单编制日期取自系统当前日期,不允许用户修改。(　　　)

6. 系统在填制采购入库单等单据会涉及采购类型栏目。采购类型是由用户根据企业需要自行设定项目。(　　　)

7. 年初建账一定"年初"进行,不可以在其他月份进行。(　　　)

8. 不同的结算方式,其对应的科目也可能不同。因此,一般依据结算方式设置对应的会计科目,以便系统能够生成相应的记账凭证。(　　　)

9. 不同记录的存货编码不能相同,同一张采购订单可以输入编号相同的存货。(　　　)

10. 如果与存货子系统集成运行,那么应由仓库管理员审核确认入库单,否则可以由采购人员审核。(　　　)

11. 采购与应付子系统的另一个基本编码是存货编码,一般是在本系统中设置。(　　　)

12. 在发生销售退货时,用户可以直接输入退货单,而无需调出原销售发票。(　　　)

五、问答题

1. 简述采购与应付子系统的特点。
2. 简述采购与应付子系统的目标。
3. 简述系统中往来核销的两种功能。
4. 简述供应商编码的设计原则。
5. 简述采购订单录入界面中状态栏的使用情况。
6. 简述采购与应付子系统日常业务数据输入的控制。
7. 简述系统采购结算中确认采购成本的两种功能。
8. 某工业企业采购与应付子系统的业务流程如下:

(1)在初始化设置中,用户输入主要供应商的资料,并完成人员、部门、结算方式、付款条件和税率的基本设置。系统将这些数据保留在基础信息文件中,以备随时调用。

(2)请购者将编制购买存货的请购单,通过录入模块输入计算机。采购部门由专职人员通过审核模块审核请购单后,形成采购订单,同时选择供应商签订合同,存于采购订单文件并保留在计算机中。

（3）采购合同执行过程中，将收到供应商的发票、物资入库单、付款申请单等输入到计算机中，相应形成了入库单文件、采购发票文件、付款单文件和应付账款文件。

（4）系统对采购订单、入库单文件、采购发票文件、付款单文件等进行比较与统计分析后，输出采购订单，执行统计表和采购明细表。

（5）采购发票和入库单文件中的数据传递到存货子系统，作为存货入库的依据。

（6）系统自动将采购发票文件、入库单文件和付款单文件中数据加工成机制凭证存在记账凭证文件，并通过自动转账模块传递到账务处理子系统。

（7）根据用户的需要，系统通过基础信息文件、入库单文件、付款单文件、采购发票文件进行比较分析，输出各种统计表。

要求：根据上述业务流程的描述画出该子系统的数据流程图。

第 5 章 存货子系统

本章要点

　　企业的一个主要管理与核算内容是对存货的收、发、存进行有效管理,并加以准确、及时地反映,这可以通过会计信息系统中的重要子系统——存货子系统来实现。存货子系统需要从收发存三个角度,从价值、实物两个维度进行全方位的管理与核算。本章共分五节,第一节是存货子系统的概述,包括存货管理、存货的会计核算、系统的特点和目标;第二节是存货子系统的流程分析,包括业务流程分析、数据流程分析、系统的相关数据文件;第三节描述存货子系统数据编码与主要功能模块,包括编码设计原则和种类、分模块的功能;第四节介绍存货子系统的初始化设置,包括存货档案设置、计量单位设置、仓库档案设置、收发类别设置等;最后一节是关于存货子系统的日常业务处理,包括系统数据输入、数据处理、数据输出和系统服务。

　　存货管理包含了物流和资金流的管理。在一个企业中,特别是工业企业中,存货的物流可谓复杂,要对物流进行合理的安排,从而在满足企业正常的生产和销售需要的同时,降低存货成本及其占用资金,这是每个企业所关注的问题。存货管理也因此历经了多种管理模式,在采购与应付款子系统一章中介绍的经济订货量模型便是其中的一种。在现代各种企业资源计划系统中,物料需求计划或者更为先进的制造资源计划的思想逐步在存货子系统中得到推广,本章涉及的产品结构,就是物料需求计划的一个重要输入内容——物料清单。

　　存货核算方法有多种选择,可以按实际成本核算,也可按计划成本核算。按照实际成本核算的,可以根据情况选择采用个别计价法、先进先出法、加权平均法、或者移动平均法确定其实际成本。鉴于计算机处理的高效率,可以根据各种存货的特点选择不同的计价方法,以及时、准确地反映存货的成本。

本章学习应重点掌握:存货管理的方法、存货会计核算的方法、存货子系统的流程分析、存货子系统的主要功能、系统数据编码设计和初始化设置、系统的日常业务处理等。

习 题

一、名词解释

移动平均法　加权平均法　物料清单　调拨单　存货跌价准备余额文件

二、填空题

1. 存货子系统需从_____三个角度,从_____、_____两个维度进行全方位的管理与核算。

2. 存货管理是_____、_____和_____的枢纽,因此存货管理的好坏,不仅与存货子系统本身有关,也与采购、销售、成本子系统密切相关。

3. 存货的管理包含了_____和_____的管理。实物管理主要从_____的角度进行管理,对存货的入库、出库和结存加以反映与监督;而价值管理则主要从_____的角度,围绕存货的入库成本、出库成本和结存成本对存货的收发存进行反映和控制。

4. 存货子系统的主数据库文件是_____、_____、存货库存余额文件、_____、计提跌价准备单文件、_____。

5. 存货子系统需要采用各种方法处理各种业务,并与_____、_____、_____和_____进行数据传递。

6. 存货编码一般也采用_____方式进行设计。

7. 存货子系统初始化模块的主要作用是建立_____、仓库档案、_____、_____、_____、单据设计、存货科目设置以及年初建账等。

8. 存货子系统需要处理的业务单据较多,包括_____、产成品入库单、其他入库单、_____、_____、材料出库单、其他出库单、_____、_____和计提跌价准备单等。

9. 同一种存货可以因不同的包装规格而采用不同的计量单位,所以存货计量单位设置时需要设置_____之间的转换关系。

10. 车间已领用的材料在月末尚未消耗完,下月需要继续耗用,则可以不办理退料,在这样的情况下,为了使成本子系统能正确核算产品的材料费用,业务系统提供_____的录入功能。

11. 存货子系统的数据处理包括_____、_____、存货记账、_____、_____等环节。

12. 存货子系统输出的账表模块主要是输出各种_____、_____和_____。

13. 材料出库单可以手工增加,也可以配比出库。在配比出库时,须输入_____。

14. 调拨单经过审核后系统可以自动生成_____和_____,业务类型分别为_____和_____。

15. 假退料单记账或期末处理时,成本的核算方法与_____相同。

三、不定项选择

1. 存货子系统的基本编码一般都在本系统中设置,主要包括:(   )。
   A. 存货编码   B. 存货类别编码
   C. 仓库编码   D. 供应商编码
   E. 客户编码

2. 为了保证整个会计信息系统的编码的一致性,(   )可以从存货子系统中调用编码。
   A. 采购与应付子系统   B. 成本核算子系统
   C. 职工薪酬子系统   D. 销售及应收款子系统

3. 计量单位设置内容一般包括:(   )。
   A. 计量单位名称   B. 单位组编码
   C. 计量单位组名称   D. 换算率

4. 下列参数设置属于存货的成本和控制的包括:(   )。
   A. 安全库存   B. 最低售价和最高进价
   C. 计量单位组类别   D. 库存上下限的设置

5. 下列存货业务计价处理方法中属于实际成本法的是:(   )。
   A. 个别计价法   B. 先进先出法
   C. 计划成本法   D. 加权平均法

6. 存货档案设置模块的功能是将用户输入的存货数据,如(   )等信息,存入"存货档案"文件中。
   A. 存货编码   B. 存货属性

C.存货成本控制　　　　　　D.计量单位

7.产品结构定义以后,可以清楚地说明产品的组成,以便(　　)等功能模块的引用。

A.配比出库　　　　　　　　B.消耗定额

C.产品材料成本　　　　　　D.成本核算

8.年初建账模块包括:(　　)。

A.录入各个仓库的各种存货的初始数量和金额

B.录入期初的分期收款发出存货

C.录入跌价准备的期初金额

D.录入存货子系统相关会计科目期初余额

9.下列单据属于其他业务出库单的有:(　　)。

A.销售出库　　　　　　　　B.材料出库

C.调拨出库　　　　　　　　D.盘亏出库

E.组装拆卸出库

10.存货子系统自动转账模块的作用有:(　　)。

A.自动生成入库机制凭证传递到账务处理子系统

B.自动生成出库机制凭证传递到账务处理子系统

C.自动生成费用分配表传递到成本核算子系统

D.自动计算年末存货结存金额传递到报表子系统

11.属于计提跌价准备文件的内容有:(　　)。

A.本次计提金额　　　　　　B.盘亏数量

C.可变现金额　　　　　　　D.本次冲回金额

12.存货类别编码的设置方式有:(　　)。

A.按大类设置　　　　　　　B.按小类设置

C.按大类加小类设置　　　　D.按明细类设置

13.存货管理子系统中,主要输入的单据有(　　)。

A.各种入库单　　　　　　　B.各种出库单

C.各种发票　　　　　　　　D.盘点单

14.存货子系统的特点主要包括(　　)

A.数据处理量大　　　　　　B.核算方法比较复杂

C.管理要求高　　　　　　　D.数据变化频繁

E.同采购与应付子系统、销售与应收子系统、成本子系统、账务处理子系统存在频繁的数据传递关系

15. 存货子系统的数据处理包括(　　　)等五个环节。

A. 调拨处理　　　　　　　B. 盘点处理

C. 存货记账　　　　　　　D. 跌价准备处理

E. 制单

四、判断题

1. 存货类别编码的设计可以按大类设置,也可以按照大类加小类设置;设计的方式可以参照存货编码中的存货大类和存货小类的设置。(　　　)

2. 存货的计价方式有很多种,不同的计价方式将导致存货的出库成本不同,因此在编制出入库单或者按出入库单记账时,都需要参考存货的计价方式。(　　　)

3. 如果有一组计量单位之间可以进行转换,则需要设置主计量单位,以及同一单位组的其他单位与主计量单位之间的换算率。(　　　)

4. 产品结构的设置应先定义子项,而后定义相应的父项,子项是构成父项的直接材料或半成品,如果涉及半成品,该半成品应作为一个新的父项继续分解。(　　　)

5. 存货系统月末结账时,根据当月已记账的假退料单自动生成假退料的回冲单,单据号与原假退料单单号相同,日期是下个月的第一天。(　　　)

6. 销售出库单可以由销售与应收子系统生成,也可以由存货子系统生成。(　　　)

7. 产成品入库单是工业企业和商业企业入库单据的主要部分。(　　　)

8. 假退料单记账或期末处理时,成本的核算方法同材料出库单。(　　　)

9. 产成品入库单表头一般包含入库日期,由于该日期是系统日期,因此不允许修改。(　　　)

10. 如果和采购系统、销售系统集成使用,必须在库存系统、采购系统、销售系统结账后,存货核算系统才能进行结账。(　　　)

11. 为了管理的需要,计量单位即使在设定并被使用后,仍然允许修改和删除。(　　　)

12. 如果存货子系统和成本子系统集成使用,产成品或半成品的总成本和单位成本可以直接通过产成品成本分配表功能从成本子系统取价。(　　　)

五、问答题

1. 简述存货子系统的特点。

2.简述存货子系统的目标。

3.简述存货档案设置时必须按照存货的各种用途准确设置存货的属性的原因。

4.简述存货编码设计的原则和方法。

5.某工业企业存货子系统的数据流程如下：

（1）在初始化设置中，用户输入存货档案、计量单位、仓库档案、收发类别、产品结构、单据、科目、期初余额等。系统将这些数据保留在基础信息文件中，以备随时调用。

（2）采购物资验收入库以后，由仓管人员编制采购入库单，通过录入模块输入计算机。采购入库单经审核后，存于出入库单文件并保留在计算机中。

（3）产成品或半成品验收入库以后，由仓管人员编制产成品入库单，通过录入模块输入计算机，经过审核以后，存于出入库单文件，入库产品的单价可从成本子系统获得。

（4）材料假退料以后，编制假退料单，通过录入模块输入，经审核以后保存在出入库单文件中。

（5）接收销售子系统传来的销售出库单，经过审核以后存于出入库单文件。

（6）材料或半成品领用出库以后，由仓管人员编制材料出库单，通过录入模块输入，经审核以后存于出入库单文件并保留在计算机中。

（7）存货调拨业务发生时，由仓管人员编制调拨单，通过录入模块输入，经审核以后存入调拨单文件，并生成其他出库单和其他入库单。

（8）期末存货盘点，由仓管人员根据盘点情况，编制盘点单，通过录入模块输入，经审核以后存入盘点单文件，并生成盘亏存货的其他出库单和盘盈存货的其他入库单。

（9）存货的其他出入库业务发生时，由仓管人员编制其他出库单和其他入库单，通过录入模块输入，或者接收盘点处理和调拨处理生成的其他出入库单，其他出入库单经审核以后分别存于出入库单文件。

（10）期末存货须按成本和可变现净值孰低计价，由存货管理人员编制计提跌价准备单，通过录入模块输入，经过审核，保存在跌价准备单文件中，同时更新存货跌价准备文件。

（11）在各种入库单录入过程中，如果没有手工录入单价，那么在单据登入存货库存余额文件时，系统将按照存货档案中设置的计价方式，查询存货库存余额文件和出入库单文件，自动确定出入库单的金额和单价，据此更新存货库存余额文件。

（12）材料和半成品领用的材料出库单和假退料的入库单数据传递到成本子系统,作为成本子系统材料费用计算的依据,产成品和半成品的入库单数据、采购发票和入库单文件中的数据传递到存货子系统,作为存货入库的依据。

（13）系统根据存货基础信息文件中设置的科目,自动将出入库单文件和跌价准备单文件中的数据加工成机制凭证存在记账凭证文件,并通过自动转账模块传递到账务处理子系统。传递的凭证内容需要在自动转账模块中进行定义。

（14）根据用户的需要,系统通过基础信息文件、各种出入库单、存货库存余额等文件,输出各种统计表。

要求:根据上述描述画出该子系统的数据流程图。

第6章 销售与应收子系统

本章要点

　　从企业经营循环角度看,销售与收取现金的过程无论是工业企业还是商业企业都是企业价值实现的终点。在商业信用环境下,大部分销售活动表现为赊销,即在产品与劳务的提供和货款收取之间存在着一定的时滞间隔(数日或者数月),这样,产品销售(或提供劳务)与收取货款可以看作是一个相对独立的子系统,简称为销售与应收子系统。在这个子系统中,既存在实物的流动过程(由卖方向买方转让资产或提供劳务),又存在资金的流动过程(应收账款的收现)。本章共分五节,第一节是销售与应收子系统的概述,包括销售管理、销售交易的会计核算、系统的特点和目标;第二节是销售与应收子系统的流程分析,包括业务流程分析、数据流程分析、系统的相关数据文件;第三节讲述销售与应收子系统数据编码与主要功能模块,包括编码设计原则和种类、分模块的功能;第四节介绍销售与应收子系统的初始化设置,包括客户档案设置、部门档案和职员档案设置、结算方式设置、付款条件设置等;最后一节是关于销售与应收子系统的日常业务处理,包括系统数据输入、数据处理、数据输出和系统服务。

　　销售是企业价值实现的最后阶段。在市场经济条件下,企业的一切生产活动都应该以销售为目的,以销定产已成为企业组织生产的基本原则。因此,销售的管理是企业管理工作的重要方面。销售管理往往需要涉及多个部门,这些部门各司其职,共同组成一个完整的管理和控制体系。

　　销售与应收子系统业务流程主要包括销售订单确认、销售物资出库、销售和货款结算三个环节。销售与应收子系统接受两类数据的输入:第一类是业务数据,即随着销售业务的发生而产生的数据,包括销售订单、销售发票、发货单和收款单,需要用户不断地更新和输入;第二类数据是基础数据,包括客户资料、销售人员、部门、结算方式、价格政策、税率以及其他基础数据,通常在初始化过程进行设置。录入数据通过计算机加工处理后在系统中形成各种数据文件,这些数据文件再进一步加工处理即可得出反映销售业务的账表信息和一些与其他子系统的共享信息。

销售与应收子系统不是一个独立的系统,系统中的很多输入数据需要从其他子系统中转来,如存货成本数据需要从存货子系统和成本核算子系统中转来,客户结算情况要接收账务处理子系统的数据;同时又要将销售货物以及货款结算情况传递到存货子系统和账务处理子系统等。

本章学习应重点掌握:销售管理的方法、销售交易的会计核算方法、销售与应收子系统的流程分析、系统流程中的关键控制点、系统的主要功能、系统数据编码和初始化设置、进行系统的日常业务处理等。

习 题

一、名词解释

销售订单 应收冲应付 应收冲应收 预收冲应收 收入 经济利益

二、填空题

1. 从企业经营循环角度看,_____无论从工业企业还是商业企业都是企业价值实现的终点。

2. 一般来说,销货交易始于_____。

3. 工业企业的销售成本通过_____结转,而产成品可以采用_____,也可以采用实际成本两种不同的方法计算;商品流通企业的销售成本也有按进价核算和按_____核算两种不同的方式。

4. 销售与应收子系统业务流程主要包括_____、_____和_____三个环节。

5. 一般_____是销售与应收子系统的数据录入的开始。

6. _____、销售发货文件、_____、_____和应收账款文件是销售与应收子系统的主数据库文件。

7. 客户编码的编码原则是_____。

8. 系统初始化设置主要内容包括:_____设置、_____和职员档案设置、_____设置、付款条件设置、销售方式设置以及年初建账等。

9. 销售订单中需要输入的基本数据大部分都在_____中定义,因此,在录入时可以使用系统提示功能_____输入。

10. 发货单的输入除了销售订单所有的基本内容外,一般还应有发货日期、_____、货物所在仓库、发往地址、_____等与货物管理有关的内容。

11. 对于同一张收款单,如果包含不同用途的款项,应在记录中_____。

三、不定项选择

1. 销售与应收子系统的关键是如何保证(   )的联系。
   A. 物流和资金流　　　　　　　B. 物流和信息流
   C. 资金流和信息流　　　　　　D. 物流、资金流与信息流

2. 在系统数据输入阶段,系统会接受两类数据:其中,销售订单、销售发票、发货单和收款单等需要用户不断地更新和输入的数据属于(   );客户资料、销售人员、部门、结算方式、价格政策、税率等属于(   )。依次选择:
   A. 变动数据　　　　　　　　　B. 交易数据
   C. 初始数据　　　　　　　　　D. 固定数据

3. 系统中包括客户资料、销售人员、部门、结算方式、价格政策、税率等在内的基础数据,通常在(   )功能模块中进行设置。
   A. 初始化　　　　　　　　　　B. 业务单据处理
   C. 账表输出　　　　　　　　　D. 系统服务

4. 销售与应收子系统的业务单据处理模块中,通常包括:(   )。
   A. 销售订单输入　　　　　　　B. 销售发票输入
   C. 收款单输入　　　　　　　　D. 退货处理

5. 销售与应收子系统所涉及的数据编码比较多,但是如果销售与应收子系统与存货子系统集成运行,则初始化时只需要对(   )进行设置。
   A. 存货编码　　　　　　　　　B. 存货类别编码
   C. 仓库编码　　　　　　　　　D. 部门编码　　E. 客户编码

6. 由于企业实际业务中销售方式的不同,销售与应收子系统的数据录入的起点(   )。
   A. 可以从销售订单开始　　　　B. 可以从销售发票开始
   C. 可以从发货单开始　　　　　D. 可以从收款单开始

7. 销售与应收子系统中,记账凭证的设置一般通过在(   )中设置对应科目来完成。

A. 结算方式　　　　　　　　　　B. 收款单

C. 销售方式　　　　　　　　　　D. 付款条件

8. 在销售与应收子系统中很多业务数据的录入需要处理客户的档案资料,在录入(　　)时都要用到客户档案。

A. 销售订单　　　　　　　　　　B. 应收账款数据

C. 销售发票　　　　　　　　　　D. 收款单

9. 付款条件设置内容主要在(　　)中引用。

A. 采购订单　　　　　　　B. 销售订单　　　　C. 采购结算

D. 销售结算　　　　　　　E. 供应商

10. 在录入收款单时,需要指定其款项用途,系统会根据款项内容的设定对收款业务作相应的账务处理。若选择款项类型为应收款,则表明该款项性质为(　　);若选择款项类型为预收款,则该款项用途为(　　);若选择款项类型为其他费用,则该款项用途为其他费用。

A. 形成应收款;形成预收款　　　　B. 冲销应收款;冲销预收款

C. 冲销应收款;形成预收款　　　　D. 形成应收款;冲销预收款

11. 销售结算环节把(　　)联系在一起,通过比较,反映与客户的结算关系;往来账核销环节是把(　　)联系在一起,通过比较,形成正确的与供应商之间的往来账过程。

A. 销售订单、销售发货单;销售发票和收款单

B. 销售订单、销售发货单和销售发票;销售发票和收款单

C. 销售订单和销售发票;销售发票和收款单

D. 销售发票和收款单;销售订单和销售发票

12. 在销售与应收子系统中,往来对冲处理业务包括:(　　)。

A. 应收冲应付　　　　　　　　　B. 应付冲应付

C. 应收冲应收　　　　　　　　　D. 预收冲应收

13. 下列关于销售发票的发票号的说法正确的是:(　　)。

A. 采用增值税发票号　　　　　　B. 采用销售合同号

C. 采用群码方式编码　　　　　　D. 系统自动连续编号

14. 销售发票的发票号必须具有(　　)的特性。

A. 连续性　　　　　　　　　　　B. 唯一性

C. 保密性　　　　　　　　　　　D. 简洁性

15. 产品单位成本的来源是(　　)。

A. 手工录入　　　　　　　　　　B. 从存货子系统传递

C.从成本子系统传递　　　　　D.销售与应收子系统自动产生

四、判断题

1.企业应用销售与应收子系统之前,应整理所有客户的详细资料,制定客户的编码方案。(　　)

2.包含往来业务的所有企业都可用账务处理系统中的核算和管理应收账款业务。(　　)

3.应收账款核算系统的坏账处理业务包括坏账准备计提、坏账发生处理和坏账收回处理。(　　)

4.销售与应收子系统在与账务处理子系统集成运行时,生成的记账凭证需要人为干预。(　　)

5.子系统在进行部门档案设置时,部门是指企业实际中的部门机构。(　　)

6.结算方式设置功能用来建立和管理用户在经营活动中所涉及的结算方式。它应与财务结算方式一致,如现金结算、支票结算、银行本票、商业汇票等。(　　)

7.实际工作中,发货单与发票的客户可能是不一致的,这样就可能需要开票给多家单位。(　　)

8.销售发票是很重要的会计核算和管理单据,因此只能人工输入,且输入时应格外小心。(　　)

9.应收账款核算系统中,每月结账前应核销全部收款单据。(　　)

10.为了保证数据的安全,每次结账后用户都必须对数据进行备份。(　　)

11.应收账款处理流程通常包含了按一定条件计提坏账准备的功能。(　　)

12.销售与应收子系统处理的各项业务均应生成相应的记账凭证,在账务处理系统中记录和核算。(　　)

五、问答题

1.简述销售与应收子系统的特点。

2.简述销售与应收子系统的目标。

3.简述如何设计客户编码。

4.简述销售与应收子系统中日常业务数据输入的控制措施。

5.分别简述系统往来核销模块提供的手工核销与自动核销功能。

第 7 章 职工薪酬子系统

本章要点

　　从企业整个生产经营过程来看,工资、固定资产和成本的管理与核算也是企业管理与会计核算的重要内容。职工薪酬子系统是企业会计信息系统中一个日益受关注的子系统。企业通过职工薪酬子系统对职工薪酬的计提、发放和分摊加以管理与核算。其中,职工薪酬的正确计算和分摊是该子系统的关键。本章共分五节,第一节是职工薪酬子系统的概述,包括职工薪酬管理、职工薪酬的会计核算、系统的特点和目标;第二节是职工薪酬子系统的流程分析,包括业务流程分析、数据流程分析、系统的相关数据文件;第三节讲述职工薪酬子系统数据编码与主要功能模块,包括编码设计原则和种类、分模块的功能;第四节介绍职工薪酬子系统的初始化设置,包括账套参数设置、人员附加信息设置、人员类别设置、职工薪酬项目设置、银行名称设置等;最后一节是关于职工薪酬子系统的日常业务处理,包括计件工资统计、职工薪酬变动处理、扣缴个人所得税处理、系统数据输入、数据输出和系统服务等。

　　本章学习应重点掌握:工资管理制度、职工薪酬的会计核算方法、职工薪酬子系统的流程分析、系统的主要功能、系统数据编码设计和初始化设置、系统的日常业务处理、不同子系统之间进行数据交换等。

习题

一、名词解释

计时工资 计件工资 津贴和补贴 职工编码 工资分摊

二、填空题

1. 工资制度围绕职工劳动报酬,对工资_____、工资_____、工资形式、_____与津贴制度等做出有关规定。在国有企业,工资制度是由国家来制定的。外商投资企业的工资制度由企业董事会决定。

2. 国家规定的工资总额主要组成内容包括:计时工资、_____、_____、津贴和补贴、_____、特殊情况下支付的工资。每月实际支付给职工个人工资即(实发工资)为_____扣除代扣款项以后的余额。

3. 与职工薪酬密切相关的项目有_____、_____和职工教育经费,这些项目均需要按照职工薪酬总额的一定比例计提,分摊到相应的成本费用上。

4. 职工薪酬子系统是会计信息系统中的一个较为简单的子系统,它包括四方面的内容:一是工资的_____;二是工资的汇总;三是工资的发放;四是工资的_____。

5. 在初始化设置中,用户完成参数的设置、扣税设置、_____、人员编码设置、_____、人员附加信息设置、银行名称设置、_____、人员档案管理、计件职工薪酬标准和方案的设置。系统将这些数据保留在基础信息文件中,以备随时调用。

6. 自动转账模块包括三个子模块:_____、编制自动转账凭证和自动转账。由于职工薪酬子系统的会计核算科目与_____有密切的关系,因此,记账凭证设置一般在工资费用分摊处理中设置对应科目来完成。

7. 企业可以增加新的工资项目,并设置该工资项目的_____、长度、小数位数和_____。增项直接计入_____,减项直接计入_____。

8. 职工薪酬日常业务处理包括计件工资统计、工资数据变动、_____、扣缴个人所得税处理、银行代发处理和_____。

9. 工资变动处理进行工资数据的变动、汇总处理。在工资变动处理的界面中,除了显示相对固定的人员编码、姓名等数据以外,还包含了企业设置的所有工资项目。为了方便工资的发放,系统支持扣零处理,于是在工资变动中相应增设了_____和_____项目。

10.工资分钱清单处理主要是提供_____、人员分钱清单和_____。在企业采用现金发放工资时,工资分钱清单处理可以根据需要进行票面分解,以方便工资发放人员的操作。

三、不定项选择

1.职工薪酬子系统业务流程主要包括各种工资资料的输入、审核确认、工资的计算、分摊和发放环节,同时还包含着工资数据向(　　　)的传递。

    A.账务处理子系统　　　　　　　B.存货子系统

    C.固定资产子系统　　　　　　　D.成本核算子系统

2.与职工薪酬密切相关的项目有职工福利费、应付工会经费和职工教育经费,这些项目均需要按照职工薪酬总额的一定比例计提,分摊到相应的成本费用上。其中,(1)职工福利费的比例为(　　　),(2)职工教育经费(　　　),工会经费2%。

    A.17%　　　　B.14%　　　　C.2%　　　　D.3%　　　　E.2.5%

3.月度终了,应将本月应发的工资按职工的不同性质进行分配,根据各种成本费用的分摊一览表记入对应的会计科目:

    (1)生产车间工人的工资记入(　　　)科目;

    (2)生产车间管理人员的工资记入(　　　)科目;

    (3)企业行政管理人员的工资记入(　　　)科目;

    (4)采购和销售人员的工资记入(　　　)科目。

    A.制造费用　　　　　　B.管理费用　　　　　　C.生产成本

    D.销售费用　　　　　　E.在建工程

4.属于职工薪酬核算的内容有:(　　　)

    A.职工工资　　　　　　B.职工福利费

    C.工会经费　　　　　　D.教育费附加

5.工资输入资料包含着三类数据,(1)一类是固定业务数据,例如(　　　)、所属部门、人员类别等每月固定不变或相对固定的数据;(2)第二类是变动业务数据,例如(　　　)、加班职工薪酬、计件职工薪酬、代扣水电费等每月变动的数据;(3)第三类是基础数据,包括系统参数的设置、扣税设置、扣零设置、人员编码设置、(　　　)、人员附加信息设置、银行名称设置、人员档案管理、计件工资标准和方案的设置。

A.职工编码和姓名　　　B.事假病假天数　　　C.标准职工薪酬

D.职工薪酬项目设置　　E.人员类别设置

6.职工薪酬子系统中,系统通过自动转账模块传递到账务处理子系统的凭证包括:( )。

A.反映应付职工薪酬分配的凭证

B.反映职工福利费分配的凭证

C.反映应付职工薪酬实际支付的凭证

D.反映应付工会经费和职工教育经费计提的凭证

7.职工薪酬子系统的业务处理功能模块主要包括:( )。

A.参数的设置　　　　　　B.职工薪酬项目设置

C.输入职工调动数据　　　D.输入工资调整数据

E.计算应发工资、代扣款项和实发工资

8.在处理工资分摊业务时,需要选择:( )。

A.计提费用的类型　　　B.人员类别　　　　　C.核算的部门

D.计提的会计月份　　　E.计提分配方式

9.企业职工在发生( )时,要对职工薪酬系统进行及时处理。

A.调出　　　　　　　　B.调入

C.内部调动　　　　　　D.工资等级变动

10.编制工资单的依据有( )。

A.考勤记录　　　　　　B.工时记录　　　　　C.产量记录

D.工资标准　　　　　　E.工资等级

11.设置职工薪酬项目属于职工薪酬子系统的( )。

A.系统初始化设置　　　B.数据维护

C.日常业务处理　　　　D.期末业务处理

四、判断题

1.如果企业选择扣零处理,应设置系统扣零的计算公式。在计算职工薪酬时将依据所选择的扣零类型将零头扣下,并在积累成整时补上。( )

2.扣零至元表示职工薪酬发放时不发元以下的角、分,扣零至角表示职工薪酬发放时不发角以下的分。( )

3.职工薪酬包含的各种职工薪酬项目以及相应的计算公式的设置,可以说是职工薪酬初始设置中的一个重要内容。企业应按照职工薪酬制度的规定进行设置。( )

4. 计件工资这一工资项目为增项,基本工资为增项,代扣税为减项,缺勤天数为减项。( )

5. 在各个职工薪酬项目中,应发职工薪酬自动为各个增项之和,扣款合计自动为各个减项之和,实发职工薪酬自动为应发职工薪酬减去扣款合计的金额。应发职工薪酬为增项,扣款合计为减项。( )

6. 系统中来自成本核算子系统的计件工资标准不能修改或是删除,但可以不启用。( )

7. 定义公式时,要注意自顶向下,先设置应发合计、扣款合计和实发合计,再设置基本职工薪酬、计件工资等职工薪酬项目。( )

8. 系统自动确定的应发合计、扣款合计和实发合计的公式应是公式定义框的最后三个公式,且实发合计的公式要在应发合计和扣款合计公式之后。( )

9. 每月职工薪酬数据处理完毕后均可进行月末结转,因此所有职工薪酬项目在每月职工薪酬处理时都要将该数据清为0。( )

10. 职工薪酬子系统在月末结算时,若为处理多个职工薪酬类别,则应打开职工薪酬类别,分别进行月末结算。( )

11. 职工薪酬数据汇总之前,必须先进行月末结转。( )

12. 职工薪酬的现金实际支付和银行存款的实际转账,也在职工薪酬子系统中处理。( )

五、问答题

1. 简述职工薪酬子系统的特点。

2. 简述企业编制的职工薪酬单的内容、形式及作用。

3. 简述如何设置和输入职工编码。

4. 分别简述账套参数设置时工资类别个数设置为单个或多个的适用情况。

5. 某公司职工薪酬子系统的数据处理过程如下:

(1)生产部门、车间科室、人事部门和综合行政部门输入有关资料,进行应付职工薪酬、代扣款项、代扣个人所得税和实发职工薪酬的结算,编制职工薪酬结算单,并作为员工结算工资的依据。

(2)财会部门汇总职工薪酬结算单数据,编制职工薪酬汇总表,进行应付职工薪酬的分摊,职工薪酬汇总表作为职工薪酬现金发放或银行发放的依据,职工薪酬分摊的结果传送到成本核算子系统,更新成本记录。

　　（3）职工薪酬发放部门根据应付职工薪酬处理的结果发放职工薪酬,可以采用现金发放的方式,也可以委托银行代理发放。

　　（4）负责账务处理的职员根据职工薪酬分摊、职工薪酬发放的资料,定期过入总分类账户。

　　要求:根据上述交易处理步骤,绘制该系统的业务流程图。

第 8 章　固定资产子系统

本章要点

　　对固定资产进行有效管理,并加以准确、及时地反映,是企业的一个主要管理与核算内容,这可以通过会计信息系统中的重要子系统——固定资产子系统来实现。在这个数据量较大、但较为简单的子系统中,固定资产卡片的管理、变动单的处理、折旧的计算和分配、减值准备的计提和分配是该子系统的主要内容。本章共分五节,第一节是固定资产子系统的概述,包括固定资产管理、固定资产的会计核算、系统的特点和目标;第二节是固定资产子系统的流程分析,包括业务流程分析、数据流程分析、系统的相关数据文件;第三节讲述固定资产子系统数据编码与主要功能模块,包括编码设计原则和种类、分模块的功能;第四节介绍固定资产子系统的初始化设置,包括账套参数设置、部门对应折旧科目设置、资产类别设置、增减方式设置、卡片项目和卡片样式定义等;最后一节是关于固定资产子系统的日常业务处理,包括固定资产增加和减少、变动的处理、折旧计提、折旧分配、减值准备计提、月末结账、数据输出和系统服务等。

　　本章学习应重点掌握:固定资产管理制度、固定资产的会计核算方法、固定资产子系统的流程分析、了解系统的主要功能、系统数据编码设计和初始化设置系统的日常业务处理尤其是折旧和减值准备项目、不同子系统之间进行数据交换等。

习题

一、名词解释

固定资产　固定资产卡片　原始卡片　资产类别

二、填空题

1. 固定资产子系统包括四方面的内容：一是以_____方式,处理固定资产的增减变动;二是根据设置的折旧方法计提各项资产的折旧;三是根据固定资产的使用部门或固定资产的类别分摊_____;四是固定资产减值准备处理。

2. 固定资产子系统除了与账务处理子系统,还和_____之间存在着数据传递关系。

3. 无论是手工会计还是计算机会计,固定资产的管理都选择_____的管理方式。固定资产卡片中的卡片项目是用来记录资产资料的栏目,如_____、_____、_____、_____等是卡片最基本的项目。

4. 子系统中对已经淘汰的固定资产的数据需要保留,目的是加强固定资产的管理和_____。根据制度规定已清理的资产的资料应保留_____年,所以系统设置了已发生资产减少卡片可删除时限。使用者可根据需要修改时限。

5. 固定资产子系统的初始化设置主要是完成账套参数的设置、部门档案管理、_____、_____、增减方式设置、使用状况设置、_____、卡片项目及样式设置和_____的输入以及年初建账。

6. 固定资产子系统与账务处理子系统集成使用的情况下,系统选择与账务处理子系统对账,目的是_____。

7. 固定资产子系统业务处理主要是：新增_____输入新增的固定资产数据;输入资产减少的数据;新增_____,输入固定资产变动的数据;输入按工作量计提折旧的固定资产的工作量数据;根据月初固定资产卡片数据进行固定资产折旧的_____和_____;新增_____,进行减值准备处理。

8. 在初始化资产类别设置时,必须输入_____、_____、并选择该类别的计提属性、_____和卡片样式。使用年限、净残值率、计量单位等信息可以输入,作为卡片输入时的默认值,也可以不输入。

9. 定义固定资产卡片样式时,需要定义_____、_____、位长、小数位长。

10. 在固定资产被淘汰以后,需要新增一个资产减少的记录,在这个记录中,卡片编号、资产编号、资产名称和减少日期由_____确定,并输入清理费用、清理收入和_____。

11. 系统计提完折旧后,就可以直接按照_____以及_____自动生成折旧分配表。折旧分配表有两种类型:_____和_____。

12. 固定资产子系统在编制记账凭证时,有两种设置方式:一种是_____,可以自动调出有一部分缺省内容的不完整凭证供用户编辑完成;另一种是_____,可以调用凭证制单功能进行处理,也可以在期末调用批量制单的方式。

三、不定项选择

1. 固定资产输入资料包含着两类数据,(1)一类是业务数据,例如( )、工作量;(2)第二类是基础数据,包括账套参数的设置、部门档案管理、( )、卡片项目及样式设置和原始固定资产卡片的输入,这些一般也在系统启动后即可输入。

A. 固定资产卡片   B. 部门对应折旧科目设置

C. 资产类别设置   D. 资产减少单

E. 变动单   F. 使用状况设置

G. 折旧方法定义

2. 固定资产子系统业务流程的主要内容包括:( )。

A. 各种固定资产增减变动资料的输入、审核

B. 折旧的计提分配   C. 减值准备的计提

D. 向账务处理子系统及成本核算子系统的传递

3. 固定资产子系统的主要数据库文件包括:( )。

A. 固定资产卡片文件   B. 固定资产增减变动文件

C. 折旧清单文件   D. 折旧分配文件

E. 固定资产工作量文件

4. 定义固定资产卡片样式时,需要定义名称、数据类型等。其中数据类型一般包括:( )。

A. 数字型   B. 字符型

C.日期型　　　　　　　　　　　D.标签型

5.固定资产子系统使用状况设置分三种,分别是:(　　　)。

A.使用中　　　　　　　　　B.未使用　　　　　C.不需用

D.在用　　　　　　　　　　E.停用

6.固定资产子系统可以按照不同的增减方式设置对应的入账科目。

(1)直接购入选择(　　　)作为对应入账科目

(2)自行建造选择(　　　)作为对应入账科目

(3)投资转入选择(　　　)作为对应入账科目

(4)融资租入选择(　　　)作为对应入账科

(5)固定资产盘亏减少选择(　　　)作为对应入账科目

(6)无偿调拨而增加固定资产选择(　　　)作为对应入账科目

A."在建工程"

B."长期应付款——应付融资租赁款"及"未确认融资费用"

C."实收资本"或"股本"

D."递延税款"及"资本公积——接受捐赠非现金资产准备"

E."待处理财产损溢"

F."资本公积——无偿调入固定资产"

G."银行存款"

7.为了分类汇总的需要,固定资产编码可以包含(　　　)。

A.资产大类的信息　　　　　　B.资产小类的信息

C.使用部门的信息　　　　　　D.使用地区的信息

8.下列业务属于变动单处理的包括:(　　　)。

A.固定资产发生原值的增减　　B.工作量的变动

C.部门的转移　　　　　　　　D.使用状况的变动

E.折旧方法的调整　　　　　　F.固定资产减值准备的计提

9.系统执行完折旧计提以后,自动生成:(　　　)。

A.折旧分配表　　　　　　　　B.折旧分配文件

C.折旧分配数据库　　　　　　D.折旧清单

四、判断题

1.电算化会计中,如果对每项固定资产均建立了固定资产卡片,则没有必要再设立固定资产登记簿。(　　　)

2.在固定资产子系统中,企业可以根据实际需要设置折旧汇总分配周期。

( )

3. 系统中,根据固定资产卡片中有关信息和规定选用折旧方法,可自动计算折旧,而不需要人工计算和填列。( )

4. 固定资产核算系统中,新录入系统的固定资产在录入当月都不提折旧。( )

5. 根据固定资产减少的单据,要及时删除相应的卡片,但是要在备查簿中留下痕迹。( )

6. 一般而言,对账以后,应当保证固定资产子系统和账务处理子系统一致,才能予以结账。( )

7. 在固定资产使用到最后一个月份时,要提足折旧,因此一般要选择"当(月初已计提月份 = 可使用月份 - 1)时将剩余折旧全部提足(工作量法除外)"。( )

8. 资产类别的设置在会计期间内可以增加。( )

9. 固定资产原始卡片中资产开始使用日期的月份小于其录入系统的月份。( )

10. 当企业的固定资产采用按工作量计提折旧时,就需要在每次计提折旧之前,输入该固定资产的工作量,以提供系统自动计算折旧所需要的数据。( )

11. 折旧分配表有两种类型:部门折旧分配表和类别折旧分配表,系统会自动根据折旧分配表制作记账凭证。( )

12. 固定资产计提折旧后,可以按部门把折旧分配到相关的成本或费用,所以需要给每个使用部门选择一个折旧科目。( )

五、问答题

1. 简述固定资产子系统的特点。
2. 简述设计固定资产编码的内容和意义。
3. 简述新增固定资产卡片与录入原始卡片的不同。
4. 简述固定资产子系统中不允许结账的两种情况。
5. 某公司固定资产子系统的数据处理过程如下:

(1)在初始化设置中,用户完成账套参数的设置、部门档案管理、部门对应折旧科目设置、资产类别设置、增减方式设置、使用状况设置、折旧方法定义、卡片项目及样式设置和原始固定资产卡片的输入。系统将这些数据保留在基础信息文件和固定资产卡片文件中,以备随时调用。

（2）依据固定资产增减变动数据,输入新的固定资产卡片、资产减少单、变动单,更新固定资产增减变动文件和固定资产卡片文件。这里也包含了减值准备的计提数据的输入和处理。

（3）输入工作量统计资料,存入固定资产工作量文件。

（4）月末根据固定资产工作量文件、基础信息文件、固定资产卡片文件中的数据,执行折旧计算的处理,形成折旧清单文件。

（5）月末依据折旧清单文件、基础信息文件、固定资产卡片文件中的数据,执行折旧费用分配处理,形成折旧分配文件。

（6）折旧分配文件中折旧费用分配的数据传递到成本核算子系统,作为折旧费用进一步分配的依据。

（7）系统自动将折旧分配文件、固定资产增减变动文件中的数据加工成机制凭证存在记账凭证文件,并通过自动转账模块传递到账务处理子系统。

（8）根据用户的需要,系统通过基础信息文件、固定资产卡片文件、固定资产增减变动文件、折旧清单文件和折旧分配文件输出各种账表。

要求:根据公司数据处理过程绘制相应的数据处理流程图。

第 9 章 成本核算子系统

本章要点

在工业企业中,一个必不可少的核算环节是计算产品、劳务的生产成本,以确定销售产品和提供劳务的销售成本,并与当期的收入相配比,最终计算当期收入补偿了成本以后的收益。要正确计算成本,对成本进行有效分析、控制和预测,并准确、及时地核算与反映,可以通过成本核算子系统来实现。本章共分五节,第一节是成本核算子系统的概述,包括成本管理、成本的会计核算、系统的特点和目标;第二节是成本核算子系统的流程分析,包括业务流程分析、数据流程分析、系统的相关数据文件;第三节讲述成本核算子系统数据编码与主要功能模块,包括编码设计原则和种类、分模块的功能;第四节介绍成本核算子系统的初始化设置,包括系统参数设置、工序定义、产品属性定义、分配率定义、定额管理等;最后一节是关于成本核算子系统的日常业务处理,包括各种费用表输入、工时日报表输入、完工产品日报表输入、废品回收表输入、在产品盘点表、工序产品耗用日报表、在产品每月变动约当系数分配标准表输入、成本计算、记账凭证的定义和生成、月末结账、系统服务等。

成本核算在手工会计中是一个很复杂的会计流程。为了正确核算产品成本,在手工会计中需要设置各种各样的表单,进行费用的归集、汇总、分配及再分配、结转等,工作量大且很繁琐。然而,在计算机信息系统环境下,成本核算子系统却是一个比较简单的系统,因为大量的归集、汇总与分配工作都由计算机自动完成,很少需要人工干预,系统需要做的是从其他子系统中采集成本核算数据,按照系统设置定义好的程式,包括产品结构、工序、部分、分配率等,自动计算产品成本。

在手工成本核算中,成本计算方法的种类很多,如品种法、分批法、分类法和分步法等等,并且在实际工作中往往会出现混合应用几种方法的情况。正因为不同的企业有着不同的生产过程、生产工艺和管理要求,人们通常认为成本核算子系统是很难通用的,必须自行开发或委托开发。然而就成本核算的本质而言,所谓的产品(或劳务)的成本无非是生产费用的归集和分配过程,有一定的共性。因此,目前的成本核算软件已经可以将多种核算方法抽象为一种基本的成本算法,即按照产品结构定义的父子项关系,以产品品种为基本核算对象,辅助以生产批号、产品大类等基本属性的卷积计算方法。这样的成本计算以产品结构为基本线索,以品种法为基本算法,实现逐步结转分步法的成本计算,并且利用产品的生产批号和产品大类等属性支持生产成本按批号或者按大类进行计算,从而实现分批法和分类法的核算。

因此,计算机环境下的成本核算方法可分为四种方法:完全分批法,是指企业生产的所有产品,包括需要核算的工序产品都是按批号计算成本的,采用这种方法需要输入批号数据;部分分批法,是指企业有一部分产品采用分批法进行核算,同时也有不采用分批法核算的情况,采用这种方法需要输入分批核算的产品的批号数据;分类法,是以产品类别作为成本核算对象,归集生产费用,计算产品成本的方法,采用这种计算方法,需要为每种产品定义产品大类;品种法或分步法,是指产品成本核算过程中不划分批别与类别,完全按产品品种和核算步骤归集费用、核算成本的方法,并可以计算出每一步骤的产品成本,采用这种方法要注意存货档案和产品结构的正确定义。

为了更有效地管理物料,正确定义产品结构并按部门定义工序是非常重要的。工序与产品结构中的每一个父项产品相对应。在一个产品结构中,可能存在两层以上的结构,即存在中间产品或半成品。如果该半成品完工以后尚未入库,就直接用于生产上一级的产品,即发生了工序间领用产品的业务,那么这种中间产品或半成品就不需要通过存货子系统反映。

本章学习应重点掌握:成本管理制度、成本的会计核算方法、成本核算子系统流程分析、系统的主要功能、系统数据编码设计和初始化设置、定额管理、工序定义和总账接口定义、系统的日常业务处理、不同子系统之间进行数据交换和数据输出等。

习 题

一、名词解释

完全分批法 部分分批法 分类法 品种法或分步法 废品回收表

二、填空题

1. 计算机环境下,成本核算的一般过程可以细分为四个步骤,分别是:对直接费用进行归集、_____、_____和成本在完工产品与在产品之间进行分配。

2. 目前财务软件的成本核算子系统按照_____定义的父子项关系,以_____为基本核算对象,辅助以生产批号、产品大类等基本属性的卷积计算方法。

3. 成本计算文件中的单位产品成本的数据传递到_____,作为产成品入库成本确定的依据。

4. 成本核算子系统主要的功能模块应包括:_____、业务处理、_____、_____和系统维护五个模块。

5. 自动转账包括三个子模块:_____、_____和_____。该模块的作用是根据用户输入的业务数据生成记账凭证并自动传递到_____子系统。

6. 成本核算子系统定义四种凭证:_____、辅助生产成本结转凭证、_____和工序产品耗用结转凭证。

7. 费用来源的设置包括_____、制造费用来源、_____、存货数据来源和其他费用来源。

8. 工序定义的目的是为了确定_____,这个功能模块同时也支持辅助生产部门的辅助服务的定义。

9. 如果成本核算方法未选择"分类法",则不能够定义产品大类。通过_____的定义,可确认成本核算系统的产品核算范围,定义产品的所属工序和大类,并且在成本报表的查询中,可以按产品的工序或大类进行查询范围的细分。

10. _____也就是实际完工产品数量,是产品成本计算的依据。

11. 工序产品耗用日报表用于输入_____直接领用_____的数量,通过此表的产品相互领用数量关系,可以实现"_____"的成本核算模式,核算出半成品的成本。

12. 目前成本系统的成本计算有两种模式:"_____"和"_____"。

13. 系统进行期末处理后,当月数据将不再允许变动,月末处理功能只有_____才能执行。

14. 成本核算子系统的账表输出模块主要是_____,可分为三类:一类是_____、一类是_____,第三类是成本预测、成本分析和成本计划形成的管理报表。

三、不定项选择

1. 在成本核算过程中,结转制造费用、辅助费用、盘亏盘盈和工序产品耗用而形成的记账凭证需要传递到(　　)子系统中。

    A. 账务管理　　　　　　　　　B. 存货管理

    C. 工资管理　　　　　　　　　D. 固定资产子系统

2. 成本核算子系统中最主要的代码是(　　)。

    A. 工序代码　　　　　　　　　B. 产品代码

    C. 存货代码　　　　　　　　　D. 生产部门代码

3. 定义产品结构和工序等,应该在成本核算子系统的(　　)模块中进行。

    A. 账表输出　　　　　　　　　B. 业务处理

    C. 自动转账　　　　　　　　　D. 初始化设置

4. (　　)是日常数据录入的基础、成本计算的依据和统计分析的基础。

    A. 账表输出　　　　　　　　　B. 业务处理

    C. 初始设置　　　　　　　　　D. 自动转账

5. 如果在选项中选择制造费用、其他费用、折旧、人工费用的数据来源于账务处理子系统,则需要定义与(　　)接口的公式。

    A. 总账　　　　　　　　　　　B. 明细账

    C. 日记账　　　　　　　　　　D. 费用类账户

6. 成本的计算需要获得材料、职工薪酬、折旧和其他生产费用的数据,这些数据通常要从(　　)获得。

    A. 账务处理子系统　　　　　　B. 存货子系统

    C. 职工薪酬子系统　　　　　　D. 固定资产子系统

7. 成本核算子系统中有两类主要的数据文件,分别是:( )。

A. 基础数据文件   B. 业务数据文件

C. 汇总数据文件   D. 流程文件

8. 成本核算子系统中的费用可以来自( )。

A. 手工输入   B. 账务处理子系统

C. 存货子系统   D. 其他

9. 系统参数的设置通过选项实现,包括( )等等。

A. 成本核算方法   B. 制造费用来源

C. 数据精度   D. 其他费用来源

10. 完工产品处理表实质上是数据输入后的平衡校验表,用于验证确认已输入的( )之间逻辑关系的正确性。

A. 完工数量   B. 在产品数量

C. 领用的数量   D. 结存数量

11. 存货编码一般可以按照( )进行编码。

A. 存货大类   B. 存货小类

C. 存货品种   D. 存货规格

12. 成本核算子系统需要自动生产( )。

A. 制造费用转账凭证   B. 工序产品耗用结转凭证

C. 辅助生产结转凭证   D. 盘亏盘盈结转凭证

四、判断题

1. 计算机环境下的成本核算方法与手工方式下的成本核算方法相同。( )

2. 人工费用可以直接计入生产成本,不用进行人员类别的设置。( )

3. 启用成本核算子系统后,在开始日常使用之前,需要手工输入成本的初始余额,期初数据核对无误后,可以记账,也可以修改期初数据。( )

4. 废品回收表用于输入各产品的废品回收金额,这个金额可用于冲减各产品的原材料费用。( )

5. 废品回收表数据按部门生产的产品输入,可以查看以前已结账期间的数据,也可以修改。如果没有废品回收金额冲减材料费用的情况,则本表也必须输入数据。( )

6. 产品约当系数表是在任何情况下都可以使用的。( )

7. 目前成本系统的成本计算有两种模式:"自动完成"和"分步完成",二者的算法和结果完全相同,只是在"分步完成"的情况下,计算的过程由用户来控制进行,允许查询计算分配的中间结果,以便于及时地发现问题,重新修正数据或设置分配率。(　　)

8.即使用户发现已结账月份数据有误,也没有办法进行修改。(　　)

9.为了避免出现工资多次分摊造成工资最终分摊数据与成本读取的数据不符的情况,只有在工资分摊并生成分摊凭证后,成本系统才能从职工薪酬子系统中提取人工费用数据。(　　)

10.如果成本核算方法未选择"分类法",也可以定义产品大类。(　　)

五、问答题

1.简述成本核算子系统的特点。
2.简述成本核算子系统的业务流程。
3.简述成本核算子系统的主要功能模块。

六、小组讨论题

假设您作为制造企业的一名会计人员,请思考:
1.计算机条件下的成本核算与手工方式下的成本核算有何异同?
2.计算机在哪些方面对手工成本核算进行了改进?
3.企业如何根据自身实际情况选择适合本企业的成本核算方法?

第10章 会计报表子系统

本章要点

　　会计报表子系统是直接面向内外报表使用者的信息需要,取数于各个子系统会计核算的结果,进行相应的加工处理,专门提供各种会计报表的子系统,它是一个极为重要的子系统。主要功能是依据企业会计准则、企业会计制度、企业财务会计报告条例等法规和制度,编制和对外提供真实、完整的会计报表,同时根据经营管理的需要,编制和对内提供灵活多样的管理报表,并依据报表数据,分析经济活动与财务收支情况。本章共分五节,第一节是会计报表子系统的概述,包括会计报表分类和格式、会计报表软件的介绍、系统的特点和目标;第二节是会计报表子系统的流程分析和项目定义,包括业务流程分析、会计报表公式定义、关键字设置、模板的应用等;第三节讲述会计报表子系统日常业务处理,包括报表生成、报表审核、报表舍位平衡、报表输出和报表维护;第四节介绍现金流量表的编制,包括现金流量表概述、编制方法以及具体的操作;最后一节是关于合并会计报表的编制,包括合并会计报表的概述、编制方法等。

　　目前,国内报表软件通常可分为三类:专用报表软件、通用报表软件和电子表软件。

　　专用报表软件是使用系统或行业为特定需要而设计开发的报表软件,它将会计报表的种类、格式和编制方法固化到程序中,专用性强、运行速度快、使用简便。但是,它只能编制规定的专门报表,每增加一种报表,就需要编制相应的报表程序,因此通用性差,报表维护困难。

　　通用报表软件是面向大多数用户的需求,采用符合财会人员习惯的方式,由用户定义报表格式和表内数据,而后生成需要的会计报表,同时针对不同行业编制了一系列常用的报表模板供用户选择使用。因此,通用报表软件在格式设计和数据处理方面,有着专用报表软件所不可比拟的灵活性、方便性和直观性,用户不需要懂得如何编制程序,就可以通过选择预制的报表模板或者自行定义的方式编制各种各样的报表。

虽然通用报表软件具有强大的功能,但相对于电子表软件而言,无论是数据分析、统计还是图形处理能力,都有所不及。目前常见的电子表软件如Lotus、Excel、CCED 等软件,它们具有比通用报表软件更强大的数据处理功能,其中 Excel 是大多数会计人员较为熟悉的表处理软件。

一般的通用报表软件目前都采用了将会计软件与 Excel 捆绑的方法,通过在会计软件中提供公开的数据接口或取数公式,使用户可以方便的从 Excel 中通过数据接口或使用取数公式从账务系统中调用会计数据,利用 Excel 的强大功能对数据做进一步的处理和分析。其基本流程图 10-1:

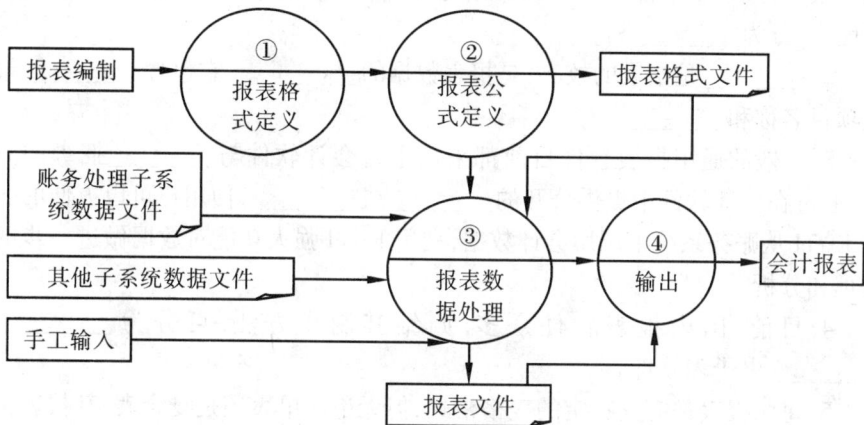

图 10-1　报表子系统处理流程图

本章学习应重点掌握:会计报表的格式、系统的流程分析和主要功能、初始化设置、公式定义、现金流量表和合并会计报表的编制、报表审核、报表输出等。

习 题

一、名词解释

财务状况报表 外部报表 汇总报表 表元

二、填空题

1. 企业会计报表可以按不同的标志进行分类:按报表反映的内容、性质,可分为_____、_____和成本费用报表;按服务对象,可分为外部报表和内部报表;按编制单位,可分为单位报表、_____和_____;按结构的复杂程度,可分为_____和_____。

2. _____是报表的核心,是报表数据的_____。它包含_____、报表项目名称和_____。

3. 一般的通用报表软件目前都采用了将会计软件与_____捆绑的方法,通过在会计软件中提供公开的_____或_____,使用户可以方便的通过 Excel 从账务系统中调用会计数据,利用 Excel 强大功能对数据做进一步的处理和分析。

4. 目前,国内报表软件众多,归结其制作方法,可分为_____、_____、电子表软件。

5. 每张报表都有其特定的表格格式,但无论简单表还是复合表,其报表格式都可分为三个部分:表头、_____和_____。

6. 会计报表子系统中,报表初始化和维护包括_____、_____、报表备份和恢复。

7. 会计报表处理的流程可分为 5 个步骤,依次为_____、_____、输入报表数据、处理报表数据、输出报表。

8. 报表数据处理包括报表生成、_____、_____、报表汇总和报表合并。

9. 舍位平衡公式的作用在于_____。

10. 一般在报表的_____状态中定义单元公式、审核公式和舍位平衡公式;在报表的_____状态中调用计算。

11. 如果系统提供的报表模板与企业的实际需要存在差异,需要企业利用

_____和_____的功能,对原来的报表模板进行修改,生成新的报表模板。

12.会计报表子系统的日常业务处理,主要包括报表生成、_____、_____、报表输出和报表维护。

三、不定项选择

1.会计报表系统中,运算公式应在(   )之后完成。

A.报表格式定义   B.报表打印

C.报表输入   D.报表输出

2.选定相应的单元格区域,在状态栏上可以察看到该单元格区域中的(   )。

A.注释   B.引用

C.数值之和   D.行列标志

3.(   )是会计报表的主要构成部分。

A.表头   B.表尾   C.表体   D.表名

4.会计报表格式的定义包括:(   )。

A.报表行数和列数的设置

B.报表中项目的输入(包括表头、表体和表尾)

C.组合单元的定义

D.单元属性的设置(包括数值单元和字符单元)

E.确定关键字在表页上的位置(如单位名称、年、月、日)

F.行高和列宽的定义

5.下列函数名称对应的取数含义分别是:(   )

(1)FS   (2)DFS   (3)QC   (4)QM   (5)LFS

A.期初余额取数   B.发生额取数

C.期末余额取数   D.对方科目发生额取数

E.净额取数   F.累计发生额取数

6.审核公式表示报表数据之间(   )关系的公式。

A.对应   B.整合   C.勾稽   D.准确

7.百元利润表的舍位位数应该设置为(   )。

A.1   B.2   C.3   D.4

8.会计报表的输出方式有:(   )。

A.屏幕输出   B.打印输出

C.磁盘输出　　　　　　　　　D.网络传输

9.现金流量表编制方法在手工条件下有（　　　）；在计算机条件下有（　　　）。

A.现金科目明细化法　　　　　B.辅助项目核算法

C.标志字段法　　　　　　　　D.直接法

E.间接法　　　　　　　　　　F.凭证摘要标注法

10.计算机环境下编制现金流量表时，对于计算项目的数据来源，系统使用的方法包括:（　　　）。

A.凭证分析　　　　　　　　　B.查账指定

C.取自报表　　　　　　　　　D.取自总账

11.系统在生成现金流量表之前，要对企业的凭证进行一次规范性处理。规范性处理不通过执行"凭证准备"模块，而是由用户进行拆分的是:（　　　）。

A.一借多贷的凭证　　　　　　B.一贷多借的凭证

C.一借一贷的凭证　　　　　　D.多借多贷的凭证

12.自动拆分的凭证拆分方式中，系统根据一般用户填制"多借多贷"凭证的形式，采用的自动拆分方法包括:（　　　）。

A.金额对应型　　　　　　　　B.成批金额对应型

C.比例分配型　　　　　　　　D.月末结转型

四、判断题

1.运用会计核算软件编制报表，应先填列报表数据，然后再进行报表设置。（　　　）

2.会计报表的表头包括标题、报表编制单位、日期、计量单位和报表编号等内容。（　　　）

3.会计报表的组合单元中填写的数据是报表中具有完整意义的最小信息单位。（　　　）

4.会计报表中的数据都可直接用会计科目的余额或发生额填列。（　　　）

5.会计报表中变动表元的值和数据来源每月都不同。（　　　）

6.编制报表时，不能包含未记账凭证。（　　　）

7.通用会计报表处理系统可以编制用户自定义格式的报表。（　　　）

8.报表格式定义就是在计算机中设计一张"空白表格"。（　　　）

9.会计报表函数中的参数除了字符型要加引号外，其他的参数均不加引号。（　　　）

10. 会计报表处理系统中,报表删除包括删除某时期的报表和删除报表的结构两种。(　　)

11. 会计报表处理系统中,如果报表审核没有通过,首先应检查审核公式是否正确。(　　)

12. 一般会计报表处理系统中,报表汇总是指将若干报表中相同项目的数据累加。(　　)

13. 会计报表处理系统中,报表输出有屏幕显示输出和打印输出两种形式。(　　)

14. 报表的主要数据来源是账务处理子系统、其他会计核算子系统、会计报表子系统自身,有时来自外部系统,只有少量数据来自手工输入。(　　)

15. 在会计报表子系统中,计算各个数据单元格的数值时,系统允许人工手动进行直接修改。(　　)

16. 报表栏目名称定义了报表的行,报表项目名称定义了报表的列,横向表格线和纵向表格线形成的各个单元格的意义由报表项目名称和报表栏目名称共同决定。(　　)

17. 报表的平衡公式中,每个公式一行,各公式之间必须用“,”隔开。(　　)

18. 舍位表名和当前文件名不能相同。(　　)

五、问答题

1. 简述会计报表子系统的特点。

2. 简述一般会计报表的数据来源。

3. 简述目前国内报表软件的特点和优劣势。

4. 简述报表处理时通过公式定义取数来源的各种情况。

5. 简述系统中报表审核的方式和异同。

6. 简述计算机编制现金流量表的方法。

7. 简述计算机合并会计报表的编制方法。

第11章 会计信息系统实施与控制

本章要点

　　建设企业会计信息系统是一个复杂的系统工程,在经历了可行性分析、系统分析、系统设计以及测试等阶段之后,形成了可供企业使用的会计软件或通用会计软件,下一个阶段的工作就是系统的实施、运行和维护阶段。本章承接第二章会计信息系统开发和设计的内容,共分三节介绍会计信息系统的实施、内部控制和会计信息系统的运行管理与维护等内容。第一节介绍会计信息系统的实施,包括系统实施的目的和方法、实施的主要步骤、系统的维护和评估、网络结构和软件的选择;第二节介绍会计信息系统内部控制的概念及其发展,包括内部控制的概述、COSO 公布的重要报告以及内部控制在我国的发展等;第三节介绍信息化环境下的企业内部控制,主要包括信息化环境下内部控制的必要性、信息化环境下的内部控制体系等。

　　系统的维护与管理是保证信息系统能正常、稳定和安全运行的重要保障。人们通常认为,信息化与高效率是等同的,但却忽视了会计信息化有可能带来手工会计所没有的风险,比如,会计信息系统实施的风险、硬件和软件的故障风险、网络风险和其他内部控制的风险等。要有效地防范信息化后的系统风险,除了加强信息化管理和内部控制措施外,一个很重要的因素就是要认真对待会计信息系统的实施。对一个大中型系统来讲,企业在系统实施阶段投入的人力、物力和财力并不亚于系统的分析、设计或购买软件的投入,有的企业信息化甚至在系统实施阶段就失败而中途退出,造成巨大经济损失。因此,IT业界有一句行话:"三分软件,七分实施"就是说明了这个道理。

　　当系统投入运行后,检验系统是否具有一定的抗风险能力,就要看系统内设置的内部控制。中外许多案例表明,由于内部控制机制薄弱或者缺失导致企业承受重大损失或经营失败。在面临市场全球化和竞争日趋激烈的经营环境下,企业管理者将愈加关注各项资产抵御风险的能力,关注各种营运决策所需信息的可靠性等。这些都促使企业的管理当局逐步意识到内部控制系统的重要性。建立和完善企业的内部控制体系已成为企业经营管理的核心内容。

计算机会计信息系统是一个比传统手工会计更为复杂的数据处理系统。由于电子技术处理的特殊性,会计作业流程的环境已改变,在资料搜集、处理、储存与信息输出等方面暴露的风险,靠传统的内控机制远远不能保证数据的安全性和数据处理的准确性,因而需要重新建立基于信息化环境下的内部控制体系。近年来,我国正兴起一场信息化的热潮。企业信息化过程中,伴随着企业业务流程的重组和优化,企业的组织结构、管理模式、信息处理方式以及企业文化等将面临一次重大的变革。那么,信息化环境对企业内部控制会产生哪些影响? 内部控制应该如何改进才能应对信息社会和知识经济的挑战? 企业应当如何加强和完善信息化环境下的内部控制? 对这些问题的探讨既有深刻的理论意义,又有积极的实践价值。

本章学习应重点掌握:会计信息系统实施的目的和方法、系统实施的主要步骤、会计信息系统维护与评估、内部控制的整体框架、企业风险管理框架、信息化环境下的内部控制体系等。

习　题

一、名词解释

平行法　模块法　内部控制　内部会计控制　内部管理控制

二、填空题

1. 选择适当的实施方法对新旧系统的顺利转换至关重要。系统实施可以采用下列三种主要方法:_____、_____、_____。

2. 系统测试的方法有多种。从使用者角度来说,三种测试最为重要:_____、_____和_____。

3. 系统维护尽可能采取_____的原则,尤其是完善性维护和适应性维护。

4. 局域网(LAN)技术很好地解决了网络环境下的_____和_____等问题。目前,许多大中型企业都建立企业内部局域网,而_____也是该局域网中的一个组成部分。

5. 系统软件主要包括_____、_____和_____。

6. 应用软件包括_____、_____和_____。

7. 会计信息系统的内部控制可依据不同的标准予以分类。按控制的性质和实施的目的不同,内部控制可分为_____与_____。

8. 根据内部控制抵抗风险的方式不同,企业的内部控制可以分为_____、_____和_____三种。

9. 职责分工控制方式的核心在于将_____进行分离,对每一个职能部门或人员的职责进行明确的界定。各职能单元之间相互牵制,相互监督。职责分离可以有效地防止工作人员_____。

10. 适应于企业会计信息系统的一般控制包括:_____、_____、计算机操作控制、_____和_____。

11. 应用控制是指计算机会计数据处理过程中所实施的各种控制,包括:_____、_____、_____三个方面。

12. COSO 委员会于 1992 年发布的《内部控制——整体框架》,从五个要素来研究内部控制:_____、_____、_____、_____和_____。

13. 企业风险管理框架由内部控制整体框架的五要素发展到八个相互联系的要素,这八个要素分别为:_____、_____、_____、_____、_____、控制活动、信息与沟通、监督。

14.《企业内部控制应用指引第 18 号——信息系统》从会计信息系统的概述、_____、_____与_____等几个方面对如何正确构建会计信息系统内部控制体系进行了全面论述。

15. 企业对于通过网络传输的涉密或关键数据,应当采取_____,确保信息传递的保密性、准确性和完整性。

16. _____对信息系统建设工作负责。

三、不定项选择

1. (　　)是会计信息系统建设过程中最重要的一个环节,需要在科学的方法论指导下按规范化的实施步骤进行。

A. 会计信息系统的实施　　　　B. 会计信息系统运行的管理

C. 会计信息系统的维护　　　　D. 会计信息系统的测试

2. (　　)是控制系统实施的最佳方法。

A. 直接法　　　　　　　　　　B. 平行法

C.模块法　　　　　　　　　　　D.结合法

3.模块法的基本思想是:新系统的安装与启用采取(　　　)的方式,分成若干个子系统或应用模块依次安装与启用。

A.整体　　　　　　　　　　　　B.平行

C.化整为零　　　　　　　　　　D.同时投入

4.系统开发周期的最后一个阶段是(　　　)阶段。

A.会计信息系统的实施　　　　　B.会计信息系统运行的管理

C.会计信息系统的维护和评估　　D.会计信息系统的测试

5.验证键入磁盘的交易资料属于(　　　)控制。

A.预防性　　　　　　　　　　　B.查错性

C.更正性　　　　　　　　　　　D.护理性

6.支票、发票、重要的日记账、订购单等许多商业凭证一般可采用(　　　)方式来进行控制。

A.授权控制　　　　　　　　　　B.顺序控制

C.总计数控制　　　　　　　　　D.档案系统控制

7.内部控制的局限性表现为:(　　　)。

A.内部控制制度的制定和实施要考虑成本效益原则

B.硬件与软件资源控制

C.计算机操作控制　　　　　　　D.系统安全控制

8.现金日记账和银行日记账要每天登记并打印输出,做到(　　　)。

A.日清日结　　　　　　　　　　B.日清月结

C.月清月结　　　　　　　　　　D.其他

9.系统维护指的是对系统的日常维修、护理和改善。一般而言,系统维护主要有三种类型:
(　　　)。

A.改正性维护　　　　　　　　　B.完善性维护

C.适应性维护　　　　　　　　　D.护理性维护

10.可参与系统实施后评估的人员及其机构包括:(　　　)。

A.内部审计师　　　　　　　　　B.外部审计师

C.系统分析师　　　　　　　　　D.独立的咨询机构

11.计算机硬件设备与网络结构有多种组合方式,不同的组合方式构成了不同信息系统结构体系,也决定了不同的计算机工作方式的总体功能。总的来说,这些组合方式包括:(　　　)。

A. 单机结构　　　　　　　　　　B. 多用户结构

C. 局域网结构　　　　　　　　　D. 互联网结构

12. 根据内部控制实施的环境不同,内部控制可分为(　　　)。

A. 一般控制　　　　　　　　　　B. 内部会计控制

C. 应用控制　　　　　　　　　　D. 内部管理控制

13. 内部控制措施的制定和实施(　　　)。

A. 要考虑成本效益原则　　　　　B. 依据重要性原则来设定

C. 不是固定不变的　　　　　　　D. 可能因串通舞弊而失效

14. (　　　)职能应该相互分离。

A. 系统开发与数据处理　　　　　B. 会计与出纳

C. 档案记账与保管　　　　　　　D. 现金日记账处理与总账处理

15. 系统维护包括(　　　)方面。

A. 硬件维护　　　　　　　　　　B. 程序维护

C. 软件维护　　　　　　　　　　D. 数据维护

16. 根据内部控制抵抗风险的方式,内部控制可分为(　　　)。

A. 预防性控制　　　　　　　　　B. 应用性控制

C. 差错性控制　　　　　　　　　D. 更正性控制

17. 企业利用信息系统实施内部控制至少应当关注下列风险:(　　　)

A. 信息系统缺失或规划不合理,可能造成信息孤岛或重复建设,导致企业经营管理效率低下;

B. 系统开发不符合内部控制要求,授权管理不当,可能导致无法利用信息技术实施有效控制;

C. 企业委托专业机构进行系统运行与维护管理的,若未审查该机构的资质,也未与其签订服务合同和保密协议,则可能无法保证信息系统运行安全;

D. 企业未能建立完善的用户管理制度,可能导致授权不当或存在非授权账号,从而导致信息系统存在运行风险。

四、判断题

1. 预防性性控制着重于事先防止不利事项(如差错或弊端损失)的发生,属于主动性控制。(　　　)

2. 只要有健全的内部控制制度就可以保证企业的运行万无一失。(　　　)

3. 测试先由系统开发人员执行,然后由系统开发人员和使用者一起执行,最后由使用者自行测试。(　　　)

4.认可性测试是对系统的某一部分执行实际作业环境下的运作测试,检查系统设施和其他环境因素,诸如资料输入地点、文件报告输出与传送、联机通信等是否均令人满意。( )

5.和平行法相比,直接法的风险较大。新系统一经启用,原有系统马上停止运作。新系统的运作结果无从比较,亦无法确定新系统的功能是否一定优于原有的系统。( )

6.系统维护是因为系统出现故障才进行的,如果系统没有出现故障,就不用进行系统的维护。( )

7.计算机会计信息系统内部控制的目标与传统手工会计信息系统的目标是一致的,为实现这一目标而制定的各项规章制度、组织措施、管理方法、业务处理手续等方面也是相同的。( )

8.内部控制只要设计时做得完美,就可以固定不变。( )

9.电算审计岗位既可以由电算会计兼任,也可以由会计稽核人员兼任,或者可在企业内部审计部门设置。( )

10.上机日志的作用是提供检查线索,或故障发生时使数据恢复,它是计算机审计取证的主要对象。( )

五、问答题

1.简述系统实施的方法。
2.简述系统实施的主要步骤及其顺序。
3.简述手工会计信息系统与计算机会计信息系统的各作业流程的风险与控制的差异。
4.简述内部控制方式有哪几种?
5.COSO委员会于2004年颁布了《企业风险管理框架》(ERM),其基本内容有哪些?
6.内部控制的局限性有哪些?
7.简述信息系统访问安全控制的主要控制措施。
8.简述应用控制下的处理控制包括的内容。

六、小组讨论题

某公司财务处在信息中心的帮助下购买了20台PC机和1台服务器和有关网络设备搭建起会计信息系统的硬件平台,此后又相应购买了商品化会计软件,目前,会计软件与手工并行运行了7个月,运行效果良好。

2. 如果您作为财务处长并负责会计信息系统的安全运行,您认为应该如何进一步健全和完善会计电算化管理制度?

2. 会计信息系统环境下,应该如何建立有效的内部控制制度以及建立什么样的内部控制制度以保证企业的良好运行?

3. 本单位会计信息系统运行正常,希望甩掉手工账,您认为应该怎样完成这项工作?

第12章 信息系统安全与风险防范

本章要点

　　信息系统安全直接关系到企业经营活动的正常运行,影响到企业经营目标的最终实现。每一个建立信息系统的企业,都必须十分重视信息系统的安全问题。基于此,本章共分四节来介绍信息系统安全和风险防范的相关问题。第一节是关于信息系统的安全概述,包括信息系统安全面临的威胁、安全等级划分、风险防范和监管等;第二节介绍会计信息系统计划和建立过程中的风险防范,包括选择硬件和软件的风险防范、会计软件的评价体系;第三节介绍会计信息系统使用和维护过程中的风险防范,主要包括内部风险与防范、外部风险与防范;第四节介绍企业信息系统的监管和评价,包括信息系统监管的概述和标准、监管的评价等。

　　信息系统安全可以理解为,在计算机单机系统和网络系统的环境下,保护计算机和网络设备设施以及数据不受偶然或恶意的侵入和破坏,检测、防范和抵御来自系统内部和系统外部的各种风险,确保信息传输、信息处理和信息存储全过程的正常运作,保证信息系统功能正确可靠的实现。信息系统安全一般应包括计算机单机安全、计算机网络安全和信息安全三个主要方面。

　　信息系统风险是指由于各种不确定、不可控因素的作用和其他潜在危险因素的存在,导致信息系统无法正常运行、功能无法正常发挥、从而无法取得预期结果的可能性。保证信息系统安全的关键在于针对信息系统所面临的风险进行系统的防范和监管。从风险入手,对信息系统进行风险防范和监管,是信息系统安全控制机制建立和运行的根本途径,是保证信息系统安全十分有效的策略和方法。

　　会计信息系统的风险防范,包括会计信息系统计划和建立过程的风险防范以及会计信息系统使用和维护过程的风险防范。前者主要是指在会计信息系统的准备和筹划阶段,计算机硬件、会计软件选择和购买过程的风险防范;而后者主要是在会计信息系统实施后的日常运行过程中,对可能出现的各种风险进行防范,包括内部风险防范——即对来自于系统内部和企业内部风险的防范,以及外部风险防范——即对来自于系统外部和企业外部风险的防范。进行风险分析防范,一般可以依照如下的步骤:第一,识别潜在的风险及其原因;第二,设计并执行相应的控制措施,以防止风险的发生;第三,在防范措施无法实行或失效的情况下,设计并执行补救措施,尽量减少风险所造成的影响。

本章学习应重点掌握:信息系统安全的内容和等级划分、信息系统的风险防范和监管、计算机硬件和软件系统选择的风险及其防范措施、对会计软件的评价、会计信息系统内部和外部风险及其防范措施、企业信息系统的监管标准等。

习 题

一、名词解释

信息系统安全　计算机网络安全　信息安全的不可否认性　计算机信息系统可信计算基(TCB)　隐蔽信道　信息系统风险　追踪力　防火墙

二、填空题

1. 在 ISO/OSI 网络体系中,七个层次从最底层到最高层依次为_____、_____、_____、传输层、_____、表示层和_____,每个层次具有各自不同的功能。

2. 信息安全是指信息在传输、处理和存储的过程中,没有被非法或恶意的窃取、篡改和破坏。信息的安全通常应具备五个属性,分别是_____、_____、_____、_____和_____。

3. 我国对于信息系统安全保护能力划分为_____、_____、_____、_____、_____等五个由低到高的等级。

4. 从_____入手,对信息系统进行_____和_____,是信息系统安全控制机制建立和运行的根本途径,是保证信息系统安全十分有效的策略和方法。

5. 会计软件选择的主要风险在于_____。

6. 为了最大限度地降低风险,会计软件的选择应遵循"_____"的基本原则,以_____为出发点,关注不同会计软件的特点,评价各种产品的优势和缺陷,谨慎地做出购买决策。

7. 防火墙一般有两种类型:_____和_____。

8. COBIT 由综述、_____、控制目标、_____、执行工具箱和_____六个部分组成。

三、不定项选择

1. ( )是 ISO/OSI 参考模型的中心枢纽,确保上层和下层之间数据传输无误和可靠,负责上下层连接的建立和断开,进行流量控制,

    A. 传输层   B. 物理层

    C. 网络层   D. 应用层

2. 信息系统安全的核心问题是( )。

    A. 单机安全   B. 网络安全

    C. 信息安全   D. 应用安全

3. 保证信息系统安全的关键在于针对信息系统所面临的( )进行系统的防范和监管。

    A. 机会   B. 风险   C. 安全   D. 监管

4. 在会计软件的选择过程中,最为重要的一个步骤是( )。

    A. 分析企业自身的需求   B. 成本预算

    C. 制定购买价格   D. 实际购买

5. 评价会计软件最为重要的指标是( )。

    A. 可靠度   B. 易用度   C. 支持度   D. 功能度

6. 会计信息系统的风险防范,包括( )的风险防范。

    A. 会计信息系统计划过程的风险防范

    B. 会计信息系统建立过程的风险防范

    C. 会计信息系统使用过程的风险防范

    D. 会计信息系统维护过程的风险防范

7. 企业购买会计软件时,应该制定合理的成本预算,成本预算应包括两个方面的成本:( )。

    A. 购买成本   B. 预算成本

    C. 调研成本   D. 执行成本

8.会计软件的可靠度包括以下内容:( )。

A.追踪力   B.控制力

C.指导力   D.持续力

9.会计软件的灵活度包括:( )。

A.集成力   B.控制力

C.报告力   D.参数设置

10.下列措施中,( )是为了防范自然灾害和突发风险的。

A.不间断电源供应装置   B.对重要的数据进行备份

C.数据和信息恢复   D.防水设施

11.计算机病毒依据存在的媒体不同,可以分为( )。

A.引导型病毒   B.文件型病毒

C.网络型病毒   D.木马

12.错误控制可以阻止明显错误的数据进入会计信息系统,包括( )。

A.例外检查   B.格式检查

C.数字编号检查   D.存在性检查

四、判断题

1.传输层负责上下层连接的建立和断开,进行流量控制,但是不允许数据的多重传输。( )

2.两主机系统之间的数据传输,实际上是数据由最下层传递到最上层,通过物理层进行真正的数据通信,其他六个层次在对等层之间只是通过相应的协议进行虚拟的数据通信。( )

3.企业购买计算机硬件时,越是高档的系统越好。( )

4.企业在准备购买会计软件时,要进行成本预算的编制,此成本主要是购买成本。( )

5.数据包过滤防火墙的最大优点是访问速度快、易于维护、对网络性能影响小等;其主要缺点是安全防范能力相对较弱,容易被黑客侵入,而且没有用户访问记录,无法取得黑客攻击记录和追踪黑客行踪。( )

6.从会计软件的发展状况看:现在正在经历由管理型向决策支持型发展,由低端的会计软件向高端的会计软件发展的过程。( )

7.网络层主要是进行差错纠正和流量控制,当数据出现差错时要求数据重新发送,当数据流量过大时要求数据发送者减缓发送速度。( )

8.实时处理是会计人员传统的处理方式,在各个会计期间将企业的经营

信息和财务信息进行确认、计量和记录,并经过审核和过账,最后在期末进行结账,通过报表向信息使用者报告相关信息。(　　)

五、问答题

1.简述网络安全的内容。

2.信息系统安全包括几个方面,这几个方面的关系是什么?

3.简述我国对计算机信息系统安全进行等级划分的内容。

4.在计算机信息系统中,如何进行风险分析防范?

5.企业在购买会计软件时,如何避免会计软件选择的风险?

6.简述会计软件评价指标体系。

7.会计信息系统使用和维护过程中的内部风险有哪些?应该采取什么措施加以避免?

8.会计信息系统使用和维护过程中的外部风险有哪些?应该采取什么措施加以避免?

六、小组讨论题

某公司要购买一套会计软件,假如您是此公司的CFO,请问:

1.公司在购买会计软件时,应该注意哪些问题?

2.在会计软件使用和运行维护过程中,公司应该如何控制整个会计信息的风险,以保证会计信息系统的安全?

第13章 管理决策报告与决策支持系统

本章要点

管理就是决策,决策贯穿于管理的整个过程中。公司的管理人员通过管理决策报告获取有用的信息,根据经验和判断,作出合理的决策,并付诸实施。在信息技术高度发展的情况下,管理决策报告可以由计算机信息系统及时准确地提供给管理人员,而决策支持系统和相关技术的出现,使计算机系统可以有效地辅助管理人员的决策。本章共分为三节,第一节介绍管理决策与报告,包括管理决策概述、决策报告;第二节是管理决策报告系统,包括管理决策报告系统的类型、会计报告子系统概述、常见的报告软件系统、有效报告系统所具备的条件、报告系统的实际运用等;第三节介绍决策支持系统与专家系统,包括决策支持系统的作用和定义、决策支持系统的发展历程和基本结构、专家系统和智能决策支持系统的发展和体系结构。

所谓决策是指决策者对决策系统的发展方向、阶段目标及为了实现目标,所应采取的方针、路线、政策、计划、组织、人事、条件、方式和方法等做出决定的行为过程。在公司管理决策中,决策主要是指公司管理人员为了实现一定的目标,运用科学的理论和方法,并依靠自身的经验和主观判断,对不同的可选方案分析利弊、权衡得失,从而确定最终实施方案的过程。一般来说,管理决策的过程可概括为以下五个阶段:

1. 识别决策对象,明确决策目标;
2. 寻找可行方案,确定方案集合;
3. 分析可行方案,作出综合评价;
4. 运用分析方法,选择合理方案;
5. 实施所选方案,追踪方案实施。

决策支持系统(Decision Support System,DSS)是为管理决策过程提供支持的计算机信息系统,是在管理信息系统的基础上发展而来的,是管理信息系统的深化和进步。决策支持系统是属于高层管理型信息系统,是为高层管理人员进行战略决策提供信息的软件系统,它可以针对特定的管理决策,为管理人员的决策过程提供决策支持。决策支持系统可以迅速对决策者的需求作出反应,并且能够解答假定的(what-if)问题。

专家系统是决策支持系统进一步发展的产物,是能够利用人类专家的知识来解决问题的决策支持系统。专家系统对专家的知识和解决问题的方法进行仿真(emulation),储存了许多决策规则(decision rule),并根据这些规则得出相应的结论,从而为管理人员提供专家的意见和建议。专家系统的显著特征是具有决策推理和解释的能力。

本章学习应重点掌握:管理决策的含义及其过程、管理决策报告的类型及其内容、常见的管理决策报告软件系统及其运用、决策支持系统与专家系统的发展及其内容等。

习　题

一、名词解释

决策　管理决策　计划预算报告　控制分析报告　财务会计报告系统
可控制成本　决策支持系统　专家系统　文件布局

二、填空题

1. 目前,对于什么是决策的问题,主要有两种观点,一种是_____,另一种是_____。

2. 决策依据不同的标准,可以划分为不同的种类:长期决策和_____;战略决策和战术决策;单目标决策和_____;高层决策、中层决策和_____等等。

3. 评价各个可行方案主要是_____以及_____,为下一步方案的最终选择和确定提供决策有用的信息。

4. 管理决策报告根据不同的用途,可以分为_____和_____两大类。

5. 控制分析报告通过列示_____和_____,显示两者之间存在的_____,便于管理当局发现和分析差异,深入调查差异的原因,从而确保公司经营管理和决策按照计划进行。

6. 一般而言,管理决策报告系统可以分为_____和_____两大类型。

7. 有效的管理决策报告系统应具备的条件包括:_____、_____、_____。

8. 目前主要有三种成本核算和管理方式:分批成本系统、_____和_____。

9. 责任中心主要有四种类型:_____、_____、_____和_____。

10. 目前,较为常见的管理决策报告软件系统包括:_____、_____、_____和专家系统等等。

11. 在决策支持系统中的两库结构说中,_____是决策支持系统的核心,是最重要的也是较难实现的部分。

12. _____和_____进行整合,构建集成的_____,可以发挥更大的效用,是决策支持系统发展的方向和趋势。

三、不定项选择

1.(　　)阶段是决策过程的中心环节,直接关系到决策的正确与否。

　　A. 识别决策对象,明确决策目标　　　　B. 寻找可行方案,确定方案集合
　　C. 分析可行方案,做出综合评价　　　　D. 实施所选方案,追踪方案实施

2. 从销售订单、采购、生产到发货等整个业务流程中,各个部门之间的信息传递和报告属于(　　)。

　　A. 横向报告系统　　　　　　　　　　　B. 纵向报告系统
　　C. 比较报告系统　　　　　　　　　　　D. 分析报告系统

3. 纵向报告系统是以信息在(　　)中的上下流动为报告对象,提供各个组织结构层次的信息,特别是计划和控制的信息。

　　A. 业务流程　　　　　　　　　　　　　B. 公司组织结构层次
　　C. 生产部门　　　　　　　　　　　　　D. 企业管理部门

4. 责任中心的成本仅是(　　)的综合。

　　A. 会计成本　　　　　　　　　　　　　B. 不可控成本
　　C. 生产成本　　　　　　　　　　　　　D. 可控成本

5. 责任会计系统的本质在于(　　),所有相应的成本也都可以归属于某个责任中心或某个人。

　　A. 责任的可分析性　　　　　　　　　　B. 责任的可区分性
　　C. 责任的可追溯性　　　　　　　　　　D. 责任的可负责性

6. 决策目标是决策的出发点和归属点,一般应具有(　　)特点。

　　A. 明确性　　　　　　　　　　　　B. 可计量性

　　C. 现实可能性　　　　　　　　　　D. 针对性

7. 常见的内部管理决策报告包括(　　)等等。

　　A. 计划预算报告　　　　　　　　　B. 控制分析报告

　　C. 年度财务报告　　　　　　　　　D. 经营活动报告

8. 企业编制的财务计划报告中的预算类型包括(　　)。

　　A. 固定预算报告　　　　　　　　　B. 弹性预算报告

　　C. 概率预算报告　　　　　　　　　D. 人员招聘计划报告

9. 管理决策报告根据内容的重要程度,可以分为(　　)。

　　A. 控制分析报告　　　　　　　　　B. 经营活动报告

　　C. 战略管理决策报告　　　　　　　D. 战术管理决策报告

10. 管理决策报告系统中的会计报告子系统主要包括(　　)等。

　　A. 财务会计报告系统　　　　　　　B. 成本会计报告系统

　　C. 责任会计报告系统　　　　　　　D. 销售报告子系统

11. 责任中心可以是(　　)。

　　A. 一个分公司　　　　　　　　　　B. 一个部门

　　C. 某一个人　　　　　　　　　　　D. 一个分部

12. 决策支持系统产生至今的二十多年来,其基本结构主要有(　　)。

　　A. 两库结构　　　　　　　　　　　B. 三库结构

　　C. 四库结构　　　　　　　　　　　D. 基于知识的系统结构

四、判断题

1. 目前,现代决策理论已经取代了古典决策理论。(　　)

2. 评价可行方案时,需要考虑的是经济因素。(　　)

3. 在评价可行性方案时,经济因素一般都是可以量化的,而非经济因素则往往难以量化,只能进行定性的分析,需要管理人员的经验和主观判断。(　　)

4. 计划预算报告只是一种对财务计划编制的预算。(　　)

5. 管理决策报告按照报告的频率,可以划分为定期报告和不定期报告。多数管理决策报告属于定期报告,还有一些管理决策报告属于不定期报告。(　　)

6. 分批成本系统是按照产品的批次来进行成本核算,主要适用于大批量生产同质产品的情况。(　　)

7. 一般来说,变动成本属于可控成本,固定成本属于不可控成本。(　　)

8.决策支持系统就是代替管理人员进行决策。（　　）

9.决策支持系统与数据库软件系统的不同之处在于:前者注重决策过程中的数据处理,而后者主要是用于获取数据。（　　）

10.决策支持系统局限于较窄的范围,强调专用性;而专家系统作用的范围较广,强调通用性。（　　）

五、问答题

1.简述什么是古典决策理论和现代决策理论? 两种有何区别?

2.简述管理决策的过程。

3.根据不同的划分标准,如何对管理决策报告进行种类划分?

4.有效的管理决策报告系统应具备哪些条件?

5.简述决策支持系统的基本结构。

6.简述专家系统与决策支持系统的联系与区别。

六、小组讨论题

假设您是某公司的高级管理层中的一员。

1.如何看待目前各种管理决策支持系统在实际工作中的作用?

2.您觉得公司适合用于什么类型的管理决策支持系统? 应该如何进行选择?

3.在应用决策支持系统时,应该注意哪些问题?

第14章　企业资源规划（ERP）

本章要点

在企业管理信息化的道路上，企业资源规划（ERP）已经受到越来越多企业的青睐。ERP综合运用了先进的管理理论和信息技术的最新成果，可以使企业一切的商务交易活动处于系统掌控之下，合理配置企业内外所有的资源，从而提高企业的运营效率。本章共分为四节，第一节介绍ERP的演进简史，主要包括ERP的逻辑起点、产生的根源动因、ERP演进的过程；第二节是关于ERP的理论探讨，包括ERP的定义以及蕴涵的管理思想、同MRPⅡ、BPR以及EC的关系；第三节介绍ERP的软件，包括生产ERP的中外著名厂商、SAP的R/3模块，以及中国的用友和金蝶的ERP软件；第四节是关于ERP的实施案例介绍，包括ERP实施的意义、步骤和评价、联想集团实施ERP的案例分析等。

ERP作为一种借助现代信息技术在企业中实现的管理思想、管理制度，并不是管理学家凭空想象出来的，也不是研究者们在象牙塔中思考出来的，而是人们在长期的企业管理实践中，遇到实际问题，不断探寻解决问题的办法而逐渐总结出来的。ERP的思想起源可追溯到上个世纪早期的人们对库存的管理。众所周知，在生产经营中，如果原材料短缺，必然造成停工待料，不但使得机器、人员等生产资源闲置浪费，而且难免影响交货的及时性，给企业造成巨大的有形损失和无形损失。解决原材料存货短缺问题最简单的办法就是保持大量的存货。然而，这样的解决办法并不理想，因为它造成了另一方面的问题：存货积压。保持大量的存货不但要占用大量的资金，需要大面积的仓库、支付大额的保管费用，而且如果因为企业转产而不再使用某些原材料，那势必造成死库存。科学的库存管理办法，必须能够做到既不短缺，又不积压，这样体现ERP最核心思想的"计划"概念被引入到早期的库存管理之中，计划的目的是寻求最小的库存成本。之后，"资源计划"这种科学的管理思想逐步从库存管理拓展到生产、资金、供应链等企业经营的各个方面。

ERP 的演变发展大致经历了 5 个阶段:20 世纪 40 年代的订货点法、20 世纪 60 年代的时段式 MRP、20 世纪 70 年代的闭环式 MRP、20 世纪 80 年代的 MRP Ⅱ 和 20 世纪 90 年代的 ERP。每个发展阶段都是为了解决前一阶段的缺陷,而在前一个阶段的基础之上发展起来的。

对于什么是 ERP,IT 业界还没有一个统一的定义,因为它不只是一个软件系统,而是一个集组织模型、企业规范和信息技术、实施方法为一体的综合管理应用体系。可以从管理思想、软件产品、管理系统三个角度来理解 ERP,即:ERP 是利用现代信息技术,将以系统化计划管理为核心的一系列先进管理思想运用于企业管理之中,面向整个供应链,以合理配置企业所有内外资源为目标的一种综合管理应用体系。ERP 所蕴涵的管理思想包括:系统化计划管理、供应链管理、信息集成、精益生产及敏捷制造和同步工程。

ERP 市场是一个竞争激烈、发展迅速的市场,国内外提供 ERP 软件产品的厂商为数众多。国外著名的 ERP 软件厂商有:SAP、Oracle、J. D. Edward、PeopleSoft、Baan、SSA、JBA、Marcam、Intentia、Fourth Shift、Scala、QAD、FRONT STEP 等等。台湾地区的 ERP 软件厂商有:鼎新、普扬、汉康、艾一、天心等公司。香港地区的 ERP 厂商,较知名的有盛创和佛氏两家公司。大陆地区的 ERP 厂商主要分为两大类:第一类是在财务软件领域取得成功之后,向 ERP 软件拓展的公司,如:用友、金蝶、新中大、安易、浪潮、国强等;第二类是以提供 ERP 软件产品为主的公司,如:北京利玛、北京开思(2001 年 12 月被金蝶收购)、北京和佳、易通国际、鼎太科技等公司。目前在全球市场排名前几位的公司是:SAP、Oracle、J. D. Edward、PeopleSoft、Baan,在国内市场排名前几位的公司是:SAP、用友、金蝶。

尽管不同的厂商提供的 ERP 产品的内容、结构和界面不同,但代表一个 ERP 产品的基本要素类似。以 SAP 的 R/3 系统为例,其主要由物料管理(MM)、生产计划(PP)、质量管理(QM)、销售与分销(SD)、财务会计(FI)、管理会计(CO)、资产管理(AM)、工厂管理(PM)、人力资源(HR)、项目系统(PS)、工作流(WF)、工业解决方案(IS)等十二个标准应用模块构成,这些模块大致可归类为基本系统、后勤系统、财务与会计系统、人力资源管理系统和业务信息仓库(business warehouse,BW)五个部分。

本章学习应重点掌握:ERP 所蕴涵的管理思想、ERP 同 MRP 和 MRP Ⅱ 的关系、ERP 同 BPR 的关系、ERP 同电子商务的关系、ERP 系统实施的步骤和注意事项等。

习题

一、名词解释

订货点法　闭环　ERP　供应链管理　敏捷制造　BPR　电子商务
质量管理

二、填空题

1. 制造业企业的_____经典方法可以看做是 ERP 的最初起点。

2. ERP 的演变发展大致经历了 5 个阶段：20 世纪 40 年代的_____、20
世纪 60 年代的_____、20 世纪 70 年代的_____、20 世纪 80 年代的
_____和 20 世纪 90 年代的 ERP。

3. 计划具有_____和_____，"_____"是 MRP Ⅱ 的基本原则。

4. MRP Ⅱ 是一个_____的管理模式，通过计划合理配置企业的各种制
造资源，以求达到_____。

5. MRP Ⅱ 由闭环式 MRP 系统发展而来，在生产管理方面，它实际上就是
_____系统。但 MRP Ⅱ 包括了_____的能力，这就有了本质意义的区别。

6. 从 MRP 到 ERP 的发展，是信息集成应用范围不断扩展的过程。MRP
实现了_____的集成，MRP Ⅱ 在 MRP 的基础上实现了_____的集成，
ERP 是市场竞争全球化形势下的企业管理信息系统，是一个信息高度集成的
管理信息系统，它在 MRP Ⅱ 的基础上进一步实现了面向整个_____的信息
集成。

7. BPR，即业务流程重组，具有以下三个特点：_____、_____、和
_____。

8. SAP 的 R/3 系统主要由十二个标准应用模块构成，大致可分为
_____、_____、_____、_____和业务信息仓库五个部分。

9. 一个典型的 ERP 实施进程主要包括_____、_____、_____、
_____、_____、_____六个阶段。

10. 常见的 ERP 软件产品有：_____、_____和_____等。

11. ERP 支持_____的制造环境，包括以下三个方面：_____、
_____、_____。

12. 我们可以从_____、_____、_____三个角度来理解 ERP。

三、不定项选择

1. 将集团各子单位的信息管理、人力资源管理从各子单位中分离出来,成立整个集团范围内的信息管理中心、人力资源管理中心。这种重组属于(   )。

A. 功能内的 BPR   B. 功能间的 BPR
C. 组织间的 BPR   D. 组织内的 BPR

2. (   )是目前业务流程重组的最高层次,也是重组的最终目标。

A. 功能内的 BPR   B. 功能间的 BPR
C. 组织间的 BPR   D. 组织内的 BPR

3. (   )是企业实施电子商务最基础、最核心的支撑系统。

A. ERP   B. BPR
C. MRP   D. MRP Ⅱ

4. MRP Ⅱ 管理模式具有(   )的特点。

A. 全面计划管理   B. 系统性
C. 动态应变性   D. 模拟预见性

5. 20 世纪 90 年代企业在经营战略方面的(   )重大转变,导致了 ERP 的诞生。

A. 客户为中心的经营战略   B. 客户需求驱动生产
C. 供应链   D. 企业组织动态、灵活

6. 精益生产和大量生产的主要差别在于(   )。

A. 目标不同   B. 生产人员不同
C. 产品不同   D. 工具不同

7. 精益生产有三个目标:(   )。

A. 大量拷贝   B. 一次就得到完美的产品
C. 持续改进   D. 浪费的最小化

8. ERP 支持混合方式的制造环境,包括(   )方面。

A. 生产方式的混合   B. 经营方式的混合
C. 多种行业的混合   D. 多种服务的混合

9. 根据重组特征和流程范围,BPR 可以分为(   )。

A. 功能内的 BPR   B. 功能间的 BPR
C. 组织间的 BPR   D. 组织内的 BPR

10. 针对企业经营而言,电子商务最关键的要素在(   )环节上,而这三

个环节都属于 ERP 的子系统。

    A. 客户关系管理   B. 供应链管理

    C. 产品研发管理   D. 市场管理

四、判断题

1. ERP 仅仅是一种计算机软件。（　　　）

2. 敏捷制造和精益生产的目的是一致的,两者强调的途径也相同。（　　　）

3. ERP 同 MRP 和 MRP Ⅱ 一样,仅仅适用于制造行业。（　　　）

4. ERP 通过系统化的全面计划管理来合理配置企业所有内外资源,尽可能消除企业供应链上可能存在的无序、相互冲突的问题,使整个供应链有条不紊地运转,发挥出企业全部内外资源的最高效用。（　　　）

5. ERP 是对 MRP、MRP Ⅱ 的一种否定。（　　　）

6. ERP 设计已经成为制约 ERP 效益发挥的一大瓶颈因素。要使 ERP 为企业带来真正的实效,设计是一个极其重要的环节。（　　　）

7. 在 ERP 系统全部模块成功切换之后,就进入了新系统正式全面运行的阶段。此时,实施工作取得成功,ERP 系统的实施结束。（　　　）

8. 实施 ERP 给企业带来的直接效益首先是由于降低库存量、降低库存管理费用、减少库存损耗而给企业带来的库存投资的节约。（　　　）

五、问答题

1. 什么是订货点法？订货点法有什么优缺点？

2. 时段式 MRP 对订货点法有哪些改进？自身的缺陷又是什么？

3. 建立和使用 MRP 系统应当具备什么样的基础数据和前提条件？

4. 制造资源计划 MRP Ⅱ 有什么特点？

5. 简述 ERP 所体现的先进的管理思想。

6. 简述 ERP 同 MRP、MRP Ⅱ 的关系。

7. 简述 ERP 同 BPR 的关系。

8. 实现 ERP 有什么样的现实意义？

9. 如何确定 ERP 实施是否成功？

10. 通过阅读联想集团会计信息系统实施计划后有何感想？

六、小组讨论题

查找并了解海尔集团 ERP 实施的计划与过程,与联想集团进行比较,并回答下列问题。

1. 两者在项目实施工作流程中有何异同？您认为工作流程合理吗？阐述原因。

2. 联想集团和海尔集团在 ERP 实施后,对各自有何影响?

3. 评价两个集团 ERP 系统实施效果。两者的实施成功与否,如何进行判断?

第15章　信息化审计

本章要点

　　审计作为信息质量的鉴证机制,是现代市场经济的重要环节,对于企业、政府和整个经济都起着非常重要的作用。随着信息技术的飞速发展、企业管理的信息化、电子商务的出现和发展,信息技术对审计的影响越来越大。审计也应当跟上信息时代的潮流,走向信息化的发展道路。本章共分为四节,第一节是信息化审计的概述,主要包括审计概念、审计过程、审计信息化的整体构想;第二节是关于会计信息化审计,包括会计信息化对审计的影响、会计信息化审计的内容;第三节介绍信息技术在审计中的应用,包括审计软件、会计师事务所对互联网的利用;第四节是关于信息时代审计新发展,包括 TRUST 服务、信息系统审计等。

　　在人类社会跨入 21 世纪之际,由现代信息技术所引发的全球信息化浪潮冲击着传统社会生活的每一个角落,当然也就包括对审计的冲击。以财务报表审计为例,为了对被审计单位的会计报表及其相关资料进行独立审查并发表审计意见,注册会计师必须按照独立审计准则的要求,采用不同的审计方法与程序,包括了解和评价被审计单位的内部控制,制定相应的审计策略,实施实质性测试,直到最后获取足够的审计证据后,发表审计意见,出具审计报告。随着企业信息化程度的不断提高,注册会计师在审计过程中,面对的是数据化的企业信息系统,加上网络通信的数据传递、在线业务的推广和电子商务的应用等,以往手工会计肉眼可见的审计线索逐步消失,取而代之的是电子数据。这样,传统的审计方法和程序已经不适应信息化企业的审计要求,迫切需要一种新型的、基于计算机、网络环境的审计方法和程序。另外,由于企业信息化过程中,需要对业务流程进行重组,重组后的业务流程使原有的内部控制失效,同时又会产生新的关键控制点,这就要求注册会计师在评价企业内部控制时,要熟悉企业新的业务流程和数据流程。因此,企业信息化必然要求审计信息化,由此诞生了一门新的学科,即:"会计信息系统审计"。

从信息技术影响审计的途径和审计利用信息技术的程度,审计信息化可以分为三个层次:

第一个层次,由于信息技术在会计中的广泛应用,会计信息化对审计造成了影响,促使审计作出被动应对;

第二个层次,审计机构和审计人员主动地将信息技术应用于审计工作当中,但是由于应用的并不深入,未能使审计发生根本性的变革;

第三个层次,信息技术在审计中得到实质性的深入应用,审计发生了适应信息时代的根本性变革。

依据审计信息化的三个层次,会计信息系统审计可以分为两类,绕过计算机审计和透过计算机审计。

1. 绕过计算机审计。又称间接审计或黑盒审计。在计算机应用的早期,审计人员缺乏计算机的知识,审计方式纯粹是传统手工审计的翻版,即避开计算机数据处理系统,直接用手工对输入的原始凭证进行分类处理,将结果与计算机输出的结果相核对,如果相符,就认定计算机处理系统正确。

2. 透过计算机审计。又称直接审计或白盒审计,就是对计算机数据处理系统的全面审计。它包括计算机的输入、输出、内控制度、应用程序、硬件可靠性审计等,直接审计计算机信息系统运行的正确性与可靠性。

透过计算机审计是严格意义上的信息系统审计,是审计学科主动应对信息化影响的产物,它要求所有审计人员都受到计算机审计和财务审计方面的双重训练,掌握财务、会计、计算机等方面的知识。在审计过程中,审计师要求直接对计算机系统进行测试,测试的方法通常包括三种:再次处理测试法、平行处理测试法和模拟数据测试法。而不同的测试方法需要不同的专用或通用审计软件的支持。

本章学习应重点掌握:审计信息化整体构想、会计信息化对审计的影响、会计信息系统进行审计的两种主要方式、美国注册会计师协会(AICPA)所推出的 TRUST 服务和国际信息系统审计和控制协会(ISACA)推出的信息系统审计(IS 审计)。

习 题

一、名词解释

绕过计算机审计　透过计算机审计　分离式透过计算机审计
平行式透过计算机审计　整合式透过计算机审计　平行处理测试法
模拟数据测试法　IS 审计

二、填空题

1. 以财务报表审计为例,审计的全过程主要分为四个阶段:_____、
_____、_____、_____。

2. 审计信息化从信息化主体的角度来看,可分为_____、_____和
_____。

3. 审计系统的信息化,包括_____、_____两大系统的信息化,从
_____和_____两大方面入手,完成系统内的信息化工程。

4. 透过计算机审计包括计算机的_____、输出、_____、
_____审计等,直接审计计算机信息系统运行的_____。

5. 会计信息化之后,被审计的数据和信息全部以_____的形式存在。
审计人员必须通过_____才能顺利取得审计证据和有关资料。

6. 审计软件的基本功能包含审计全过程,_____、_____、数据读取、
_____、报告输出等都可由审计软件辅助完成。

7. 审计软件开发的第三种方式是直接向软件公司购买商品化的审计软
件,一般可分为_____和_____两大类。_____的软件框架和内容是
基本固定的。

8. 在我国审计软件尚未十分成熟的今天,运用通用的_____来辅助审
计十分必要和有益。

9. 互联网为会计师事务所提供了新的审计领域。其中之一是
"_____"。

10. 传统审计关注可靠性,信息时代的审计应当拓展到信息质量的两个主
要方面:_____和_____。

11. 进行电子商务认证时,注册会计师根据既定的标准对开展电子商务的

网站在_____、_____、_____等方面进行测试,对符合标准的网站签发_____,对该网站在以上三个方面的情况做出认证。

12.客户委托具有电子商务认证执业资格的注册会计师进行电子商务认证服务,并取得该注册会计师签发的_____后,即可取得电子商务认证数字签章。

13.由IS审计师对以计算机为核心的信息系统从计划开始,到设计、编程、测试、运行、维护直至淘汰的整个生命周期实施IS审计,对信息系统的_____、_____和_____进行检查与评价,对于企业、组织乃至整个社会的信息化管理、信息化决策都具有难以估量的作用和意义。

14.按信息系统生命周期划分,IS审计的主要内容包括:_____、_____以及_____。系统开发阶段主要涉及计划业务和开发业务。

三、不定项选择

1.计算机审计发展的必然趋势是( )。
A.绕过计算机审计　　　　B.透过计算机审计
C.深入计算机审计　　　　D.使用计算机审计

2.在系统开发过程中进行的审计是( )。
A.事前审计　　　　　　　B.事中审计
C.事后审计　　　　　　　D.内部审计

3.( )透过计算机审计是计算机审计的理想方式。
A.分离式　　　　　　　　B.平行式
C.单组式　　　　　　　　D.组合式

4.( )能够克服通用审计软件有时难以适应审计机构具体情况的缺陷,较为灵活,扩展能力强,随时可以根据使用的需要再增加新功能。
A.自行开发软件　　　　　B.通用审计软件
C.模块化审计软件　　　　D.外部软件开发机构开发软件

5.注册会计师必须定期测试和评估客户的电子商务经营,根据评估的结果,决定保留或收回签章。注册会计师每次测试的时间间隔不得超过( )。
A.3个月　　　　　　　　B.6个月
C.1个月　　　　　　　　D.12个月

6.IS审计与Systrust区别在于( )。
A.审计对象　　　　　　　B.审计目的
C.审计涵盖范围　　　　　D.审计程序

7.会计信息化具有( )显著的特点。

A.数据存储电子化　　　　B.数据处理自动化

C.信息系统集成化　　　　D.内部控制程序化

8.透过计算机审计还可以分为( )类型。

A.分离式　　　　　　　　B.平行式

C.单组式　　　　　　　　D.组合式

9.分离式透过计算机审计是由两组人员分别对计算机会计系统按( )进行审查,分别形成审计意见,再进行合并,得出对计算机会计信息系统的整体审计意见。

A.财务审计　　　　　　　B.内控审计

C.合并审计　　　　　　　D.计算机审计

10.审计软件的功能还应当不断地拓展,如向( )功能方面扩展,实现对审计的全面集成管理。

A.系统的效率性　　　　　B.效益性审计

C.财务报表审计　　　　　D.内控审核

11.审计软件的获得,主要有( )方式。

A.审计机构自行开发　　　B.审计机构与外部软件开发机构联合开发

C.购买　　　　　　　　　D.外部软件开发机构开发

12.电子商务存在着极大的信用风险和信息风险,具体表现在( )。

A.经营服务的真实性　　　B.交易的完整性

C.信息的安全性　　　　　D.信用的不确定性

13.电子商务认证服务的具体种类有:( )。

A.在线保密性认证　　　　B.数字证书站点认证

C.信息系统认证　　　　　D.企业对企业模式站点认证

14.对于文档管理,IS 审计师要进行的工作有( )。

A.文档制作审计　　　　　B.文档管理审计

C.文档传输审计　　　　　D.文档修改审计

四、判断题

1.在会计信息化的环境下,财务审计的总体目标和范围并不改变。会计信息化影响了数据存储、数据处理、内部控制、会计人员等等。因此,会计信息化必然对审计产生重要的影响。( )

2.审计由于有了计算机信息技术的帮助,审计工作更加简单,审计风险比

手工会计下有所降低。（　　）

3. 绕过计算机审计对计算机系统的研究评价,可以发现计算机处理系统存在的问题,也可以发现计算机舞弊行为。（　　）

4. 单组式透过计算机审计是由财务审计人员和计算机审计人员共同组成一个审计小组进行审计的方式,是信息化审计最为理想的方式。（　　）

5. 通用审计软件是由软件公司根据大部分审计机构的一般需求进行设计的,未必能完全适合具体审计机构的具体情况,在功能方面可能也无法很好地满足审计人员的需求,难以扩展,维护困难。（　　）

6. 电子商务数字签章没有有效期,只要注册会计师一次认证,即可终身使用。（　　）

7. IS 审计的全部过程也与传统的财务报表审计类似,可以分为四个阶段:接受审计委托、制定审计计划、实施 IS 审计、报告审计结果。（　　）

8. 与财务报表审计相同,提交报告书也是 IS 审计的终点。（　　）

五、问答题

1. 简述会计信息化对审计的影响。
2. 透过计算机审计通常使用什么方法对计算机系统进行测试?
3. 简述审计软件的理论意义与实践意义。
4. 简述注册会计师执行电子商务认证的基本程序。
5. 简述注册会计师进行信息系统认证服务时评价系统的可靠性原则。
6. 简述 IS 审计的审计过程。

六、小组讨论题

假设您是一位会计师事务所的管理人员,请回答以下问题:

1. 您如何看待目前我国会计师事务所利用互联网的情况及其存在的问题?
2. 互联网及网络经济给事务所的审计业务带来了什么样的影响?
3. 您所在的事务所对互联网的利用情况如何?
4. 对事务所如何利用互联网有什么建议?

第二部分　习题参考答案

习题参考答案

第一章　会计信息系统概述

一、名词解释

1. 数据库。数据库是按一定结构组织起来的企业或组织交易资料的整合型数据管理系统。

2. 数据。数据是人们用符号化的方法对现实世界的记录,是可鉴别的符号记录下来的现实世界中客观实体的属性值。数据表示的客观事实,是一种真是存在。

3. 信息。信息是数据加工的结果,它可以用文字、数字、图形等形式,对客观事物的性质、形态、结构和特征等方面进行反映,帮助人们了解客观事物的本质。信息必然是数据,但是数据未必是信息,信息仅是数据的一个子集,经过加工后有用的数据才成为信息。

4. 信息系统。信息系统指数据的输入、处理转化为有用信息输出的过程,包括对有关交易资料的收集、存储,依据特定规则执行加工处理,输出满足特定目的的相关信息,以及提供反馈机制来实现目标的数据或组成部分的集合。信息系统具有开放性、系统集成性及信息的集成性、人——机协作系统的属性。

5. 会计信息系统。会计信息系统是指利用信息技术对会计数据进行采集、存储、处理和传递,旨在向企业或主体的内部管理人员和企业或者主体的外部信息使用者提供有助于进行决策的经济信息系统。

二、填空题

1. 计算机技术、数据库管理技术、数据通信与计算机网络技术、传感技术、微缩影像技术

2. 中央处理器 存储器 输入设备 输出设备 系统软件 应用软件

3. 局域网 城域网 广域网 广域网

4. 内存 外存 只读存储器

5. 降低信息成本 改进对顾客的服务 协助管理者决策

6. 处理交易的计算机系统、信息分析与存档设备 数据通信借以进行的一整套逻辑 实体连接技术(网络)

7. 开放性 系统的集成性及信息的集成性 人——机协作系统

8. 数据独立性 数据标准化 数据输入与贮存 据整合性 数据共享 集中式数据管理

9. 成本较高 初始阻力 系统脆弱性

10. 微型化 智能化 多功能化 网络化

11. 填制和审核凭证 设置账户 复式记账 登记账簿

12. 集中式 分布式

13. 销售(收入)循环 生产循环 账务处理与财务报告循环

14. 财务会计系统 管理会计系统

15. 核算型 决策支持型

16. 账务处理 采购与应付 存货 职工薪酬 固定资产 成本核算 销售与应收 会计报表

17. 输入 处理 输出

18. 系统启动器 使用者界面 决策模型库

19. 系统初始化设置、系统维护

20. 计算机硬件 软件 数据 一个共同的目标 客户——服务器式系统(C/S 系统)

21. 可扩展的商业报告语言(Extensible Business Reporting Language)

22. XBRL 技术规范 XBRL 分类标准 XBRL 实例文档

23. 模式定义文件 链接库文件

三、不定项选择

1. B   2. C   3. BC   4. A   5. ABCD

6. ABC   7. ABCD   8. ACD   9. ABCD   10. ABCD

四、判断题

1. ×

解析:一般认为,数据经过加工,具有一定的含义,对决策有价值的结果是信息,这一结果对人们的决策行为产生影响。所以,数据和信息密不可分。但是数据和信息又有所不同,数据只有经过一定的加工处理之后,才能成为信息。所以信息一定是数据,但是数据不一定是信息。

2. ×

解析:会计信息和会计数据既有密切联系又有本质的区别。会计信息通过对会计数据处理而产生,会计数据也只有按照一定的要求或需要进行加工或者处理,才能成为满足管理需要的会计信息,但是二者并没有截然的界线。会计信息具有相对性,有的对某些管理者来说是会计信息,而对另外一些管理者来说则需要在此基础上进一步加工处理,才能变成会计信息。

3. √

4. ×

解析:会计信息系统从应用层次来分类,可以分为:核算型会计信息系统、管理型信息系统和决策支持型会计信息系统。核算型会计信息系统是一种面对业务数据处理的信息系统,主要对业务数据进行登录、编辑、存储,按规定输出信息;管理型会计信息系统是为实现辅助管理功能而设计的一种信息系统。主要由核算型会计信息系统逐渐发展而来;决策支持型会计信息系统是以提高决策的效果为目标,面向决策者的一种信息系统,由管理型信息系统逐步发展而来。所以,以提高决策效果为目标,面向决策者的信息系统是决策支持型会计信息系统,是由管理型会计信息系统逐渐发展而来的。

5. ×

解析:决策支持系统仅扮演辅助支持决策的角色,而不是替代管理者作出决策。

6. ×

解析:会计信息系统中,对会计科目进行编码的主要目的不是为了便于记忆,而是为了简化输入,方便操作人员的操作;节省计算机的存储空间,提高计算机处理效率和精度。

7. √

五、问答题

1. 答:数据库系统的基本特征有以下几点:

(1)数据独立性。是指在采用数据库的信息系统中,经营交易或者事项所产生数据的实体贮存与使用或应用程序相分离。

(2)数据标准化。是指数据库中的数据要素具有标准化含义与构成方式。

(3)数据输入与贮存。经营交易或事项所产生的数据一次性地输入数据库,并且贮存于某一位置。

(4)数据整合性。数据库可以利用逻辑关系结构灵活地贮存交易资料,构成不同的数据集。

(5)数据共享。数据的整合性衍生出数据共享的特点,数据库内的各项数据为企业或组织的全部使用者所共有。

(6)集中式数据管理。采用数据库的信息系统通常设有专门的数据库管理员,集中管理全部资料、资源和 DBMS 的运作。

数据库系统的优点:

(1)数据独立性和标准化增强了数据存储与应用的弹性,使得应用程序的编写与变动更为简易快捷,节省了费用。

(2)数据整合性和联机数据切入可以减少数据重复储存,可以消除数据要素之间的不一致,从而节省了数据存储空间,缩短数据存取时间,提升数据的可信性。

(3)数据整合性与数据共享的特点可以提高数据存取与应用效率,从而更简易地储存所需资料,满足多方面的数据需求。

(4)数据的集中管理,增强了数据安全与内部协调,可以有效防止未授权人士擅自存取数据,数据记录也可以及时更新。

但是数据库系统在目前的发展阶段仍然存在一定的局限性,主要体现在三个方面:(1)成本较高。由于数据库的硬、软件相对而言更加复杂,这些硬、软件设备都比较昂贵。(2)初始阻力大。数据库系统与一般的数据文档系统有着显著的差别,在数据库的开发初期往往遇到较大的阻力。比如系统开发人员因不熟悉数据库技术而遇到困难。(3)系统脆弱性。数据库所存储的数据具有高度的整合性,若系统中某个硬、软件发生故障,可能导致整个数据库无法运作以及全部应用程序无法作业。

2. 答:XBRL 建立在 XML 的基础上,技术上的特点决定了 XBRL 也具有XML 的特点,包括:技术具有开放性;可跨平台使用;内容和格式分离;具备强

大的搜索功能;具备数据追踪和深度的分析功能等。这些特点使 XBRL 财务报告具有其他财务报告格式无法比拟的优势:

(1)XBRL 可提高财务报告编制和发布的效率,同时保证数据的准确性;

(2)XBRL 提供方便快捷的数据检索功能,便于使用者分析其所需要的数据;

(3)XBRL 为会计信息的监管提供了便利,提高了会计信息的透明度;

(4)XBRL 在降低信息供给成本,增强财务信息的可比性,以及提高信息的相关性等方面发挥着重要的作用,且 XBRL 推动了财务报告的国际标准化进程。

3. 答:Internet 是按照一定的通信协议(TCP/IP)将分布于不同地理位置上,具有不同功能的计算机或计算机网络通过各种通信线路在物理上连接起来的全球计算机网络的网络系统。其特点在于:采用 TCP/IP 网络协议;提供大量共享资源;不受法规约束;与公用电话交换网互联。

而 Intranet(内部网)是指采用 Internet 技术建立的企业内部专用网络,是按照 Internet 网的连接技术将企业内部分布在不同地理位置的局域网联结起来的网络系统。其特点在于:以 TCP/IP 协议作为基础,以 Web 为核心应用,构成统一和便利的信息交换平台,是 Internet 的一个小型系统。Intranet 可提供 Web 浏览,电子邮件,广域互连,文件管理,打印和网络管理等多种服务。

二者都是采用 TCP/IP 网络协议为基础连接起来的网络系统,都能够提供与其相联系的各种网络服务,不同的是 Intranet 只是企业内部建立的网络,而 Internet 则是全球性的网络系统的连接,两者在范围上不一致,同时又由于 Intranet 是 Internet 的一个小型系统,所以 Intranet 也可以连接到广域网 Internet 上,Intranet 通过防火墙禁止没有权限的用户进入,也有的是通过代理服务器来过滤它的用户,都可以为用户提供可提供 Web 浏览,电子邮件,广域互连,文件管理,打印和网络管理等多种服务。

4. 答:会计信息系统的目标在于利用各种会计规则和方法,加工来自企业各项业务活动中的数据,产生满足外部信息使用者的财务会计信息和提供企业经营管理需要的管理会计信息,以辅助人们利用会计信息进行相关的决策。其中,会计规则和方法是由会计人员根据信息用户的需求综合制定的,它们并不是一成不变的,而是随着外界情况的变化不断调整的;另一方面,会计信息系统的目标应该服从于企业、企业信息系统、会计三者的目标。也即为企业内外部的决策者提供所需要的会计信息。会计信息系统的功能、规模和结构的不同,决定了会计信息用户可以得到的信息内容和质量。

会计信息系统的特点如下:

(1)综合性。会计信息系统能够综合地反映、监督和控制整个企业生产经营活动。

(2)复杂性。会计信息系统,由许多职能子系统组成,各子系统在运行过程中进行数据的收集、加工、传递、使用,联结成一个有机的整体;另外,会计信息系统跟其他管理子系统和企业外部的联系也十分复杂;会计信息系统的系统外部接口较复杂。

(3)会计信息的及时性、准确性和可靠性。会计信息系统可以及时提供生产经营活动中的最新信息,并符合一定的准则制度的要求,连续、完整、真实、准确地反映经济业务;及时提供相关的会计信息等。

(4)内部控制严格。会计信息系统中的数据不仅在处理时要层层复合,保证其正确性,还要保证在任何条件下以任何方式进行核查核对,留有审计线索,防止犯罪破坏,为审计工作的开展提供必要的条件。控制的要求更为严格,内容更为广泛。

5.答:一个完整的计算机会计信息系统内各子系统间数据传递的方式大体有三种:

(1)集中传递式。指各子系统之间的数据传递关系,通过一个专门的自动转账系统来实现。同时专门建立一个自动转账子系统,这个自动转账系统一般具有转账模式的定义(如转账凭证模式的定义)、费用汇总模式定义、根据转账模式从子系统中提取数据并生成汇总转账数据(如转账凭证)、自动将转账数据发送到其他子系统,以及转账数据的查询、打印等功能。

(2)账务处理中心式。指各业务子系统对原始凭证汇总、处理后,编制出记账凭证直接传递到账务处理子系统,账务处理子系统对涉及成本、费用的凭证进行汇总后,传递到成本子系统。会计报表则直接由账务处理子系统生成。采用此方式,相应要求有关科目按产品设明细科目,以便可以方便地汇集直接费用。

(3)直接传递式。指各业务子系统首先对原始凭证汇总、处理后,编制出记账凭证传递到账务处理子系统进行账务处理;同时,职工薪酬、固定资产、存货、销售与应收、采购与应付等业务子系统以及账务处理子系统要将各种直接的、间接的费用按一定的标准汇总后传递到成本核算子系统进行成本计算。

6.答:会计信息系统中,经营事项或交易数据必须经过若干会计文件或记录予以登录、分类、汇总和整理等处理过程。

(1)填制原始凭证:大部分的交易数据必须先填录于原始凭证。原始凭证是有关交易的初始书面记录,又有外来原始凭证和自制原始凭证之分。

(2)登录交易数据:日记账用来登录交易数据的输入,又分为普通日记账和特种日记账。

(3)过入分类账:交易数据登录于日记账之后,要作分类汇总处理。各笔借项和贷项金额转录于一定的总分类账簿或明细分类账簿。

(4)编制试算平衡表:在一个会计期间内,企业的大量经营交易或事项资料已经被会计系统接受并且已作登录、分类过账等处理。为满足使用者的信息需要,总账账户记录必须定期汇总,以财务报表形式输出有用的会计信息。在此之前,一般要经过一个验证总账记录准确和完整性的处理步骤,也即编制试算平衡表。

(5)编制财务报表和其他会计报告:财务会计循环的最后步骤是输出与传送满足内、外使用者需要的会计信息。最基本的为三种财务报表,即资产负债表、损益表和现金流量表。

六、小组讨论题(略)

第二章 会计信息系统的分析与设计

一、名词解释

1.生命周期法。生命周期法是信息系统开发和设计的重要方法之一,该方法将软件工程学和系统工程的理论和方法引入计算机会计信息系统的研制开发中,按照用户至上原则,采用结构化、模块化、自顶向下的对系统进行分析和设计。

2.原型法。原型法是在获得用户基本需求的基础上快速的构造系统工作模型——初始模型,然后演示这个模型系统,在用户参与的情况下,按用户合理而又可行的要求,不断修改这一原型系统。每次修改都使系统得到一个完整的新原型,直到用户满意为止。原型法是随着用户和开发者对系统理解的加深而不断的按明确、更高要求进行补充和细化的。系统的定义是在逐步加深认识的过程中进行的,而不是开始就试图预见一切,它是系统的模型化和探索性的开发方法。

3.结构化分析方法。结构化分析方法是进行会计信息系统分析的有力工具之一,是面向数据进行系统分析的方法。它采用对一个复杂系统进行"自顶向下,逐层分解"的分析方法,是具有较强的可操作性和规范的描述方法。

4.数据流图。数据流图是从实际系统中抽象出来的,以特定符号反映系统的数据传递、处理过程的工具。数据流图一般由以下四种基本元素组成,分别是数据流、处理、文件和起点或终点。

5.数据词典。数据词典是指对数据流图中各文件及数据流进行详细的描述和确切解释的词典,它能定义文件或数据流由哪些更小的单位组成(这些更小的单位一般叫做字段或数据项),并描述每个数据项的具体内容、取值规定等。

6.系统分析。系统分析是按照一定的方法对系统开发项目作进一步的分析研究,进而提出解决问题的各种可能办法。系统分析主要是研究系统的详细用户需求,又常称为需求分析。

7.系统设计。系统设计是指在系统分析的基础上,根据新系统的逻辑模型建立物理模型,确定系统的具体方案,系统设计分为两个部分进行,首先进行概要设计,然后再进行详细设计。概要设计又称为总体设计或结构设计,就是根据系统分析的要求和组织的实际情况来对新系统进行总体结构设计和数据库文件设计,进行模块的划分,设计数据库结构,定义各个模块的功能和相互之间的接口关系。详细设计是概要设计的细化,采用设计工具详细描述功能模块的内部过程,并确定模块间的详细接口。详细设计定义每个模块的内部特征,即定义每个模块内部的执行过程,具体实现方法和步骤。

8.系统测试。系统测试是指为了在系统的试运行阶段,尽可能的查出程序内部的各种错误,以保证系统质量而进行的调试和检验。测试的任务是及时发现错误,并排除错误,使软件达到预定的要求。系统测试包括单元测试、组装测试和确认测试。

二、填空题

1.结构化系统开发方法 系统分析 系统设计 程序设计 系统测试 运行和维护 系统评估

2.系统调查(可行性研究) 系统需求分析

3.系统分析

4.单元测试 组装测试 确认测试

5.详细设计说明书 程序设计说明书

6.用户基本需求 用户

7.程序维护 使用维护

8. 功能和性能　取得的社会效益　用户的满意度

9. 整体性和全局性　整体优化　自顶而下

10. 原型法

11. 自顶向下,逐层分解　数据流图　数据词典

12. 属性　方法　传递消息

13. 数据流　文件　处理　数据流的起点和终点

14. 合法性　安全保密性

15. 概要设计　结构设计

16. 低耦合度、高内聚　自顶向下、层层分解　模块的单一性和独立性
高内聚低耦合

17. 存取方式(读写方式)　顺序组织方式　索引组织方式

18. 保密性　读写性

19. 唯一性　系统性　合法合规性

20. 顺序码　群码　分级的群码

三、不定项选择

1. C	2. A	3. ABCD	4. D	5. D
6. D	7. B	8. C	9. A	10. ABD
11. BCD	12. ABCD	13. ABCD	14. ABC	15. ABD
16. ABC	17. ABD	18. ABCD		

三、判断题

1. ×

解析:系统维护包括程序维护和使用维护。程序维护又包括了正确性维护和完善性维护,使用维护包含环境维护、意外事故维护、计算机病毒治理和维护。

2. ×

解析:系统设计分为总体设计和详细设计两个阶段。总体设计又称为概要设计,它决定系统的模块结构和数据结构等,即进行总体结构及数据库设计。详细设计是总体设计的进一步细分,包括每一个模块的详细功能,实现的算法和采用的数据结构细节等。

3. √

4. ×

解析:生命周期法是迄今为止会计信息系统开发方法中应用最普遍、最成熟的一种方法,但并不说明生命周期法是唯一的方法,除生命周期法之外,还有原型法、面向对象法等等。

5. √

6. ×

解析:运行和维护阶段的工作不是由购买软件的企业财务人员承担的,仍由原来负责开发会计信息系统的企业负责,包括程序维护和使用维护。

7. ×

解析:CASE 方法的基本思想是,在实际开发一个系统时,CASE 的应用必须依赖于一种具体的开发方法,例如,生命周期法、原型法、面向对象法等,并提供支持上述各种方法的开发环境。

8. ×

解析:模块划分的原则应该为高内聚低耦合,即提高模块内的聚合度,降低模块间的耦合度。高内聚能使模块具有较强的独立性,使系统的修改和维护只能在指定的模块内进行,从而有效地防止系统各模块间的相互干扰,保证系统的稳定性。低耦合指的是模块与模块之间应有较少的联系,这样能减少模块间的影响,防止对某一模块修改所引起的"牵一发动全身"的水波效应,保证系统设计顺利进行。

9. √

10. × 分区码是把号码分为若干个区,各区域作间隔顺序编码。群码才是每一个编码由几个区段组成,每一个区段表示一种特征。

五、问答题

1. 答:原型法是指在获得用户基本需求的基础上快速的构造系统工作模型——初始模型,然后演示这个模型系统,在用户参与的情况下,按用户合理而又可行的要求,不断修改这一原型系统。每次修改都使系统得到一个完整的新原型,直到用户满意为止。原型法是随着用户和开发者对系统理解的加深而不断的按更明确、更高要求进行补充和细化的。系统的定义是在逐步加深认识的过程中进行的,而不是开始就试图预见一切,它是系统的模型化和探索性的开发方法。

生命周期法的基本思想是,将软件工程学和系统工程的理论和方法引入计算机会计信息系统的研制开发中,按照用户至上原则,采用结构化、模块化、自顶向下的对系统进行分析和设计。具体来说,将整个会计信息系统开发过程划分为相对独立的六个阶段,包括系统分析、系统设计、程序设计、系统测试、运行和维护以及系统评估。同时,按照生命周期法,研制和开发任何一个信息系统都要按顺序经历上述六个阶段,如同瀑布流水,逐级下落。为了保证信息系统的质量,每个阶段完成之后,都要进行复查,如果发现问题,就应停止前进,沿着所经历的阶段返回,当信息系统不能再使用时,系统的生命期即告结束。

生命周期法和原型法是有区别的。生命周期法是能够全面支持整个系统开发过程的方法,而原型法尽管有很多的优点,但只能作为生命周期法在局部开发环节上的补充,暂时还不能替代其在系统开发过程中的主导地位,尤其在占目前系统开发工作量最大的系统调查和系统分析这两个重要环节。同时,两者在适用范围上也是不同的,生命周期法适用于开发复杂的大系统,而原型法多应用于小型局部系统或处理比较简单系统的设计环节到实现环节。

2.答:生命周期法开发信息系统各个阶段的主要任务及其文档如下表列示:

生命周期	主要任务	主要文档
系统调查和可行性研究	调查用户需求和处理过程,进行可行性分析	可行性研究报告及初步的软件开发计划
系统分析	分析用户需求,建立目标系统逻辑模型	系统分析说明书
系统设计	概要设计:建立目标系统的总体结构及数据库设计	概要设计说明书
	详细设计:对模块进行过程描述,确定模块间的详细接口	详细设计说明书
程序设计	按详细设计说明书,为每个模块编写程序	源程序清单、程序设计说明书
系统测试	检查和调试程序正确性,排除错误运行软件	测试报告、用户操作手册运行日志
运行和维护	对程序修改补充,修改有关文档	软件问题报告、软件修改报告

3.答:数据库文件的组织形式是指一个文件中记录的排列方式,它决定了文件的存取方式(读写方式)。文件的组织形式主要有以下几种:

(1)顺序组织方式。顺序组织方式的文件,其内部的记录是按建立时间先后顺序进行排列和处理。当数据量大时,顺序文件的存取速度比较慢。例如,历史凭证文件、临时凭证文件都是顺序文件,即其内凭证一般按发生的先后顺序排列。

(2)索引组织方式。索引组织方式文件是指对按先后顺序排列的文件按索引关键字自动建立索引的文件。对于索引文件,可以按关键字进行查询、存取等处理。因此,索引文件的处理速度比较快。

4. 答:数据流图是结构化分析方法使用的一种工具,是从实际系统中抽象出来的,以特定符号反映系统的数据传递、处理过程的工具。数据流图一般由以下四种基本元素组成,如下图所示:

符　号	名　称	解　释
→	数据流	描述数据的流向
○	处理	描述对输入的数据进行加工的处理功能
▭	文件	描述数据的存储形式
▭	起点或终点	描述数据的输入来源或输出去向

5. 答:编码设计就是对会计信息系统中的各种数据进行编码(如会计科目、往来单位等),以便简化输入、节省存储空间、提高处理效率和精度。从编码的结构特性来划分,主要有以下几种编码:

(1)顺序码。包括连续顺序码和间断顺序码。连续顺序码,就是从一开始就按顺序号排列下去的编码,这也是编码的初始形态。间断顺序码,就是在连续顺序码中以一定的间隔预先留下空号,当需要插入时,就在这些空号处进行插入。

(2)分区码。其方法是把号码分为若干个区,各区域作间隔顺序编码。每个区域代表某一类个体,以便分类处理。

(3)群码(组合码)。每一编码由几个区段组成,每一个区段表示一种特征,这样的编码叫做群码。

为了建立一套完整的编码体系,编码设计必须遵循以下原则:

(1)唯一性。即每个编码表示一个唯一确定的实体,或每个实体都用一个唯一确定的编码来表示,编码与其所代表的实体必须一一对应,不能有歧义。

(2)系统性。即在整个会计信息系统中所有项目的编码标准要一致,并体现数据的规律性,使数据编码不致出现重复、混乱的现象。

（3）稳定性。编码一经确定不可随意更改和取消,所设计的编码要能够适应环境的变化,可在较长时间内使用。

（4）简明性。编码设计应尽量简单,便于输入、存储和记忆。

（5）可扩性。编码设计时要考虑未来扩充编码的可能性,使今后编码的增加比较容易,不会打乱原有的编码体系。

（6）合法合规性。所设计的编码必须符合国家有关法律条文的规定。

6. 答:面向对象法认为,客观世界是由各种各样的对象组成的,每种对象都有各自的内部状态和运动规律,不同的对象之间的相互作用和联系就构成了各种不同的系统。当我们设计和实现一个客观系统时,如能在满足需求的条件下,把系统设计成由一些不可变的部分组成的最小集合,这个设计就是最好的。而这些不可变的部分就是所谓的对象。以对象为主体的 OO 方法可以简单解释为:

（1）客观事物都是由对象组成的,对象是在原事物基础上抽象的结果。任何复杂的事物都可以通过对象的某种组合构成。

（2）对象由属性和方法组成。属性（attribute）反映了对象的信息特征,如特点、值、状态等,方法（method）则是用来定义改变属性状态的各种操作。

（3）对象之间的联系主要是通过传递消息（message）来实现的,传递的方式上通过消息模式（message pattern）和方法所定义的操作过程来完成。

（4）对象可以按其属性进行归类（class）,类有一定的结构,类上可以有超类（superclass）,类下可以有子类（subclass）,这种对象或类之间的层次结构是靠继承关系来维持的。

（5）对象上一个被严格模块化了的实体,称之为封装（encapsulation）,封装了的对象满足软件工程的一切要求,而且可以直接被面向对象的程序设计语言所接受。

面向对象方法开发的工作流程可分为四个阶段:系统调查和需求分析;分析问题的性质和求解问题;整理问题;程序实现。

7. 答:结构化设计方法是与结构化分析相衔接的方法,用于从系统分析数据流图导出系统模块结构图,以低耦合度、高内聚来划分模块。模块划分应遵循的原则有:

（1）自顶向下、层层分解。高层的模块代表具有较高层次抽象的功能,底层模块具有具体、单一的功能。模块结构设计图可由数据流图按一定的规则导出。

（2）模块的单一性和独立性。会计信息系统的模块划分时,每个模块必须具有独立和单一的功能。由于模块之间是相对独立的,每个模块可以单独的被理解、编程、测试、排错和修改。对于一个模块来说,解决某一问题时,不必考虑模块以外其他模块的问题。这样就减少了出错的机会,同时也有利于项目开发时任务的分配。

(3)高内聚低耦合。即提高模块内的聚合度,降低模块间的耦合度。高内聚指的是每个模块内部各组成成分有较高的联系,这样能使模块具有较强的独立性,使系统的修改和维护只能在指定的模块内进行,从而有效地防止系统各模块间的相互干扰,保证系统的稳定性。低耦合指的是模块与模块之间应有较少的联系,这样能减少模块间的影响,防止对某一模块修改所引起的"牵一发动全身"的水波效应,保证系统设计顺利进行。

8.答:输入/输出的内容、格式、界面等是会计信息系统的外包装,它反映了会计信息系统人机交互环境的特征。

输入设计。输入设计的内容包括输入方式、输入设备、输入界面等设计。输入设备依赖于输入方式的选择。输入方式有键盘输入方式、网络数据传送、磁/光盘读入、扫描读入方式等。其原则包括:

(1)满足用户对输入信息的内容和格式需求。

(2)输入界面要友好,包括界面简捷,易于操作修改,提高输入速度。

(3)数据的编辑界面,要能提供数据完整性和正确性的控制,有较强查错能力,防止错误的垃圾信息进入会计信息系统。

(4)对输入功能的安全、保密控制。即对不同的用户定义不同的权限,以防止非法人员进入各种输入界面。

输出设计。输出设计包括输出方式、输出设备、输出界面等设计。输出设备依赖于输出方式。输出方式常有屏幕显示、打印机打印、绘图仪绘制、磁盘机存储以及网络传递等。输出界面是人机交互系统的出口,为会计人员提供处理结果。结果的内容和格式是否满足会计人员的需求,是系统是否成功的重要标志之一。输出设计包括各种查询结果、会计报表、统计分析图形等有关内容和格式的设计。其设计原则包括:

(1)满足用户对输出信息的内容和格式需求。

(2)输出手段要灵活多样,例如对于同一张报表,可以选择屏幕显示、打印机打印、磁盘存储等不同方式。

(3)对输出信息的安全性、保密性控制,即对不同的用户定义不同的权限,以控制输出内容的安全保密性。

(4)除固定的会计报告外,系统应提供方便的手段来产生随机性的信息报告。

9.答案如下图所示。

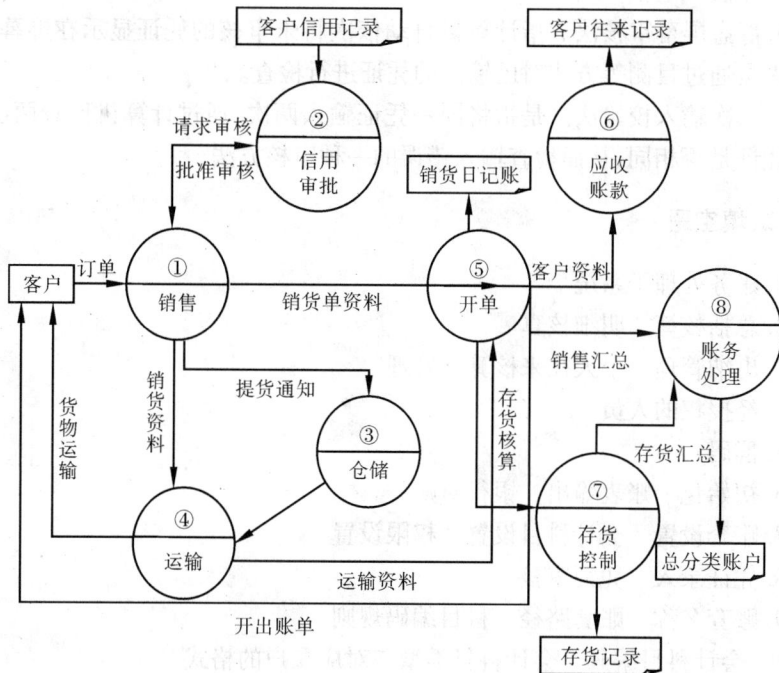

六、小组讨论题（略）

第三章　账务处理子系统

一、名词解释

1.账务处理子系统。是以凭证为原始数据,通过对凭证的输入和处理,完成记账、结账、银行对账、账证表查询与打印、系统服务和系统管理等账务处理工作的会计信息系统。

2.机制凭证。指某些具有规律性且每月都发生的期末转账业务,或由其他子系统自动转账输出的记账凭证,它不需要录入人员输入数据。

3.位数编码。是将编码的每一位或几位赋予一定的含义而进行编号的一种编码方法。

4.分组编码。是按数字顺序分组表示某一基础上的不同类别而进行编号的编码方法。

5.静态屏幕审核法。指计算机自动依次将未审核的凭证显示在屏幕上,审核人员通过目测等方式对已输入的凭证进行检查。

6.二次输入校验法。是指将同一凭证输入两次,通过计算机比较两次输入的凭证是否相同,从而检查输入错误的一种审核方法。

二、填空题

1.账务处理子系统

2.总括核算　明细核算

3.出纳管理　个人往来核算和管理

4.经授权的人员

5.群码

6.初始化　账表输出　银行对账

7.账套设置　会计科目设置　权限设置

8.凭证录入　凭证审核

9.账套名称　账套路径　科目编码规则

10.会计科目编码　会计科目类型　对应账户的格式

11.人工键盘　前台处理　后台处理　自动转账功能

12.部门核算　单位往来　项目核算

13.输入　审核　修改　记账

14.凭证审核

15.类别字　限制条件

16.修改记账凭证

17.总账输出　日记账输出　明细账输出

18.初始设置　记账凭证

19.定义自动转账业务　生成转账凭证

20.转账序号　数据来源　计算公式

21.凭证日期　凭证编号　凭证摘要　借贷方科目和金额　制单人审核人

三、单项选择

1. C　　　　2. D　　　　3. A　　　　4. D　　　　5. B

6. C	7. A	8. D	9. C	10. D
11. C	12. B	13. C	14. D	15. A
16. A	17. A	18. D	19. C	20. A

四、多项选择

1. ABCD	2. ABCD	3. ABD	4. ABCDE	5. ABD
6. AC	7. CD	8. ABD	9. ABCD	10. AB

五、判断题

1. √

2. ×

解析:由于我国财政部发布的企业会计制度对所有一级科目(含少量二级、三级科目)的编码已做强制规定,在科目体系设计时实际上就是对明细科目编码设计。

3. ×

解析:通用会计软件的账务管理系统一般允许在一个软件系统下建立多个账套,以便满足不同单位的多层次需要。

4. ×

解析:会计期间个数一般可设定为 12 个月或 13 个月,设 13 个月的目的是为了便于在第 13 个月进行审计调整。这样可以满足审计的要求,留下审计线索。

5. √

6. ×

解析:辅助核算必须设置到末级科目上才有效,否则系统不予确认。一个科目可以同时设置两种辅助核算。

7. √

8. √

9. ×

解析:作废凭证或已标错的凭证是不能被审核的。但是无论是手工凭证还是机制凭证都要经过审核程序。

10. ×

解析:摊、提、结转记账凭证也必须经过审核才可以记账。对这些机制会计凭证的审核主要是检查分配、计提、结转是否正确。

11. √

12. √

13. √

14. ×

解析:电算化会计信息系统中,虽然计算机自动处理会计数据,但是会计基础工作规范化不仅需要,而且要求更高。

15. ×

解析:会计电算化方式下账务处理流程与手工方式是有区别的。比如:电算化方式下账务处理子系统中不用账证、账账核对。

16. √

17. √

18. √

19. ×

20. ×

六、问答题

1. 答:账务处理子系统的特点:以历史信息为主,涵盖所有能以货币表现的经济业务;规范性强,一致性好;以总括核算为主,在整个会计信息系统中起核心作用;控制要求严格,正确性要求高。

账务处理子系统的目标:及时准确地采集和输入凭证,保证进入会计信息系统数据的正确性和完整性;高效正确地完成记账等数据处理过程;随时输出某个期间内任意会计科目发生的所有业务,以及各个会计期间的各种报表;建立账务子系统与其他子系统的数据接口,实现会计数据的及时传递和数据共享;留有必要的审计线索,供企业内外部审计人员审计。

2. 答:手工账务处理与计算机账务处理的异同分析:

相同之处:二者账务处理的结果相同,其目的都是为了生成账簿或报表,处理过程都是实现从凭证到账簿,从账簿到报表的过程。

不同之处:

(1)数据处理的起点和终点不同。手工账务处理的起点为原始凭证,而计算机账务处理的起点是记账凭证、原始凭证和机制凭证;手工账务处理以会计人员编制并上报会计报表为终点,而计算机账务处理以计算机自动输出各种账簿和输出定制报表为终点,此外还可以编制除定制报表之外的其他报表。

(2)数据处理方式不同。手工账务处理中,会计数据是由不同会计人员将记账凭证分别登到不同的账簿中,并进行手工计算与汇总得出的。在计算机账务处理中,记账只是数据处理的过程,不需要由多人执行账簿登记工作,数据间的运算与归集由计算机自动完成。

(3)数据储存方式不同。手工方式下,会计数据储存在纸张介质中;计算机方式下,会计数据储存在数据文件中,需要时通过查询或打印输出。

(4)对账方式不同。手工账务处理中,按照复式记账的原则,必须采用平行登记法;计算机账务处理子系统中,没有必要进行对账,只要保证数据输入的正确即可。

(5)会计资料的查询与统计方式不同。手工方式下,查询某一类会计资料或编制一些简要的统计表要付出许多劳动;计算机方式下,只需通过选择各种查询功能,就可以以最快的速度完成数据的查询和统计工作。

(6)账务处理的效率、准确性及时效性不同。计算机账务处理相对于手工账务处理最大的优势在于能够准确、高效和及时地提供信息。

3.答:在手工账务处理中,除了一级会计科目由企业会计制度统一规定以外,二级以下的明细科目均无编码,以文字形式表示。在计算机账务处理中,如果采用文字形式的科目编码,会占用大量的内存空间,降低计算机的运行速度;不便于计算机进行分类处理;不便于提高凭证录入速度。所以对会计科目进行编码化处理是计算机账务处理的前提,其目的在于:保证会计科目的唯一性;简化会计数据的表现形式;加快计算机的运行处理速度。

4.答:审核凭证一般有两种方法:静态屏幕审核法和二次输入校验法。

静态屏幕审核法是指计算机自动依次将未审核的凭证显示在屏幕上,审核人员通过目测的方式对已输入的凭证进行检查。审核人员认为错误或有异议的凭证,应交给填制人员修改后,再审核;如果审核人员认为没有错误则可按签章键,这样审核人员的姓名即显示在凭证上的审核人位置,表明该凭证已通过审核。这是一种常用的审核方法,但这种方法受审核人员熟练程度的影响较大。

二次输入校验法是将同一凭证输入两次,通过计算机比较两次输入的凭证是否相同,从而检查输入错误的一种审核方法。重复输入时录入人员最好由不同的人担任,因为同一个操作人员由于习惯会重复同一错误,这样在检查时就不容易发现错误。采用这种方法可以检查出多输或漏输的凭证、数据不一致的凭证,查错率较高,但很费时,不适合会计业务量大的企业。

5.答:账务处理系统针对不同的错误凭证提供了三种不同的修改方法:

(1)输入计算机,但没有审核的记账凭证发现错误,可以直接由录入人员利用凭证修改功能进行修改。这种修改可以不留痕迹。

（2）输入计算机,已通过审核人审核,但是还没有记账的记账凭证发现错误,这种情况应该由审核人在凭证审核模块中取消审核,然后再由录入人员在凭证修改功能中进行修改。这种修改也可以不留痕迹。

（3）输入计算机,已通过审核并已记账的记账凭证发现错误,则不能利用凭证修改模块进行修改。根据会计制度的规定,这种错误凭证的修改必须留有痕迹。因此只能采用红字冲销法或蓝字部分补充登记法来进行修正。对于涉及银行存款科目的错误凭证,为了计算机自动对账的需要,最好采用红字冲销法。

6. 答:期末结账只是表明本月的数据已经处理完毕,不再增加新的凭证。期末结账工作只能在系统对账之后进行。

期末结账应注意如下事项:上月未结账,则本月不能结账;上月未结账,则本月不能记账,但可以填制、审核凭证;则本月还有未记账凭证时,本月不能结账;已结账月份不能再填制凭证;结账只能由有结账权限的人进行;如果是结12月份的账,则必须产生下年度的空白账簿文件,并结转年度余额;结账前最好做一次备份。

7. 答:账务处理子系统的账表输出方式有三种:

（1）通过屏幕直接显示输出。其输出的内容包括凭证、账簿、报表以及各种辅助项目的查询,使用的频率很高。

（2）打印机打印输出。通常凡能够在屏幕查询的内容都可以打印,但考虑打印输出的速度和成本,一般只有那些有必要或会计档案所要求的资料才通过打印机输出。打印输出又可分为套打和完全打印。

（3）通过软盘或网络输出。这种方式通常用于数据备份或向其他信息系统传递会计资料。

8. 参见教材第三章第二节内容。

第四章 采购与应付子系统

一、名词解释

1. 持有成本。指拥有并保存存货所发生的各种费用,如仓库保管成本、存货所占有资金的资金成本、存货的保险费等。

2. 采购成本。指购货款及其运输费用等。采购成本与采购总量有关,一般与订货量无关。

3. 订货成本。指每次订货发生的各种费用。该成本与每次订货量无关。所以每次订货量越大,则年订货成本越低。

4. 自动采购结算。指将与核对结果完全相符的采购发票自动生成结算表,并在入库单文件、采购发票文件、采购订单文件中做审核标记。

5. 采购发票文件。指用来存放每一张采购发票上的详细信息,企业依据这些信息与供应商进行结算的单据。

二、填空题

1. 采购

2. 采购订单

3. 经营　存储

4. 订货成本　持有成本

5. 年需要量　每次订货成本　单位存货年持有成本

6. 采购成本　货款结算

7. 存货　账务处理

8. 信息流

9. 采购订单文件　采购发票文件　付款单文件

10. 每一供应商对应唯一的编码

11. 采购订货　货款结算

12. 采购结算　往来账核销

13. 供应商提供的原始发票　原始发票号　供应商编码　付款条件　单价

14. 供应商档案　付款条件　采购类型　单据设计

15. 业务数据　基础数据

16. 录入采购初始业务和应付账款初始业务

17. 超支额　节约额

18. 计划输入　审核执行　关闭

19. 采购订单　采购发票

20. 自动采购结算　手工采购结算

三、不定项选择

1. D　　　　2. E　　　　3. ABCDE　　4. CD　　　5. ABD

6. ABCDE　　　7. ABCD　　　8. ABC　　　9. BC　　　10. AD

11. A　　　12. A

四、判断题

1. √

2. ×

解析:购货时,每次订货批量越大,则每年订货次数越少,年订货成本越低,但平均库存量增加,年持有成本升高。

3. √

4. ×

解析:应付账款文件用来存放与每一供应商结算的余额,可以是应付账款(余额在贷方),也可以是预付账款(余额在借方)。

5. ×

解析:采购订单录入时,订单编号必须唯一;订单编制日期一般取自系统当前日期,但用户可以修改。

6. √

7. ×

解析:年初建账不一定非是严格意义上的"年初"进行,也可以在其他月份进行,这取决于用户是从什么时间开始使用计算机系统。

8. √

9. ×

解析:不同记录的存货编码可以相同,同一张采购订单可以输入编号相同的存货。

10. √

11. ×

解析:存货编码、存货分类编码、仓库编码是存货子系统的基本编码,一般都在存货子系统中设置。

12. √

五、问答题

1.答:采购与应付子系统具有如下特点:

(1)数据处理量大:一般工业企业中材料、辅助原料的品种规格繁多,对每个具体的品种都要进行详细全面的反映,不仅要反映其数量指标,而且要反映价值指标,同时还要反映与不同供应商之间的结算关系。因此,采购与应付子系统涉及面广,数据处理量大。

(2)数据变化频繁:采购活动是企业生产顺利进行的必要前提,生产过程中耗用要通过采购环节补偿,订货品种、供应商、结算价格、结算方式变化频繁,必然使数据输入与处理的频率相当高。

(3)核算方法较复杂:采购环节由于材料核算可以采用实际成本核算或计划成本核算、进价核算或售价核算,结算与实际入库过程存在货到票未到、票到货未到等情况,因此,核算方法较为多样。

(4)与存货子系统和账务处理子系统存在频繁的数据传递关系:采购与应付子系统中材料采购后的入库和货款的实际结算等数据要传递到存货子系统和账务处理子系统,同时它在订单管理控制和供应商结算情况方面也接收存货子系统和账务处理子系统的数据。

(5)管理要求高:采购与应付子系统的业务处理既涉及钱也涉及物,还涉及税的合理计算,因此数据的输入与处理可靠性要求高。

2.答:一个完善的采购与应付子系统的目标应包括以下几方面:

(1)采购核算与管理:进行采购订单处理,及时、准确地完成订货和采购的数据处理与管理,反映和监督采购合同的制定和执行情况,合理选择供应商,正确计算存货采购成本和税金,与存货子系统一起使用可以动态掌握存货的现存量信息。

(2)应付账款的核算与管理:完成从收到供应商的发票到处理付款为止的数据处理过程,反映和监督存货采购交易过程资金的支出和应付情况,及时提供债务总额和现金需求量,随时掌握采购业务的付款情况,并能对应付账款进行账龄分析,处理采购入库单并生成各种机制凭证数据,自动传递到财务处理子系统和存货子系统。

(3)提供各种管理信息:提供各种管理信息功能是指系统应及时、准确地为企业各部门和管理者提供采购、应付账款相关的各种核算与管理信息,输出各种相关的报表。

3.答:和采购结算一样,系统一般也提供自动核销与手工核销两种功能。

(1)自动核销

①业务号勾对:通过用户在制单过程中指定业务编号或字符,用以对往来账进行勾对标识,便于用户一一对应勾对、查询和管理。对于业务号相同、借贷方向相反、金额一致的两笔分录自动勾对。

②逐笔勾对:在用户未指定业务号的情况下,系统按照金额一致方向相反

的原则自动勾对同一往来户的往来款项。

③总额勾对：为提高对账成功率，对于同一往来户下，可能存在着借方（贷方）的某项合计等于对方科目的某几项合计，尤其是带有相同业务号的往来款项进行勾对。

（2）手工勾对

用于在制单过程中可能出现的误操作或其他业务原因导致无法使用上述三种往来账勾对方法，系统提供手工清理的办法进行往来账勾对。

4.答：供应商编码一般也采用群码方式进行设计，以便根据采购管理、往来账管理和提供各种采购信息的需要进行分类、汇总等处理。供应商编码一般应包括供应商所属国家、地区、供应商单位性质等信息，以便分地区、分供应商单位性质进行分类统计。供应商编码设计时，既要考虑方便使用，又要具有一定的扩展性，要为企业将来的拓展留有一定的余地。

5.答：采购订单录入界面中状态栏包括：

（1）计划输入状态：没有审核确认之前订单都处于输入状态。

（2）审核执行状态：表示订单已经成为正式协议或合同，订单的货物正在到货入库过程中。

（3）关闭状态，订单货物全部到货或订单不能继续执行修改，只能查询。

6.答：采购与应付子系统的日常业务数据输入项目很多，输入的工作量较大，出错的可能性也较大。为了保证数据输入的正确和可靠，尽量减少输入的工作量，完全可以设计一些有针对性的输入控制措施。

（1）初始化中提供了用户自行设置单据的功能模块，用户可根据本身的需要和习惯进行设计。但是需要注意的是，这种格式的一致是有限度的，在格式基本一样的表象上，包含着计算机重要的使用特点。

（2）采购与应付子系统中业务流程是按一定的程序进行的，业务单据间有一定的联系。一笔采购业务的发生相应都会产生采购订单、采购发票、采购入库单和付款单，这些单据中的内容许多是一样的，因此在输入时可以由系统自动互相生成和互相验证。

（3）输入某个单据的各个项目时，有些栏目的数据必须输入，而有些栏目的数据可以根据已输入栏目的数据生成。

（4）在初始化设置中已定义的项目，在输入的用户界面对应项目的右下角一般都会提供参照选择快捷键，用户可以调出设置内容供用户选择输入，这种输入方法对用户有一个提示作用，但选择的项目太多时，反而会降低输入的速度。

（5）采购与应付数据直接与企业的钱物有关。为了保证业务的真实和数据的正确，只有经过确认的单据才有效，因此，系统一般都设有单据审核的功能，对输入的单据进行第三方的确认，并将审核人编码保存在相应的单据中。单据输入与审核应由不同的人来完成，这是一种最基本的内部控制要求。

7.答：系统一般会提供"自动采购结算"和"手工采购结算"两种功能来确认采购成本。

（1）自动采购结算：将与核对结果完全相符的采购发票自动生成结算表，并在入库单文件、采购发票文件、采购订单文件中做审核标记。如果不完全相符，则提示采用手工采购结算。

（2）手工采购结算：包括对入库单价与发票单价不相符的暂估业务进行结算；对因采购发生的运杂费进行结算；对采购货物的"溢余短缺"进行结算等等。此外，生成采购结算表，并且自动将实际采购成本过至入库单文件，同时将采购发票的状态栏标记为"审核"。手工结算可以弥补自动结算的不足，即它可以结算入库单中部分的货物，未结算的货物可以在今后取得发票后再结算，而且也可以对多张发票和多张入库单进行结算。

8.参见教材第四章第二节内容。

第五章　存货子系统

一、名词解释

1.移动平均法。指每次收货后，立即根据库存存货总数量和总成本，计算出新的平均单位成本的一种方法。

2.加权平均法。指以期初存货数量和本期各批收入存货的数量为权数，除以本月全部收货成本加上月初存货成本，计算加权平均单位成本，据以对存货进行计价的方法。

3.物料清单。表示产品的组成结构和组成单位产品的原材料和零部件的数量。

4.调拨单。指用于仓库之间存货的转库业务或部门之间的存货调拨业务的单据。

5.存货跌价准备余额文件。是用来存放每种存货跌价准备的余额情况，主要内容包含存货编码和跌价准备期末余额等。

二、填空题

1. 收发存　价值　实物
2. 采购管理　生产管理　销售管理
3. 物流　资金流　物流　资金流
4. 存货档案文件　出入库单文件　存货盘点单文件　存货跌价准备余额文件
5. 采购与应付子系统　销售与应收子系统　成本子系统　账务处理子系统
6. 群码
7. 存货档案　计量单位设置　收发类别设置　产品结构设置
8. 采购入库单　假退料单　销售出库单　调拨单　盘点单
9. 主计量单位及各种不同计量单位
10. 假退料单
11. 调拨处理　盘点处理　跌价准备处理　制单
12. 统计报表　分析报表　明细账
13. 产量
14. 其他出库单　其他入库单　调拨出库　调拨入库
15. 材料出库单

三、不定项选择

1. ABC	2. ABD	3. ABCD	4. ABD	5. ABD
6. ABCD	7. ABCD	8. ABC	9. CDE	10. ABC
11. ACD	12. AC	13. ABD	14. ABCDE	15. ABCDE

四、判断题

1. √
2. √
3. √
4. ×

解析:产品结构的设置应先定义父项,而后定义相应的子项,子项是构成父项的直接的材料或半成品。如果涉及半成品,该半成品应作为一个新的父项继续分解。

5. √
6. ×

解析:销售出库单由销售与应收子系统生成,存货子系统只能接收和修改。

7. ×

解析:产成品入库单是工业企业入库单据的主要部分,商业企业没有此单据。

8. ✓

9. ×

解析:产成品入库单表头一般包含自动带入系统日期但允许修改的入库日期。

10. ✓

11. ×

解析:为了保持数据的一致性,计量单位一旦设定并被使用后,不允许修改和删除。

12. ✓

五、问答题

1. 答:存货子系统是会计信息系统中的一个较为复杂的子系统,它具有如下特点:

(1)数据处理量大:一般工业企业中存货的品种规格繁多,对每个具体的品种都要进行详细全面的反映,不仅要反映其数量指标,而且要反映价值指标,不仅涉及各种正常的出入库情况,而且涉及各种特殊的出入库情况;同时还要反映存货期末跌价准备的计提。因此,存货子系统涉及面广,数据处理量大。

(2)数据变化频繁:在正常的生产活动过程中,存货的收发领用相当频繁,数据输入与处理的频率相当高。

(3)核算方法较复杂:存货的核算方法有多种选择,可以按实际成本核算,也可按计划成本核算。按照实际成本核算的,可以根据情况选择采用个别计价法、先进先出法、加权平均法、或者移动平均法确定其实际成本。计划成本核算,是指存货收、发、结存均按计划成本计价,并且还要进行成本差异的计算和分配。在核算存货跌价准备时,需要确定存货的可变现净值以及计算应计提的跌价准备金额。多种可选会计核算方法的存在,使得存货核算方法较为复杂。

(4)与采购与应付子系统、销售与应收子系统、成本子系统、账务处理子系统存在频繁的数据传递关系:存货子系统不是一个独立的系统,它接收采购子系统提供的采购入库数据;它在材料被领用之后,将相关的部门、用途与价值的数据传递给成本子系统;在产品和材料用于销售时,销售子系统需要存货子系统提供的数据作为参照,而销售子系统处理的结果——销售出库单,也是存货子系统的一个重要数据来源;存货的收发存的价值数据亦是账务处理子系统的重要输入内容。

(5)管理要求高:存货的管理既涉及价值管理也涉及数量管理,而且存货的积压情况、超储或不足情况、跌价情况等亦是各业务部门所关注的信息。因此,存货子系统的管理要相当全面、细致和准确。

2. 答:一个完善的存货子系统的目标应包括以下两个方面:

(1)存货的核算与管理

区分存货的品种、规格,设置详细的存货档案;在此基础上,进行各种出入库单处理,及时准确地进行存货增减变动的数据处理;允许选择多种计价方式反映存货的价值;能提供存货跌价准备处理,合理反映存货的期末价值;可以结合采购与销售系统,进行存货的成本控制和售价控制。可以根据出入库单生成各种机制凭证,自动传递到成本子系统和财务处理子系统。

(2)提供各种管理信息

提供各种管理信息功能是指系统应及时、准确地为企业各部门和管理者提供存货的各种核算与管理信息,输出各种相关的报表,如 ABC 成本分析表、存货周转率分析表、库存资金占用分析表、入库成本分析表、差异分摊表、出库汇总表、入库汇总表、收发存汇总表和暂估材料余额表等。

3. 答:存货档案中的数据是其他系统核算的依据和基础,所以在录入数据时,要考虑相关系统的要求录入合理、科学的数据。需要注意的是存货属性的设置,例如选中外购属性,说明该存货可来自于外购,因此在编制采购订单时,可供选择的存货列表里将包含该存货。而在编制销售订单时,由于该存货的销售属性没有在存货档案中选中,因此可供选择的存货列表里将不包含该存货。这样,一方面可以在存货档案设置中对存货的用途加以控制,避免不合理的应用;另一方面,在相关的应用中,可以简化存货列表,提高处理的效率。因此,在存货档案设置的时候,必须按照存货的各种用途准确设置存货的属性。

4. 答:存货编码一般也采用群码方式进行设计,以便根据存货管理和提供各种存货信息的需要进行分类、汇总等处理。存货编码一般应包括存货大类、存货小类、存货品种、存货规格等信息,以便按照存货大类、存货小类、存货品种和存货规格分类统计。存货编码设计时,既要考虑方便使用,又要具有一定的扩展性,要为企业将来的拓展留有一定的余地。由于每个企业存货的类别、品种和规格的繁简程度不同,因此,存货编码的设计要根据具体情况而定。

5.参见教材第五章第二节内容。

第六章 销售与应收子系统

一、名词解释

1.销售订单。指反映由购销双方确认的客户要货需求的单据,它可以是企业销售合同中关于货物的明细内容、也可以是一种订货的口头协议。

2.应收冲应付。用某客户的应收账款,冲抵某供应商的应付款项,以实现应收应付的调整,解决应收债权与应付债务的冲抵。

3.应收冲应收。指将一家客户的应收账款转到另一家客户中。系统通过该业务在客商之间进行转入、转出,实现应收业务的调整,解决应收款业务在不同客商间入错户或合并户的问题。

4.预收冲应收。处理客户的预收款和该客户应收款的转账核销业务。

5.收入。指企业在销售商品、提供劳务和让渡资产使用权等日常活动中形成的经济利益的总流入,但不包括为第三方或客户代收款项。

6.经济利益。指现金或最终能转化为现金的非现金资产。

二、填空题

1.销售与收现过程

2.销售部门收受来自客户的订单

3.产成品 计划成本 售价

4.销售订单确认 销售物资出库 销售货款结算

5.销售订单的输入

6.销售订单文件 销售发票文件 收款单文件

7.每一客户单位对应唯一的编码

8.客户档案 部门档案 结算方式

9.初始化 参照选择

10.发货单号 发运方式

11.分行显示

三、不定项选择

1. D	2. B、C	3. A	4. ABCD	5. E
6. ABD	7. ACD	8. ABCD	9. ABCDE	10. C
11. B	12. ACD	13. AD	14. B	15. C

四、判断题

1. √

2. ×

解析:只有少量往来业务的企业才可在账务处理系统中核算和管理应收账款业务。

3. √

4. ×

解析:销售与应收子系统在与账务处理子系统集成运行时,生成的记账凭证是实时传递的,并不需要人为干预。

5. ×

解析:部门档案设置的部门指某使用单位下辖的具有分别进行财务核算或业务管理要求的单元体,不一定是实际中的部门机构。

6. √

7. √

8. ×

解析:销售发票可以人工输入,也可以参照其他单据(如销售订单或发货单)生成,并按业务规则可以进行有限的修改,这样可以避免数据重复录入和防止差错。

9. √

10. ×

解析:月末结账前用户一定要进行数据备份,否则一旦发生错误,将造成不可挽回的后果。

11. √

12. √

五、问答题

1.答:销售与应收子系统具有如下特点:

（1）数据的实时性要求高：为使企业决策者及时制定出合理的生产、销售及催款策略，最大限度地减少资金占用，加速资金周围，要求销售和应收子系统能够及时提供有关销售收入、应收账款和产品数量等方面的动态信息。

（2）业务内容及核算方法比较复杂：由于企业类型不同，其相应的核算方法也不同，加之存在批发、零售、赊销、分期付款、退货等不同的销售方式和手段，使得该子系统的业务和核算方法相对较为复杂。

（3）数据加工深度高，应具备一定的分析预测功能：该系统除日常信息进行反映外，还要具有产品销售预测、应收账款账龄分析、利润预测与销售费用水平分析和销售人员的业绩考核等功能。

（4）与存货子系统和账务处理子系统存在频繁的数据传递关系：存货成本数据需要从存货子系统转来，客户结算情况要接收账务处理子系统的数据；同时又要将销售货物以及货款结算情况传递到存货子系统和账务处理子系统中去。

（5）管理要求高：销售与应收子系统的业务处理既涉及钱也涉及物，还涉及税的合理计算，因此数据的输入与处理可靠性要求高，容不得任何错误。

2. 答：一个完善的销售与应收子系统的目标应包括以下几方面：

（1）及时掌握企业的销售情况，反映和监督销售计划和销售合同的执行情况，促使企业按预定的销售战略完成销售计划；

（2）完成日常销售核算和管理，反映和监督企业的销售数量、销售收入、销售成本、销售费用、销售税金、销售利润的完成情况；

（3）及时记录已收回的货款，反映和监督赊销货款的收回情况，编制应收账款汇总表和账龄分析表，并进行相应的催收工作；

（4）对客户档案和销售合同（或订单）进行管理，以便反映客户的欠款和信用情况，并对客户的偿债能力和信誉度给以正确评价；

（5）提供上述有关信息的动态查询和打印功能，并传递数据给账务处理子系统和存货子系统。

（6）及时提供按销售部门和销售人员的销售收入和同期应收账款的增减统计数据，以便量化销售人员的业绩、合理确定销售人员报酬和奖励政策。

3. 答：客户编码采用群码方式进行设计，以便根据销售管理、往来账管理以及提供各种销售信息的需要进行分类、汇总等处理。客户编码一般应包括客户所属国家、地区、客户单位性质等信息，以便分地区、分客户单位性质进行分类统计。客户编码设计时，既要考虑方便使用，又要具有一定的扩展性，要为企业将来的拓展留有一定的余地。

4.答:为了保证数据输入的正确和可靠,尽量减少输入的工作量,根据销售与应收子系统业务流程的特点,对日常业务数据输入应设置相应的控制措施。

(1)初始化中提供了用户自行设置单据的功能模块,尽量提供与手工单据格式一致的界面,减少因使用习惯上的差异而带来的错误。

(2)一笔销售业务的发生相应都会产生销售订单、销售发票、发货单和收款单,这些单据中的内容许多是一样的,因此在输入时尽可能利用系统提供的单据自动相互生成功能。一方面是可以方便和提高录入速度,另一方面更为重要的是体现一种控制的要求。

(3)输入某个单据的各个项目时,有些栏目的数据必须输入,而有些栏目的数据可以根据已输入栏目的数据生成。

(4)为了保证业务的真实和数据的正确,系统一般都设有单据审核的功能,对输入的单据进行第三方的确认,并将审核人编码保存在相应的单据中。单据输入与审核应由不同的人来完成,这是一种最基本的内部控制要求。

5.答:系统一般提供手工核销与自动核销两种功能:

(1)手工核销指由用户手工确定收款单核销与它们对应的应收单的工作。手工核销可以根据查询条件选择需要核销的单据,然后手工核销,加强了往来款项核销的灵活性。

(2)自动核销指系统确定收款单与它们对应的应收单核销的工作。自动核销可以根据查询条件选择需要核销的单据,然后系统自动核销,加强了往来款项核销的效率性。自动核销可对多个客户进行核销处理,依据核销规则对客户单据进行核销处理。核销完成后,提交自动核销报告,显示已核销情况和未核销原因。

第七章　职工薪酬子系统

一、名词解释

1.计时工资。指根据计时工资标准(包括地区生活费补贴)、工资等级和工作时间计算并支付的劳动报酬。

2.计件工资。指根据工作计件单价和每人(或班组)完成合格品产量计算并支付的劳动报酬。

3.津贴和补贴。指根据规定,为补偿职工特殊的劳动消耗和因其他特殊原因支付给职工的津贴,以及为了保证职工薪酬水平不受物价影响而支付给职工的物价补贴,还包括按规定标准发放的住房补贴。

4.职工编码。是对每个职工进行编码,为了分类汇总的需要,职工个人编码包含职工所属的部门、职工类型的信息。

5.工资分摊。指月末自动完成工资分摊、计提、转账业务,并将生成的凭证传递到总账系统,实现各部门资源共享。

二、填空题

1.等级　标准　奖励

2.计件工资　奖金　加班加点工资　应付工资

3.职工福利费　工会经费

4.计算　分摊

5.扣零设置　职工薪酬项目设置　人员类别设置

6.转账凭证设置　职工所在部门及职工类别

7.类型　工资增减项　应发合计　扣款合计

8.工资分钱清单处理　工资分摊处理

9.本月扣零　上月扣零

10.部门分钱清单　工资发放取款单

三、不定项选择

1.AD　　　2.BE　　　3.CABD　　　4.ABC　　　5.AC、B、DE

6.ABD　　　7.CD　　　8.ABCDE　　　9.ABCD　　　10.ABCDE

11. A

四、判断题

1.×

解析:如果企业选择扣零处理,扣零的计算公式由系统自动定义,无需设置。在计算工资时将自动依据所选择的扣零类型将零头扣下,并在积累成整时补上。

2.×

解析:扣零至元表示工资发放时不发 10 元以下的元、角、分,扣零至角表示工资发放时不发 1 元以下的角、分。

3.√

4.×

解析:增项直接计入应发合计,减项直接计入扣款合计。缺勤天数虽为数字类型,但是不能直接计入扣款合计,应当为其他。

5.√

6.√

7.×

解析:定义公式时要注意先后顺序,先得到的数应先设置公式,由基本工资项目开始定义公式。

8.√

9.×

解析:只有变动的工资数据,由于每月的数据均不相同,因此每月工资处理时,均需将其清为0。

10.√

11.×

解析:本月工资数据未汇总,系统将不允许进行月末结转。

12.×

解析:职工薪酬的现金实际支付和银行存款的实际转账,一般不在本系统中处理。

五、问答题

1.答:职工薪酬子系统具有如下特点:

(1)业务处理政策性强:国家制定了工资的各项制度,并要求按规定代扣代缴个人所得税,企业需要严格遵循。

(2)数据的时效性、准确性要求高:工资的发放有确定的时间限制,因此必须按企业规定的工资发放日期完成工资业务的处理,并保证数据处理的正确。

(3)数据量大:职工薪酬的构成项目较多,职工薪酬子系统的原始数据量大,尤其是职工人数多的企业。

(4)处理业务重复性强,核算方法较为简单:职工薪酬业务的核算方法较为简单。每月进行职工薪酬业务处理时,只需要输入每一职工的有关变动数据,便于计算机处理。

(5)涉及面广:职工薪酬核算涉及很多方面,如职工个人、人事劳资部门、职工所在部门、总务部门等。此外职工薪酬代发还涉及银行,个人所得税缴纳涉及税务部门等等。

(6)与成本核算子系统和账务处理子系统存在周期性的数据传递关系。

2.答:企业应按照劳动工资制度的规定,根据考勤记录、工时记录、产量记录、职工薪酬标准、职工薪酬等级等,编制"职工薪酬单",准确及时地计算职工的应发职工薪酬、代扣款项和实发职工薪酬。工资结算单中的应付职工薪酬,一般由劳动工资部门按有关资料计算填列,代扣款项和实发职工薪酬一般由财会部门据有关部门的扣款通知单填列。

企业一般可按单位、部门编制职工薪酬结算单,职工薪酬结算单通常一式三份,一份由劳动工资部门存查;一份按每一职工裁成单条,连同工资一并发给职工,以便核对;一份由职工签章后作为财会部门职工薪酬结算和支付的凭证。

3.答:职工编码是对每一个职工进行编码,为了分类汇总的需要,职工个人编码应包含职工所属的部门、职工类型的信息。其中,部门编码信息的主要作用是便于分部门汇总,编制职工薪酬汇总表;职工类型编码部分的主要作用是,通过设置类型名称和编码,按照职工的工作性质和工作岗位对职工进行分类,以便按职工工作性质汇总职工薪酬和进行职工薪酬及相关费用的分摊。为了便于处理职工的内部调动业务,企业可以为每一位职工设置一个唯一的序号,如果没有这个需要,企业只需要保证属于某个部门或某个部门的某一种类型的每一位职工有一个唯一的序号。

一般在输入人员档案时,可以根据部门、职工类型的选择,自动形成职工编码前面几位,职工的序号可以由系统自动控制,也可人工输入,由这三部分组合成职工编码,或者完全采用人工输入的方式确定职工的编码。

4.答:系统允许账套处理多个工资类别,如单位按周或一月发多次工资,或者单位中有多种不同类别(部门)的人员,他们的工资发放项目不尽相同,计算公式亦不相同,但需进行统一工资核算管理,则应选择"多个"工资类别。如果单位中所有人员的工资统一管理,而人员的工资项目、工资计算公式全部相同,就应选择"单个"工资类别,以提高系统的运行效率。

5.参见教材第七章第二节内容。

第八章 固定资产子系统

一、名词解释

1.固定资产。指企业使用期限超过一年的房屋、建筑物、机器、运输工具以及其他与生产经营有关的设备、器具、工具等。

2.固定资产卡片。是固定资产子系统最为重要的管理工具,也是最为重要的数据文件,上面记载了固定资产的各种信息。

3.原始卡片。指卡片记录的资产开始使用日期的月份大于其录入系统的月份,即已经使用过并已计提折旧的固定资产卡片。

4.资产类别。它是企业根据管理和核算的需要给资产所做的分类。可以参照国家标准分类,也可根据需要自己分类。

二、填空题

1.固定资产卡片 折旧费用

2.成本核算子系统

3.固定资产卡片 原值 资产名称 使用年限 折旧方法

4.保留必要的审计线索 5

5.部门对应折旧科目设置 资产类别设置 折旧方法定义 原始固定资产卡片

6.确保子系统所有固定资产的原值总额等于账务处理子系统的固定资产一级科目的余额,子系统所有固定资产的累计折旧的总额等于账务处理子系统中累计折旧一级科目的余额

7.固定资产卡片 变动单 计提 分配 变动单

8.类别编码 类别名称 折旧方法

9.名称 数据类型

10.系统 清理原因

11.折旧清单 部门对应折旧科目 部门折旧分配表 类别折旧分配表

12.立即制单 不立即制单

三、不定项选择

1. ADE BCFG 2. ABCD 3. ABCD 4. ABCD 5. ABC

6. GACBEF   7. ABC   8. ACDEF   9. D

四、判断题

1. √

2. ×

解析:企业可以根据实际需要进行设置,但是一般在1、2、3、4、6、12中选择。

3. √

4. √

5. ×

解析:根据固定资产减少的单据,要及时进行资产减少的处理,但不能删除相应的卡片,以备查询,因此在卡片中生成卡片注销记录。

6. √

7. √

8. ×

解析:资产类别的设置只有在最新会计期间时可以增加。

9. ×

解析;原始卡片中记录的资产开始使用日期的月份应大于其录入系统的月份,因为资产已使用过并已计提折旧。

10. √

11. ×

解析:虽然折旧分配表有部门折旧分配表和类别折旧分配表两种类型,但系统只能选择一个制作记账凭证。

12. √

五、问答题

1. 答:固定资产子系统具有如下特点:

(1)数据量大,数据保存时间长:固定资产子系统为每一项固定资产设置卡片进行管理,卡片上有着许多的项目,记录着极其丰富的数据,数据量较大。已经淘汰的固定资产的数据也需要保留,以加强固定资产的管理,保留必要的审计线索。因此,固定资产子系统不仅数据量较大,而且数据的保存时间较长。

(2)数据处理频率较低:固定资产的增减变动并不是企业经常发生的业

务,此类数据处理的频率极低。

(3)数据处理方式较为简单:固定资产的增减变动可以通过固定资产卡片的增加、删除以及编制各种固定资产变动单来处理,处理方法较为简单。固定资产每月计提折旧的处理,在计算机系统中,只需要在初始设置中定义好各种折旧方法的计算公式,并设置每一项固定资产的折旧方法,就可以在每月末执行折旧计算,由系统自动完成每项固定资产的折旧计提。

(4)管理要求高:固定资产是企业的重要资产,对之加强管理是非常必要的。

(5)与成本核算子系统和账务处理子系统存在数据传递关系:成本核算子系统中折旧费用的数据来自固定资产子系统折旧费用计提和分配的结果。固定资产的增减变动、折旧的计提分配、固定资产减值准备的计提冲回等形成的记账凭证须传递到财务处理子系统中去。

2.答:为了分类汇总的需要,固定资产编码可包含固定资产大类的信息、使用部门的信息、固定资产小类的信息。固定资产的大类信息可以反映固定资产的用途和使用情况;固定资产使用部门的信息一方面有助于固定资产管理责任的落实,另一方面有助于折旧费用的分配;固定资产小类的信息有助于固定资产的有效管理,这三种信息还有利于不同层次的分类汇总。

3.答:不同之处在于:原始卡片的开始使用日期应在本月份之前,新增卡片的开始使用日期应在本月份;原始卡片中可以显示月折旧额和月折旧率,但是新增卡片对应的固定资产还没有经过折旧的计提,还不能显示月折旧额和月折旧率。

4.答:在固定资产子系统中,有两种情况不允许结账:选择了"应制单业务没有制单不允许结账"时,只要存在未制单的业务,该月不能结账,这可以通过批量制单来处理;如果"对账不平允许月末结账"没有选中,这时只要两系统出现偏差,导致对账不平,就不能结账,而应当予以调整。

5.参见教材第八章第二节内容。

第九章 成本核算子系统

一、名词解释

1.完全分批法。是指企业生产的所有产品,包括需要核算的工序产品都是按批号计算成本的。采用这种方法需要输入批号数据。

2.部分分批法。是指企业有一部分产品采用分批法进行核算,同时也有不采用分批法核算的情况。采用这种方法需要输入分批核算的产品的批号数据。

3.分类法。是以产品类别作为成本核算对象,归集生产费用,计算产品成本的方法,采用这种计算方法,需要为每种产品定义产品大类。

4.品种法或分步法。是指产品成本核算过程中不划分批别与类别,完全按产品品种和核算步骤归集费用、核算成本的方法。采用该方法可以计算出每一步骤的产品成本。

5.废品回收表。它用于输入各产品的废品回收金额,这个金额可用于冲减各产品的原材料费用。在每个会计期间要输入需要直接冲减产品成本的废品回收金额,该表数据按部门生产的产品输入,可以查看以前已结账期间的数据,但不允许修改。如果没有废品回收金额冲减材料费用的情况,则本表可以不输入数据。

二、填空题

1.对间接费用在各部门内进行归集　对归集到部门下的费用,依据分配率在不同产品间进行分配

2.产品结构　产品品种

3.存货子系统

4.初始化设置　账表输出　自动转账

5.转账凭证设置　编制自动转账凭证　自动转账　账务处理

6.制造费用结转凭证　盘亏盘盈结转凭证

7.人工费用来源　折旧费用来源

8.成本中心

9.产品属性

10.净产量

11.父项产品　子项产品　逐步结转分步法

12.自动完成　分步完成

13.主管人员

14.输出各种账表　成本明细表　成本汇总表

三、不定项选择

1. A   2. B   3. D   4. C   5. A

6. ABCD   7. AB   8. ABC   9. ABCD   10. ABC

11. ABCD   12. ABCD

四、判断题

1. ×

解析:计算机环境下的成本核算方法可分为四种方法:完全分批法,部分分批法,分类法,品种法或分步法;而手工条件下的成本核算分为品种法、分步法、分批法和分类法。

2. ×

解析:选择记入制造费用和直接人工费用的人员类别,不同的人员类别只能属于制造费用和直接人工费用中的一种,所以在设置人员类别时,需要区分车间管理人员和车间的生产人员。

3. ×

解析:期初数据核对无误后,可以记账,但不允许修改期初数据。

4. √

5. ×

解析:废品回收表数据按部门生产的产品输入,可以查看以前已结账期间的数据,但不允许修改。如果没有废品回收金额冲减材料费用的情况,则本表可以不必输入数据。

6. ×

解析:只有用户在在产品分配率定义中选择了"按原材料占用"或"按产品约当产量"中的"每月变动"方法,才可以输入各产品的在产品约当系数。

7. √

8. ×

解析:如果用户发现已结账月份数据有误,可以通过执行"恢复结账前状态"的功能,修改并重新计算已结账月份的数据。

9. √

10. ×

解析:如果成本核算方法未选择"分类法",则不能够定义产品大类。

五、问答题

1.答:成本核算子系统是工业企业的会计信息系统中一个较为重要的子系统,它具有如下的特点:

(1)成本计算方法多样化。计算机环境下的成本核算方法可分为四种方法:完全分批法,部分分批法,分类法,品种法或分步法。

(2)成本计算数据流程复杂。由于企业可以使用不同的成本计算方法,确定不同的成本对象,采用不同的计算流程,而且各个流程之间差异甚大,成本核算子系统的算法较为复杂。

(3)管理要求高。成本的准确计算不仅能如实反映企业存货的状况,反映企业的销售成本和最终的利润,同时对于成本的管理和决策、计划和控制、预测和分析也有着极为重要的意义。

(4)与其他子系统数据交换多。成本的计算需要获得材料、工资、折旧和其他生产费用的数据,这些数据通常要从存货子系统、职工薪酬子系统、固定资产子系统和财务处理子系统获得。

2.答:企业的成本业务流程包括获得和输入各项费用数据,输入各种生产统计数据,计算成本,通过编制记账凭证将相关数据传递到账务处理子系统,并且将单位产品成本传递到存货子系统进行相关的数据处理。具体概括如下:

(1)根据存货子系统、职工薪酬子系统、固定资产子系统和账务处理子系统取得的数据,以手工方式输入其他费用数据,据此生成各种费用表记录,作为成本计算的费用数据来源。

(2)根据输入的生产统计数据、各种费用表记录和特定的成本计算方法,计算成本,形成各种费用结转记录。成本计算而得的单位产品成本数据传递到存货子系统。成本计算而得的各种费用结转记录传递到账务处理子系统。

(3)各种费用结转记录要过入总账。

3.答:成本核算子系统主要的功能模块应包括:初始化模块、业务处理、账表输出、自动转账和系统维护五个模块,每个功能模块下又可设置若干个相对独立的子模块。

(1)初始化设置。成本核算子系统的初始化设置主要是完成系统参数的设置、部门档案管理、产品结构定义、工序定义、产品属性定义、费用明细与总账接口定义、分配率定义、定额管理以及年初建账。

(2)业务处理。成本核算子系统业务处理主要包括:编辑各种费用表,获得和输入各种成本项目的费用数据；输入资产减少的数据；输入各种生产统计资料数据；输入每月变动的在产品约当数；输入自定义分配率的分配标准表；根据设置的成本计算方法、成本中心、成本对象、各项成本费用的分配率、各种费用表数据、生产统计资料数据、在产品每月变动约当数、分配标准表的自定义分配率进行成本计算；根据各项数据进行成本预测和成本分析，也可制定成本计划。

（3）账表输出。账表输出模块可以输出用户需要的有关成本的各种账簿、明细表、汇总表、分析表、预测表和计划表。如果所提供的报表不能满足要求，系统提供自定义报表功能，可以根据需要定义报表。

（4）自动转账。自动转账包括三个子模块：设置转账凭证、编制自动转账凭证和自动转账。该模块的作用是根据用户输入的业务数据生成记账凭证并自动传递到账务处理子系统。成本核算子系统定义四种凭证：制造费用结转凭证、辅助生产成本结转凭证、盘亏盘盈结转凭证和工序产品耗用结转凭证。记账凭证一般在业务处理中自动生成，对记账凭证进行确认以后，传递到账务处理子系统。

（5）系统服务。系统服务模块主要包括成本核算子系统相关数据的备份、数据恢复、系统维护和修改口令等功能。

六、小组讨论题（略）

第十章　会计报表子系统

一、名词解释

1. 财务状况报表。指反映企业的财产与资金状况的资产负债表，以及反映企业在一定会计期间现金和现金等价物流入和流出的现金流量表。

2. 外部报表。指企业向外提供给政府部门和企业外部与企业有经济利益关系的集团单位和个人的会计报表。

3. 汇总报表。指上级公司或行政管理部门根据所属企业报送的会计报表，连同本单位的会计报表，对报表各项目进行加总而编制的会计报表。

4. 表元。指组成报表的最小基本单位，它可以由它所在的行标和列标来表示。

二、填空题

1. 财务状况报表　经营成果报表　汇总报表　合并报表　简单报表　复合报表

2. 表体　主要表现区域　报表栏目名称　报表数据单元

3. Excel　数据接口　取数公式

4. 专用报表软件　通用报表软件

5. 表体　表尾

6. 报表设置　报表删除

7. 定义报表格式　定义报表公式

8. 报表审核　报表舍位平衡

9. 舍去一定位数以后,重新建立原来的平衡关系

10. 格式　数据

11. 报表格式　公式定义

12. 报表审核　报表舍位平衡处理

三、不定项选择

1. A　　2. C　　3. C　　4. ABCDEF　　5. BDACF

6. C　　7. B　　8. ABCD　　9. DE　ABCF　　10. ABCD

11. D　　12. ABCD

四、判断题

1. ×

解析:运用会计核算软件编制报表,应先进行报表设置,然后再填列报表数据。

2. √

3. ×

解析:会计报表表元中填写的数据是报表中具有完整意义的最小信息单位。

4. ×

解析:会计报表中的数据一方面可直接用会计科目的余额或发生额填列,另一方面可间接根据科目余额减去其备抵项目后的净额填列,或总账科目和明细科目余额分析计算填列,或本表其他项目计算填列。

5. √

6. ×

解析:在发生记账凭证未完全记账的情况下,企业编制报表时可以选择是否包含。

7. √

8. √

9. ×

解析:会计报表函数中的参数除了日期字符型要加引号外,其他的参数均不加引号。

10. ×

解析:会计报表处理系统中,报表删除只删除某时期的报表,不删除报表的结构。

11. √

12. √

13. ×

解析:会计报表的输出方式除了有屏幕显示输出、打印输出之外,还有磁盘输出和网络传输两种方式。

14. √

15. ×

解析:在会计报表子系统中,一般只能根据审核以后的报表公式取数、计算各个数据单元格的数值,而不能进行直接修改,修改只能针对报表公式,并且由具有一定权限的人执行,由此才能保证报表数据的真实性。

16. ×

解析:报表栏目名称定义了报表的列,报表项目名称定义了报表的行,横向表格线和纵向表格线形成的各个单元格的意义由报表项目名称和报表栏目名称共同决定。

17. ×

解析:报表的平衡公式中,每个公式一行,各公式之间必须用","隔开,最后一条公式不用逗号。

18. √

五、问答题

1. 答:会计报表子系统与其他子系统相比,具有以下特点:

（1）手工输入数据量少：报表子系统中，报表的主要数据来源是账务处理子系统、其他会计核算子系统、会计报表子系统自身，有时来自外部系统，只有少量数据来自手工输入。

（2）不设置报表数据的直接修改功能：在会计报表子系统中，一般只能根据审核以后的报表公式取数、计算各个数据单元格的数值，而不能进行直接修改，修改只能针对报表公式，并且由具有一定权限的人执行，由此才能保证报表数据的真实性。

（3）输出信息规范性强：对外法定报表输出的格式和内容应当符合企业会计准则、企业财务报告条例和企业会计制度的相关规定。

（4）通用性更强、适用面更广：通用会计报表子系统完全采用自定义的方式编制和分析会计报表，包括会计报表格式、会计报表公式和分析指标的自定义，因此能灵活的满足广大用户的多样化需要。

（5）图表并用进行报表分析：会计报表子系统具有一定的图形处理功能，能结合图、表进行更直观、更深入的分析。

2.答：一般会计报表的数据来源有以下几种情况：账务处理子系统的总账、明细账，以及其他子系统的辅助项目账取数；本表取数；其他报表取数；从系统外部取数，包括直接手工输入、软盘传入或通过通信线路传递等；从其他软件取数。

3.答：目前，国内报表软件按其制作方法分为三类：

（1）专用报表软件：使用系统或行业为特定需要而设计开发的报表软件，将会计报表的种类、格式和编制方法固化到程序中。其优点是：专用性强、运行数度快、使用简便；其缺点是：只能编制规定的专门报表，每增加一种报表，就需要编制相应的报表程序，因此通用性差，报表维护困难。

（2）通用报表软件：面向大多数用户的需求，采用符合财会人员习惯的方式，由用户定义报表格式和表内数据，而后生成需要的会计报表，同时针对不同行业编制了一系列常用的报表模板供用户选择使用。其优点是：通用报表软件在格式设计和数据处理方面，有着专用报表软件所不可比拟的灵活性、方便性和直观性，用户不需要懂得如何编制程序就可以通过选择预制的报表模板或者自行定义的方式编制各种各样的报表。

（3）电子表软件：Excel是大多数会计人员较为熟悉的表处理软件。其优点是：具有强大的数据分析、统计和图形处理能力。

4.答：在报表处理时，通过公式定义取数来源的情况有：

（1）报表数据主要来自账务处理子系统和其他核算子系统，这种取数主

要通过账务函数和其他核算子系统的函数来实现数据的调用;

(2)有的数据来自表内,这种取数可以直接通过表页序号和单元格坐标来调用;

(3)有的数据来自同一报表文件的不同表页,这种取数可以通过表页序号和单元格的坐标来调用;

(4)有的数据来自不同报表文件,这种取数可以通过表名、表页序号和单元格的坐标来调用。

5.答:报表的审核即可以通过命令窗的操作随时对部分数据进行审核,如果审核关系不等,将按照提示内容给出警告信息,也可以使用对话框输入审核公式进行审核,后一种方式设置的审核公式将随报表一起保存,随时可以对报表进行再次审核,而命令窗中的审核公式则不随报表保存。

6.答:计算机编制现金流量表的方法概括起来有以下几种:

(1)现金科目明细化法。现金科目明细化法是在现金科目下按现金流量表各项目设置明细科目,当每笔涉及现金业务发生时,按现金流量表的项目要求分析现金流向,然后选择相应的明细科目做账务处理,期末对各种现金明细科目进行汇总后,其发生额实际上就是现金流量表项目应分别填列的金额。

(2)辅助项目核算法。辅助项目核算法的思路是:将现金和现金等价物科目设置为辅助核算项目,其辅助核算项目可直接按现金流量表表外取数项目设置。在编制记账凭证时,将涉及现金流量变化和不涉及现金流量变化的事项按设定项目分类,期末根据项目总账统计表和项目明细统计表设置公式由计算机自动编制现金流量表。这种方法的原理实际上和第一种方法类似,不同之处在于它用账务处理中的辅助核算功能代替了现金科目下的明细账设置。

(3)标志字段法。设立标志字段方法的基本思路是:按影响现金流量变化和不影响现金流量变化分别建立标志字段,在输入记账凭证时对于程序能够根据对应科目自动区分的业务分别加以标记。对于计算机程序难以区分的一些涉及多借多贷的复杂业务,则由会计人员在输入凭证时或在编制现金流量表前手工操作计算机,对相应内容加以标示。期末根据不同的标记分别进行汇总自动填列现金流量表。这种编制方法是一种非常简便而且数据精度较高的处理方法,一些通用会计软件都采用此种方法。

(4)凭证摘要标注法。凭证摘要标注法的基本原理是:在输入收付现金及现金等价物的记账凭证时,在凭证摘要中标注所涉及的现金流量表行次,在设计现金流量表表外取数项目的取数公式时,直接按凭证库摘要字段中所涉及的现金流量表行次取数。其思路和上述三种方法类似。

7. 答:通常的做法是:由手工编制抵销分录,然后输入计算机,由计算机将存储在机内的母、子公司个别会计报表数据进行汇总并和调整分录数据进行加减,得出合并数,最后根据合并数编制合并会计报表。

第十一章 会计信息系统实施与控制

一、名词解释

1. 平行法。平行法是控制系统实施的最佳方法,应用平行法,新旧系统将同时运行一段时间,然后把两个系统的运行结果加以比较。如果新系统的运行情况令人满意,即可停止旧系统的运行;如果新系统的运行不太令人满意,则需要做重新修改完善后再试运行。相对而言,这种系统实施方法的风险较小。

2. 模块法。模块法是平行法和直接法两种系统实施方法的结合。新系统的安装与启用采用化整为零的方式,分成若干个子系统或应用模块依次安装与启用。每当一个子系统或者一个应用模块安装完毕,经过测试检查其运行良好后投入使用,然后再安装下一个子系统或应用模块。

3. 内部控制。内部控制概念的发展经历了四个阶段,即:内部牵制、内部控制制度、内部控制结构和内部控制整合框架。当前比较流行的内部控制概念是由 COSO 委员会在 1992 年颁布的报告《内部控制——整体框架》中提出来的。即,内部控制是一个提供合理保证的过程,受企业董事会、管理当局和其他员工影响,旨在保证财务报告的可靠性、经营的效果和效率以及现行法规的遵循,其构成要素来源于管理阶层经营企业的方式,并与管理的过程相结合。

4. 内部会计控制。它是指有关保护企业资产和保证会计记录可靠性的组织谋划和业务处理程序,包括经济业务的授权审批,企业资产的限制接触,保证会计分类、记录和报告体系准确可靠的一系列措施,如现金、银行存款内部控制制度,成本、费用内部控制制度,存货、固定资产内部控制制度以及会计处理内部控制制度等等。

5. 内部管理控制。它是指督促目标责任的落实与业务效率的提高的内部控制制度,如劳动人事制度、新产品研究开发制度、产品生产内部控制制度、产品销售内部控制制度以及电子信息和情报资料内部控制制度等。

二、填空题

1. 平行法 直接法 模块法

2. 系统测试 认可性测试 操作测试

3. 有偿服务

4. 数据共享 数据交换 会计信息系统

5. 计算机操作系统 计算机语言系统 数据库管理系统

6. 通用商品化软件 量身定做式定点开发软件 通用和定点开发相结合的软件

7. 内部会计控制 内部管理控制

8. 预防性控制 查错性控制 更正性控制

9. 不相容职务 利用职权舞弊

10. 组织控制 系统开发与维护控制 硬件与软件资源控制 系统安全控制

11. 输入 处理 输出

12. 控制环境 风险评估 控制活动 信息和沟通 监督

13. 内部环境 目标设定 事件识别 风险评估 风险回应

14. 开发 运行 维护

15. 加密措施

16. 企业负责人

三、不定项选择

1. A	2. B	3. C	4. C	5. B
6. B	7. A	8. B	9. ABC	10. ABCD
11. ABCD	12. AC	13. ABCD	14. ABCD	15. ACD
16. ACD	17. ABCD			

四、判断题

1. ×

解析:预防性性控制着重于事先防止不利事项(如差错或弊端损失)的发生,但属于被动性控制,因为其不是针对及时发现不利事项的发生。

2. ×

解析:任何系统的有效运作都有赖于健全的内部控制。但内部控制不是万能的,它本身存在一定的局限性,所以,只有内控并不能保证企业的一切都运行良好。

3. √

4. ×

解析:此定义说的是操作测试,认可性测试是指由使用者自己执行,检验系统运作的各方面是否令人满意和可接受。

5. √

6. ×

解析:系统维护并非都是因为系统出现故障,任何信息系统都要通过不断的改进以满足企业经营环境和管理需要的变化。

7. ×

解析:虽然两种环境下内控的目标是一致的,但是各项规章制度、组织措施、管理方法、业务处理手续等方面是不相同的。

8. ×

解析:内部控制不是固定不变的,当企业的情况发生了变化,原先设定的内部控制有可能不再适合新的情况。

9. ×

解析:电算审计岗位可以由会计稽核人员兼任,也可在企业内部审计部门设置,但不可以由电算会计兼任,二者属于不相容岗位。

10. √

五、问答题

1. 答:系统实施可以采用下列三种主要方法:

(1)平行法(parallel approach)。平行法是控制系统实施的最佳方法。应用平行法,新旧系统将同时运行一段时间,然后把两个系统的运行结果加以比较。如果新系统的运行情况令人满意,即可停止旧系统的运行;如果新系统的运行不太令人满意,则需要重新修改完善后再试运行。显而易见,平行法风险较小,因为原有的系统要等到新系统运行正常之后才停止使用。

(2)直接法(direct approach)。和平行法相比,直接法的风险较大。新系统一经启用,原有系统马上停止运作。新系统的运作结果无从比较,亦无法确定新系统的功能是否一定优于原有的系统。但直接法试运行成本较低,因为它不需要两套系统同时运行一段时间。

(3)模块法(modular approach)。这种方法是前两种系统实施方法的结合。新系统的安装与启用采取化整为零的方式,分成若干个子系统或应用模块依次安装与启用。每当一个子系统,或者一个应用模块安装完毕,经过测试检查其运转良好后投入使用,然后再安装下一个子系统或应用模块。模块法较之直接法风险小,一经发现问题可马上停止系统的转换,等问题解决后,下一个模块才安装与启用。

2.答:系统实施的主要步骤及其顺序如下:

(1)完成系统设计。在系统实施之时,必须完成有关系统的输入、输出、文件格式、屏幕规格、系统档案、手工操作和计算机处理等多方面的具体设计。

(2)计算机硬件设备和系统软件的购置和安装。一旦系统实体组成规划获得高层主管的批准,即可着手购买拟开发系统所需的软件和硬件,选择新系统的装置地点,做好各项安装前准备工作,以便新系统的安装和运行。

(3)编写、测试和描绘计算机程序。系统实施的下一步是编写计算机系统的作业程序、测试已编写的计算机程序、更正潜在的问题或进一步改善程序。同时,必须对各个作业程序做出描绘说明和记录。该项工作基本是由程序设计师完成。

(4)挑选与培训操作人员。制定有关培训人员和培训时间的决策时,企业必须进行成本效益分析。培训的途径一般包括:由软件、硬件供应商举办的培训;委托专门从事培训的公司或机构培训;企业内部自行培训;利用计算机辅助学习软件自我培训,等等。

(5)编写使用说明书。使用说明书详细描述新系统的手工操作或自动作业系统的各种功能和运作过程。说明书的主要内容包括使用者的责任、系统输入方式、计算机系统的沟通界面、手工或自动资料存档、作业控制流程、系统输出的形式,以及有关的手工或自动操作的处理步骤说明等。

(6)测试新系统。测试的方法包括:系统测试、认可性测试和操作测试。

(7)获取高层主管的批准。开发或实施小组人员要撰写项目完成报告提交给高层主管审批。

(8)新旧系统的转换。新旧系统的转换包括资料档案和应用程序的转换,必须建立完备的描述记录。

3.答:手工会计信息系统与计算机会计信息系统环境下各作业流程的风险与控制的差异分析列示如下表:

作业流程或要素	手工系统	计算机系统		
		特征	风险暴露	控制程序
资料搜集	资料记录于书面凭证；由人工检查资料来源的正确性。	资料获取可能不通过书面凭证；输入资料不需经操作员检查。	丧失部分审计脉络；某些疏忽或故意的差错可能进入系统。	由计算机系统打印多联式原始凭单；由计算机系统的编辑程序执行检查。
资料处理	由会计人员主观判断进行处理；处理作业由不同部门或职员分别执行；需要人工登录日记账和分类账，处理过程缓慢。	由计算机依据指令自动处理；全部处理集中由计算机完成；不需要人人登录账簿，处理过程快速。	指令差错可能导致不正确的处理结果；可能产生未授权资料处理；丧失部分审计脉络。	认真设计和检查计算机处理指令程序；限制接近计算机设备；程序变更必须经过明确的审批并记录；利用控制总和检查处理结果。
资料储存与读取	交易文件或凭证存置于不同部门；各个部门仅能接近部分或个别交易资料。	资料储存于磁性媒体；资料易被删除或不留痕迹修改；可能经由终端机从不同地点接收全部的储存资料。	未经授权可能接近盗窃或更改资料记录；资料可能无法直接使用；资料记录可能因疏忽或系统故障而被消除。	计算机硬件和软件的保安防护；限制对资料记录的接近（口令、密码）；定期打印资料文件；定期备份。
信息形成与输出	手工输出信息，数量一般较小；基本是书面形式输出。	快速产生信息输出，数量较多；产生多种形式的信息输出。	整洁打印输出可能使使用者忽略处理差错。储存于磁性媒体资料较之书面形式更易于被篡改。	由使用者检查输出，包括复核有关计算结果；对各种资料备份；定期把储存资料打印输出。

续表

作业流程或要素	手工系统	计算机系统		
		特征	风险暴露	控制程序
信息传送	一般经邮寄或人工传送。	通过电子通讯或网络传送。	未经授权人员可能接近篡改或毁损资料。	建立电子传送安全防护；资料编码后传送；检验已传送资料的正确性。
系统设备	简单、价格低廉、便于移动。	复杂、成本较高且安装于固定地点。	经营过程可能因系统故障而中断；系统运作因交易量小而低效运作。	紧急电源供应，必要的硬件配件；建立系统设备的安全防护；记录系统使用状况及作业状态。

4.答:内部控制是一个体系,不同的内部控制方式有着不同的作用范围,它们在纵横多个层次上协调工作,共同发挥其功能。内部控制方式主要有以下几种:

(1)授权控制方式。指任命一个恰当的管理人员来负责交易的授权,只有经授权人审核和确定的业务事项才可以进行会计记录和处理,那些未经授权人批准的会计事项,则不允许进入会计信息系统。

(2)顺序控制方式。指将反映业务事项的凭证记录按一定的规则(如发生日期的先后)进行排列,并用连续的编号进行标注,通过编号保持记录的系统性和完整性。支票、发票、重要的日记账、订购单等许多商业凭证都可采用这种方式来控制。

(3)总计数控制方式。指在顺序控制的基础上,对已入账事项的、分别产生于不同数据处理过程的两总计数进行比较,以反映可能的遗漏、重复或错误。如对明细账和总分类账的总计数进行比较;对复式记账凭证的借贷方总计数进行比较等。

(4)档案系统控制方式。指在各项经济业务发生前,先建立一个原始文件副本的系统档案,当所有业务开始执行后,每完成一个项目,就勾销一项,最后在档案系统中的未勾销项目就是没有完成控制目标的项目。

（5）进程控制方式。一些经济业务的完成要经过多个步骤或办理多道手续，这些步骤或手续承前启后，一环扣一环，下一个环节工作的开始是以上一环节正常结束为前提。进程控制是指将同一性质的经济业务按要求完成的先后进行排列，并按日程表的指示去执行。

（6）限制接近控制方式。指对某些行为，只限于已被授权的人员接近，未经批准的人员禁止接触。

（7）平行运作控制方式。指对同一经济业务的数据采用不同的处理方式，或由不同的人员来做相同或类似的处理，看是否得到相同或预期的结果。

（8）职责分工控制方式。职责分工控制方式的核心在于将不相容职务进行分离，对每一个职能部门或人员的职责进行明确的界定。各职能单元之间相互牵制，相互监督。

5.答：COSO委员会于2004年颁布了《企业风险管理框架》（ERM），认为其1992年发布的《内部控制——整体框架》只是包含在企业风险管理框架中的一体化部分，而企业风险管理框架是一个受到企业董事会、管理层和其他人员影响并在战略决策和整个企业中贯穿实施的过程。企业风险管理框架这个概念包含了以下基本内容：

（1）企业风险管理是一个过程。ERM不是一个事件或状态，而是贯穿于企业营运过程中的一系列活动，它是与企业的各种经营活动紧紧"缠绕"在一起的，是基于基本的商业目的而存在的。

（2）企业风险管理受到人的影响。ERM不只是一些政策、手册和表格，而是包括了企业中的每一个人。只有人才可能制定企业的目标，并设置风险管理的机制。反过来，企业风险管理又影响着人的行动。

（3）企业风险管理用于战略决策。ERM有助于企业管理层在战略决策时考虑与各种替代战略有关的风险。

（4）ERM是在整个企业中贯穿实施的。ERM既要考虑企业层面的活动，又要考虑部门层面的活动，同时还包括一些具体的经营过程。

（5）强调"风险偏好"（Risk Appetite）的概念。风险偏好是指一个企业在追求价值的过程中愿意接受风险的量，它直接与企业的战略相连。在战略决策中应用风险管理，可以帮助管理层选择与企业的风险偏好一致的战略。

（6）明确企业风险管理职能做到"合理"保证。ERM认为，不论设计及执行有多么完善，企业风险管理都只能为管理层及董事会提供达成企业目标的合理保证。

（7）与IC-IF相比，ERM提出了战略、经营、报告和遵循性四种目标，将IC

–IF 中内部控制的目标进行了拓展。

6.答:任何系统的有效运作都有赖于健全的内部控制。也就是说,必须建立一套必要的机制或程序,进行衡量、监控、调节,从而保证各系统实现其既定的目标。但内部控制不是万能的,它本身存在一定的局限性,表现在以下几个方面:

(1)内部控制措施的制定和实施要考虑成本效益原则。只有当一项控制所能给企业带来的效益大于其所花费的成本时,企业管理当局才会考虑设置并实施该项控制。

(2)因经营环境、业务性质的改变使内部控制削弱或失效。企业已有的内部控制是针对重复发生的业务设计的,而且一旦设置就具有相对稳定性。如果出现不经常发生或未预计到的经济业务,就会对该类业务缺乏控制能力,从而影响内部控制的效果。

(3)设计人原因引起的局限性。任何"完美"的内部系统,都会因设计人经验和知识水平的限制而带有缺陷;也可能由于制定者从局部利益出发,造成"控外不控内,控下不控上"的局面,使内部控制大打折扣。

(4)执行人原因引起的局限性。企业内部行使控制职能的管理人员滥用职权、蓄意营私舞弊;或者企业内部行使控制职能的人员素质不适应岗位要求,都将限制内部控制作用的发挥。

7.答:信息系统访问控制对于保护信息系统数据的完整性、保密性和安全性,区分系统使用者的权责具有重要意义,其控制措施主要包括:

(1)严格的机房守则。

(2)上机日志。上机日志是对每个上机操作者所完成的任务及运行情况的记录,可以提供检查线索,或故障发生时使数据恢复。

(3)账号审批制度。企业应当建立账号审批制度,加强对重要业务系统的访问权限管理。

(4)权限控制。企业应当对信息系统操作人员的上机、密码和使用权限进行严格规范,建立相应的操作管理制度。

(5)信息分级控制。企业应当对所有的重要信息进行密级划分,包括书面形式和电子媒介形式保存的信息。

(6)防病毒控制。企业应当定期检测信息系统运行情况,及时进行计算机病毒的预防、检查工作,禁止用户私自安装非法软件和卸载企业要求安装的防病毒软件。

(7)网络安全控制。企业应当充分利用操作系统、数据库、应用系统自身提供的安全性能,在系统中设置安全参数,以加强系统访问安全。

(8)备份制度。企业应当建立数据信息定期备份制度和数据批处理或实时处理的处理前自动备份制度(交易日志)。

8.答:处理控制是指对计算机系统进行的内部数据处理活动(数据验证、计算、比较、合并、排序、文件更新和维护、访问、纠错等等)进行控制。处理控制主要包括如下内容:

(1)业务时序控制。会计业务数据处理有时序性,某一处理过程的运行结果取决于若干相关条件过程处理的完成情况。

(2)数据流控制。数据流控制是指在一个数据处理过程中,为保证数据加工的正确性所进行的控制。

(3)数据备份及可恢复控制。该控制措施要求建立会计数据备份及恢复制度,要确定会计数据备份与恢复的责任人,明确其责任和权限;设立备查登记簿,登记备份的时间、数据以及保管方式,需要进行数据恢复的错误类型、恢复的时间、恢复到最近的具体日期等。

(4)断点技术控制。断电技术控制是指在断点上,程序运行能被外部干预或为监督程序中断。程序运行中断后,可以直观检查、打印输出或做其他分析。在断点可以通过计算机控制数据(主文件金额数、记录数、前一程序指令的序号等),发现错误可能出在程序运行的哪一个环节,从而及时更正错误,并从断点开始继续处理数据。

六、小组讨论题(略)

第十二章 信息系统安全与风险防范

一、名词解释

1.信息系统安全。指在计算机单机系统和网络系统的环境下,保护计算机和网络设备设施以及数据不受偶然或恶意的侵入和破坏,检测、防范和抵御来自系统内部和系统外部的各种风险,确保信息传输、信息处理和信息存储全过程的正常运作,保证信息系统功能正确可靠的实现。信息系统安全一般应包括计算机单机安全、计算机网络安全和信息安全三个主要方面。

2.计算机网络安全。指在计算机网络系统环境下的安全问题,主要涵盖两个方面,一是信息系统自身即内部网络的安全问题,二是信息系统与外部网络(如:Internet)连接情况下的安全问题。

3. 信息安全的不可否认性。是指信息的传输、处理和存储过程有据可查,不能否认过去真实发生的对信息的访问和操作。

4. 计算机信息系统可信计算基(TCB)。指计算机系统内部保护装置的总体,包括硬件、软件和负责执行安全策略的组合体。

5. 隐蔽信道。指允许进程以危害系统安全策略的方式,来传输信息的通信信道。

6. 信息系统风险。指由于各种不确定、不可控因素的作用和其他潜在危险因素的存在,导致信息系统无法正常运行、功能无法正常发挥,从而无法取得预期结果的可能性。

7. 追踪力。指根据一笔会计记录向前追查至相关原始资料的各种信息,以及向后追寻至相关账簿、报表的信息处理能力。追踪力又可称为"可审计性",留下有关的审计线索,便于日后审计工作的进行。

8. 防火墙。指设置在可信任的企业内部网和不可信的外部网(如:Internet)之间的一个或一组安全防范系统,执行系统设定的允许、拒绝或监测等安全策略,控制和追踪内部网络与外部网络之间的信息交流和其他活动,起到屏障的作用。

二、填空题

1. 物理层　数据链路层　网络层　会话层　应用层
2. 可信性　完整性　保密性　可用性　不可否认性
3. 用户自主保护级　系统审计保护级　安全标记保护级　结构化保护级　访问验证保护级
4. 风险　风险防范　监管
5. 购买的软件与企业的会计核算和会计监督不相适应
6. 分析企业自身的需求在先,选择产品在后　需求
7. 数据包过滤防火墙　应用级网关防火墙
8. 框架　审计指导原则　管理指导原则

三、不定项选择

1. A　　2. C　　3. B　　4. A　　5. A
6. ABCD　7. AD　8. ABD　9. ACD　10. ABD

11. ABC   12. BCD.

四、判断题

1. ×

解析:传输层负责上下层连接的建立和断开,进行流量控制,并允许多重传输——在同一网络线路上同时进行多个虚拟的数据传输。

2. ×

解析:数据传输由最上层传到最下层,而不是相反。

3. ×

解析:购买了过于高档和昂贵的计算机硬件系统,可能造成资源的闲置和资金的浪费,企业不能过分追随潮流,选择和购买太高档的硬件,但也要有一定的前瞻性,所以应该在两者之间找到一个恰当的平衡点。

4. ×

解析:这里的成本预算应包括两个方面的成本:一是会计软件的购买成本,即软件的销售价格;二是会计软件的执行成本,这很可能是一笔相当大的支出,对于高端的会计软件更是如此,甚至会超过软件的购买成本,而这部分成本在进行购买决策时却往往被忽略。

5. √

6. ×

解析:目前的会计软件正在由核算型向管理型转变,还没有达到向决策支持型发展的阶段。

7. ×

解析:进行差错纠正和流量控制,当数据出现差错时要求数据重新发送,当数据流量过大时,要求数据发送者减缓发送速度是数据链路层的功能,而不是网络层的功能。

8. ×

解析:上述实际上是批处理的特征。

五、问答题

1. 答:网络安全就是贯穿于物理层、数据链路层、网络层、传输层、会话层、表示层和应用层这七个层次的安全问题,具体包括五个方面的内容:

(1)物理层的安全。确保网络物理连接和设备的安全,防止物理信道受到损坏、攻击和干扰。

（2）数据链路层的安全。采用数据加密等技术确保数据链路传输数据的保密，防止信息的泄露，保证数据链路层的正常运行及其功能的正常发挥。

（3）网络层的安全。保证路由选择的正确运行，防止通过网络传输的数据被非法或未经授权的监听、拦截和窃取。

（4）传输层的安全。这一层次常用的协议是传输控制协议（TCP）和用户数据报文协议（UDP），确保各个传输连接的可靠和顺畅。

（5）应用控制组的安全，即保证运行在操作系统之上的 WEB 服务、电子邮件等各种网络应用服务的安全，主要包括操作系统的安全、应用平台的安全和应用系统的安全等。

2. 答：信息系统安全一般应包括计算机单机安全、计算机网络安全和信息安全三个主要方面。

（1）计算机单机安全主要是指在计算机单机环境下，硬件系统和软件系统不受意外或恶意的破坏和损坏，得到物理上的保护。

（2）计算机网络安全是指在计算机网络系统环境下的安全问题，主要涵盖两个方面，一是信息系统自身即内部网络的安全问题，二是信息系统与外部网络连接情况下的安全问题。

（3）信息安全是指信息在传输、处理和存储的过程中，没有被非法或恶意的窃取、篡改和破坏。

（4）三者的关系：信息安全是信息系统安全的核心问题，计算机单机安全和网络安全的实现都是为了确保信息在传输、处理和存储全过程的安全可靠；计算机单机安全和网络安全是确保信息安全的重要条件和保证，信息安全贯穿于计算机单机安全和网络安全的所有环节。计算机单机安全、网络安全和信息安全三者之间是紧密联系、不能割裂的，只有计算机单机安全、网络安全和信息安全都得到切实的保障，才能保证信息系统功能的发挥和目标的实现，真正起到为管理决策提供信息和支持的作用。

3. 答：我国有关部门将信息系统安全保护能力划分为用户自主保护级、系统审计保护级、安全标记保护级、结构化保护级、访问验证保护级等五个由低到高的等级。

第一级是用户自主保护级。这一等级的 TCB，通过隔离用户与数据，使用户具备自主安全保护的能力。这一等级的计算机信息系统具有多种形式的控制能力，对用户实施访问控制，即为用户提供可行的手段，保护用户和用户组信息，避免其他用户对数据的非法读写与破坏。

第二级是系统审计保护级。这一等级的 TCB，实施了比用户自主保护级精度更细的自主访问控制,通过登录规程、审计安全性相关事件和隔离资源,使用户对自己的行为负责。

第三级是安全标记保护级。这一等级的TCB,具有系统审计保护级的所有功能并有所扩展,提供了基本的强制访问功能。这一等级的信息系统应提供有关安全策略模型、数据标记以及主体对客体强制访问控制的非形式化描述,具有准确地标记输出信息的能力,并能消除通过测试发现的任何错误。

第四级是结构化保护级。这一等级的TCB,建立在一个明确定义的形式化安全策略模型之上,要求将第三级中的自主和强制访问控制扩展到所有主体与客体,并考虑隐蔽通道。

第五级是访问验证保护级。这一等级的TCB,应能够满足访问监控器的需求,访问监控器负责仲裁主体对客体的全部访问。访问监控器本身必须是足够小、抗篡改、并且能够进行分析和测试。为了满足访问监控器需求,在构造TCB时,必须去除那些对实施安全策略来说并非必要的编码;在设计和实现TCB时,应该将其复杂性降低到最低程度。这一等级的计算机信息系统还应支持安全管理员职能,扩充审计机制,当发生与安全相关的事件时发出信号,并提供系统恢复机制。这一等级的系统具有很高的抗渗透能力。

4.答:信息系统风险将直接或间接地影响企业的经营活动,甚至影响到整个企业的持续经营能力。进行风险分析防范,一般可以依照如下的步骤:识别潜在的风险及其原因;设计并执行相应的控制措施,以防止风险的发生;在防范措施无法实行或失效的情况下,设计并执行补救措施,尽量减少风险所造成的影响。

5.答:会计软件选择的主要风险就在于购买的软件与企业的会计核算和会计监督不相适应,无法真正发挥应有的作用,既浪费了企业的人力、物力和财力,又产生了潜在的风险。所以,为了最大限度地降低风险,会计软件的选择应遵循"分析企业自身的需求在先,选择产品在后"的基本原则,以需求为出发点,关注不同会计软件的特点,评价各种产品的优势和缺陷,谨慎地做出购买决策。

(1)在会计软件的选择过程中,首先要仔细分析企业自身的需求,这是最为重要的一个步骤。企业应该考虑自身的经营特点、经营方式、组织结构等多方面因素,针对自身的需求,选择最适合企业自身特点的会计软件。

(2)企业要制定合理的成本预算。在大多数情况下,这是企业所必须考虑的。成本预算应包括两个方面的成本:一是会计软件的购买成本,二是会计软件的执行成本。

(3)企业还应该"货比三家",了解和评价不同会计软件的特点和缺陷。

6.答:会计软件评价指标体系由可靠度、易用度、灵活度、支持度和功能度五个一级指标构成:

(1)可靠度是指会计软件对会计信息完整性、真实性和准确性的保证程度,这是评价会计软件最为重要的指标。可靠度可以用追踪力、控制力和持续力三个二级指标来衡量。追踪力是指根据一笔会计记录向前追查至相关原始资料的各种信息,以及向后追寻至相关账簿、报表的信息处理能力。控制力是指对用户操作会计软件时所进行的一定程度的控制,确保会计信息数据的安全、完整和准确。持续力是指会计数据在受到破坏的情况下,恢复的能力、时间和程度,例如会计软件中的强制备份功能。

(2)易用度是指会计软件是否易学易用,是否便于用户的操作。易用度可以通过呼应力和指导力两个二级指标来评价。呼应力是指会计软件对于用户操作的反应能力;而指导力则是指会计软件能否在用户进行操作时给予明确有效的帮助和指导。

(3)灵活度也可称为会计软件的弹性,包括集成力、报告力和参数设置三个方面。

(4)支持度包括两个方面:一是软件设计语言是否便于用户自行对会计软件进行更新和维护,二是软件开发商提供的售后技术支持。

(5)功能度主要是指会计软件除了通常的会计核算功能以外,还具有哪些其他拓展的功能,

7.答:内部风险是来自系统内部和企业内部的对会计信息系统所造成的风险,常见的内部风险及其防范措施包括:

(1)公司内部人员未经授权进入和使用会计信息系统,以及更为严重的内部黑客行为。为了防止这一风险,可采取三个主要防范措施:一是设置良好的用户名称和密码保护系统,以确保只有可靠的人员和经过授权的人员才能进入和使用会计信息系统;二是终端操作人员的招聘应有严格的程序,并且定期进行培训和诚信教育,提高员工的道德素质;三是设立系统监督人员,对终端用户及其相应的操作日志进行检查和监督。

(2)计算机硬件和会计软件的技术故障。相应的防范措施包括:谨慎地选择计算机硬件和会计软件,在会计信息系统建立阶段就尽可能将风险降低到最低程度;用户自行对软件程序进行修改和更新必须经过严格授权,只能由胜任的人员进行,并且修改过程要特别小心,应由专人进行严格的监督;修改完毕后必须进行全面的测试,以确保今后系统运行顺畅;最后还需要进行一次

检查和复审才能正式开始运行,保证事先计划要修改的部分都已正确修改,而原先未打算修改的部分均没有被秘密地篡改;备份会计软件以前所有的版本,以便日后发生系统技术故障时可以迅速地恢复为以前的版本。

(3)人为使用和操作不当。防范此风险的措施是:招聘合格的员工,进行上岗培训,并定期进行后续教育;选择和使用具有清晰明了的用户友好界面的会计软件,并且有充分的输入控制,保证数据输入的准确性。

(4)与会计信息系统相关的重要岗位人员的离职,将对公司造成重大的影响。这一方面要靠公司管理人员的管理艺术和能力,通过物质和精神手段,挽留住重要岗位的人员;另一方面还应培训后备人员,确保可以及时填补关键人员离职后的岗位空缺。

8.答:外部风险是来自系统外部和企业外部对会计信息系统所造成的风险,常见的外部风险及其防范措施如下:

(1)计算机病毒感染。计算机病毒致使计算机崩溃、网络瘫痪、重要数据丢失。具体的防范措施有:①购买并安装防病毒软件,并及时对其进行升级和更新;②当系统通过互联网与外界连接时,最好要设置病毒"防火墙";③计算机病毒还经常通过软盘和可移动磁盘传播,运行软盘或可移动磁盘上的文件时应先经过病毒检查,或者甚至禁止使用这些设备。

(2)通过互联网从系统外部非法侵入会计信息系统,即所谓的黑客侵入和攻击。利用防火墙技术进行用户访问控制是较为常用和有效的安全防范手段。

(3)自然灾害和突发风险。自然风险如闪电、火灾、水灾等,以及人为造成的突发风险,都可能对计算机系统造成破坏,从而影响会计信息系统的正常运行。防范这类风险的方法包括事前的防范措施和事后的恢复措施。事前的防范措施有:关键的计算机设备应配备不间断电源供应装置,日常应对重要的数据进行备份等。事后的恢复措施有:硬件的恢复以及软件和数据的恢复等。

六、小组讨论题(略)

第十三章 管理决策报告与决策支持系统

一、名词解释

1. 决策。所谓决策是指决策者对决策系统的发展方向、阶段目标及为了实现目标,所应采取的方针、路线、政策、计划、组织、人事、条件、方式和方法等所作决定的行为过程。

2. 管理决策。公司管理决策主要是指公司管理人员为了实现一定的目标,运用科学的理论和方法,并依靠自身的经验和主观判断,对不同的可选方案分析利弊、权衡得失,从而确定最终实施方案的过程。

3. 计划预算报告。指管理人员为了实现特定的经营目标,对公司未来的生产经营活动进行预期,所编制的一套相互关联的报告。计划预算报告通常包括财务计划报告和非财务计划报告。

4. 控制分析报告。是在计划预算报告的基础上,为了对计划实施过程进行监督、评价和控制而编制的报告。控制分析报告通过列示基准水平和实际水平,显示两者之间存在的重大差异,便于管理当局发现和分析差异,深入调查差异的原因,从而确保公司经营管理和决策按照计划进行。

5. 财务会计报告系统。财务会计报告系统是向会计信息使用者提供有关受托责任和决策有用的信息,该系统提供的报告主要包括资产负债表、利润表和现金流量表等,便于使用者了解公司的财务状况、经营成果和现金流量等情况。财务会计报告系统应当遵循一般公认会计原则,留有审计线索,才能为公司外部使用者提供可靠、相关和及时的财务会计信息。

6. 可控制成本。指责任中心可以预计的、可以计量的、可以调节控制或施加影响的成本。

7. 决策支持系统。指为管理决策过程提供支持的计算机信息系统,可以针对特定的管理决策,为管理人员的决策过程提供决策支持的系统。

8. 专家系统。专家系统是一种模拟人类专家解决问题时所运用的知识和推理过程的计算机系统,它一般由知识库、推理机和用户界面构成。

9. 文件布局。文件布局是指文件及其中数据的排列和结构,包括文件各组成部分的顺序和大小等。

二、填空题

1. 古典决策理论　现代决策理论
2. 短期决策　多目标决策　基层决策
3. 信息的搜集　信息的定性和定量分析
4. 公司内部管理决策报告　外部决策报告
5. 基准水平　实际水平　重大差异
6. 横向报告系统　纵向报告系统
7. 完善的系统结构　丰富的系统功能　健全的安全控制
8. 分步成本系统　混合成本系统
9. 成本中心　收入中心　利润中心　投资中心
10. 数据库软件系统　高层管理型信息系统　决策支持系统
11. 模型库子系统
12. 专家系统　传统决策支持系统　智能决策支持系统

三、不定项选择

1. C　　　2. A　　　3. B　　　4. D　　　5. C
6. ABC　7. ABD　8. ABC　9. CD　　10. ABC
11. ABCD　12. ABCD

四、判断题

1. ×

解析:从古典决策理论发展到现代决策理论,是决策理论的重大进步,使决策理论更符合客观现实。但是,这并不意味着古典决策理论已经失去了存在的价值,因为古典决策理论是现代决策理论的基础,其中许多内容得到了进一步的继承和发展。

2. ×

解析:除了经济因素外,非经济因素对于可行方案的评价也是非常重要的,它包括自然环境、法律制度等因素。

3. √

4. ×

解析:除了财务计划报告以外,计划预算报告的另一种类型是非财务计划报告,比如:人事部门编制的新员工招聘计划报告、制造部门编制的仓库空间利用状况的计划报告等等。

5. ✓

6. ×

解析:分批成本系统主要适用于小批量生产以及不同批次产品之间存在较大差别的情况。

7. ×

解析:固定成本大部分属于不可控成本,但也要具体问题具体分析,有些固定成本属于可控成本。

8. ×

解析:决策支持系统不是代替管理人员进行决策,而是辅助决策。它只是一种以特定形式辅助决策的科学工具,最终的决策还是要管理人员来做出。

9. ✓

10. ×

解析:专家系统局限于较窄的范围,强调专用性;而决策支持系统作用的范围较广,强调通用性。

五、问答题

1. 答:对于两种决策论的观点与比较,详见下表:

	古典决策论	现代决策论
理论基础	经济人	社会人
对结果的可知性	决策者无法知道所有可选方案以及各个方案的可能结果	决策者无法知道所有可选方案以及各个方案的可能结果
衡量标准	最优决策	满意度
假定	决策的相关条件不会发生变化	各种条件和因素会发生变化
决策过程	程序化决策	程序化决策和非程序化决策两种决策过程

2. 答:一般来说,管理决策的过程可概括为以下五个阶段:识别决策对象,明确决策目标;寻找可行方案,确定方案集合;分析可行方案,做出综合评价;运用分析方法,选择合理方案;实施所选方案,追踪方案实施。

(1)识别决策对象,明确决策目标。决策对象的识别,就是要分析确定决策所要解决的问题。识别了决策对象之后,就可以针对决策问题确定决策目标。

（2）寻找可行方案,确定方案集合。这个阶段需要区分为两个步骤:第一,尽可能地列举出各种可能的选择方案;第二,对可选方案进行缩减,确定可行的选择方案集合。

（3）分析可行方案,做出综合评价。评价可行方案需要考虑经济因素和非经济因素。评价各个可行方案主要是信息的搜集以及信息的定性和定量分析,为下一步方案的最终选择和确定提供决策有用的信息。

（4）运用分析方法,选择合理方案。根据前一阶段搜集的信息以及对各个可行方案的评价,管理人员可以运用各种科学的分析工具和评价指标,如:投资报酬率、净现值和期权模型等等,从而选择出最佳或最满意的方案。

（5）实施所选方案,追踪方案实施。选择了最佳或最满意方案之后,管理人员就要组织方案的具体实施。在实施所选方案的过程中,要通过信息的反馈不断进行分析、控制和修正,追踪方案的实施,以确保方案按照计划顺利开展,最终实现事先确定的决策目标。

3.答:管理决策报告根据不同的标准进行划分,可以有不同的划分内容。

（1）管理决策报告根据不同的用途,可以分为公司内部管理决策报告和外部决策报告两大类。常见的内部管理决策报告包括计划预算报告、控制分析报告和经营活动报告等等。外部决策报告有年度财务报告,各种纳税报告等。

（2）管理决策报告根据内容的重要程度,可以分为战略管理决策报告和战术管理决策报告。

（3）管理决策报告根据时间跨度,可以分为长期报告、短期报告和历史报告。

（4）管理决策报告按照内容涉及的空间范围,可以划分为公司报告、部门报告和个体报告等。

（5）管理决策报告按照报告的频率,可以划分为定期报告和不定期报告。

4.答:管理决策报告系统要有效地发挥作用,符合管理决策的需要,一般应具备以下几个条件:

（1）完善的系统结构。管理决策报告系统的结构应尽可能合理、完善。

（2）丰富的系统功能。管理决策报告系统应便于管理人员的使用。通常管理决策报告系统应具有一定的灵活性,用户可以定制报告的格式;还应有丰富的图表功能,使管理人员可以清晰直观地获取信息。

（3）健全的安全控制。管理决策报告系统应有严密的多层次的安全控制机制,并且根据不同的职位分配不同的权限,保证授权的用户可以及时地获取所需的信息和报告,防止未经授权的用户获取公司的机密信息和报告,抵御电脑病毒的感染和黑客的攻击等。

5.答:决策支持系统产生至今的二十多年来,其基本结构主要有两库结构、三库结构、四库结构和基于知识的系统结构等。

(1)两库结构。是指决策支持系统是由终端用户、对话子系统、数据库子系统和模型库子系统组成的两库结构。①数据库子系统,由数据库和数据库管理系统两大部分组成,其功能包括对数据的存储、检索、处理和维护,并能从来自多种渠道的各类信息资源中获取数据,把它们转换成符合系统要求的各种内部数据。②模型库子系统,是决策支持系统的核心,是最重要的也是较难实现的部分,它包括模型库和模型库管理系统两个部分。模型库中存放的模型有两类:一类是标准模型,这些模型按照某些常用的程序设计语言编程;另一类是由用户应用建模语言建议的模型。③对话子系统,是决策支持系统的人机交互界面,负责接受和检验用户的请求,协调数据库模型库系统之间的通信,为决策者提供数据收集、问题识别以及模型的构造、使用、改进、分析和计算等功能。④终端用户,由于不同用户所处的管理层次、组织功能以及个人的教育背景和学识水平有所不同,因此会有不同的决策信息需求。终端用户的这些特性,将会影响决策支持系统的设计开发以及系统硬件和软件的选择。

(2)三库结构。在两库结构的基础上,将常用的决策方法,如优化方法、预测方法以及矩阵方程法等等,从模型库中分离出来,并独立形成方法库,即决策支持系统是由数据库、模型库和方法库组成三库结构。

(3)四库结构。四库结构是在三库结构的基础上,增加了知识库。知识库使决策支持系统能解决用户个性化的问题,其中存储了相关问题的各种知识、数据和模型等等。同时,知识库的存在也使传统的决策支持系统发展为智能决策支持系统。

(4)基于知识的系统结构。这种基于知识的系统结构实际上是四库结构中的基本部件组合发展而来的。知识系统是统一和整合了四库结构中的数据库、模型库、方法库和知识库,为决策支持系统解决用户问题提供帮助。

6.答:专家系统是决策支持系统的新发展,两者具有一些共同点,比如:都是用来辅助决策者进行决策,都是面向非结构性和半结构性的决策问题,都强调决策有效性的改善等等。同时,两者之间也有许多的不同之处,主要有以下几点:

(1)两者的目标不同。决策支持系统是利用系统中的数据和模型,为决策者提供决策支持;而专家系统是为决策者的决策提供专家水平的咨询和建议。

（2）两者的作用范围不同。决策支持系统作用的范围较广,强调通用性,适用于处理各种特定的问题;而专家系统往往局限于较窄的范围,强调专用性,适用于在狭窄的问题领域为决策者提供专家建议。

（3）两者的系统特性不同。决策支持系统是一种开放型的系统,而相对而言,专家系统是一种封闭型的系统。根据通常意义上的定义,开放型系统是指一种具有规定标准的系统,它能够容易地与遵循相同标准的其他系统相互连接;而封闭型系统是指一种类型的信息系统,其接口仅仅适用于某种类型的计算机系统。

（4）两者的功能特点有所不同。决策支持系统的数据库中一般只存有决策信息,而专家系统的知识库中不仅有决策信息,还包括决策规则和策略等。因此,专家系统具有推理和解释能力,而决策支持系统则不具备这样的功能。

（5）两者的使用灵活性不同。决策支持系统的使用者可以在数据操作和模型选择等方面自行进行处理,具有较大的灵活性;而专家系统的使用者则往往很少甚至没有这样的灵活性。

由上可见,决策支持系统和专家系统之间既有联系又有区别,因此两者可以进行整合,相互促进、相互补充,从而具有更强大的功能、发挥更大的作用。

六、小组讨论题(略)

第十四章 企业资源规划(ERP)

一、名词解释

1.订货点法。订货点法是在计算机产生之前的条件下,为避免缺货的发生而提出的一种按过去的经验预测未来的物料需求的方法。这种方法的实质是着眼于"库存补充"的原则。库存补充的原则是保证在任何时候仓库里都有一定数量的存货,以便需要时随时取用,当库存低于某一数量时,就发出订单,进行采购,补充存货。这一数量被称为"订货点"。

2.闭环。所谓闭环有两层意思:一是把生产能力计划、车间作业计划和采购作业计划纳入MRP,形成一个闭环式系统;二是在计划执行过程中,必须有来自车间、供应商和计划人员的反馈信息,并利用这些反馈信息进行计划调整平衡,从而使生产计划方面的各个子系统得到协调统一。

3.ERP。它是利用现代信息技术,将以系统化计划管理为核心的一系列先进管理思想运用于企业管理之中,面向整个供应链,以合理配置企业所有内外资源为目标的一种综合管理应用体系。

4.供应链管理。供应链管理是在满足服务水平需要的同时,为了追求系统成本最小而采用的把供应商、制造商、仓库和商店有效地结合成一体来生产商品,并把正确数量的商品在正确的时间配送到正确地点的一套方法。

5.敏捷制造。指当市场上出现新的机会,而企业的基本合作伙伴不能满足新产品开发生产的要求时,企业组织一个由特定的供应商和销售渠道组成的短期或一次性供应链,形成"虚拟企业",把供应和协作单位看成是企业的一个组成部分,运用"同步工程",组织生产,用最短的时间将新产品打入市场,时刻保持产品的高质量、多样化和灵活性。

6.BPR。BPR 也就是业务流程再造,是从根本上重新考虑并彻底重建企业的业务流程,其目的是在成本、质量、服务和速度等方面取得显著的改善,使企业能最大限度地适应以顾客、竞争、变化为特征的现代企业经营环境。它具有三个特点:一是以改善企业经营绩效为目的,二是对整个供应链范围内的业务流程所进行的根本性重组,三是一般要结合信息技术的应用而进行。

7.电子商务。电子商务是通过电子方式进行的商务活动。它通过电子方式处理和传递数据,涉及许多方面的活动,包括货物电子贸易和服务、在线数据传递、电子资金划拨、电子证券交易、电子货运单证、商业拍卖、合作设计和工程、在线资料、公共产品获得。它包括了产品和服务、传统活动和新型活动。其实质就是充分利用电子技术、信息技术和网络技术来替代传统的手段和工具,完成市场分析、物料采购、产品销售、物流配送、资金的结算与支付和客户服务等各种商务活动的全过程。

8.质量管理。质量管理旨在生产用户满意的产品。质量管理为各个阶段的质量检测提供支持工具,包括采购和生产过程,并为客户提供跟踪查询的功能。

二、填空题

1.库存管理
2.订货点法　时段式 MRP　闭环式 MRP　MRP Ⅱ
3.一贯性　可行性　一个计划
4.计划主导型　企业整体效益最大化

5. 闭环式 MRP　财务管理和模拟

6. 物流信息　物流信息与资金流信息　供应链

7. 以改善企业经营绩效为目的　对整个供应链范围内的业务流程进行根本性重组　一般结合信息技术的应用而进行

8. 基本系统　后勤系统　财务与会计系统　人力资源管理系统

9. 前期工作　实施准备　模拟运行及用户化　切换运行　新系统运行巩固提高

10. SAP　Oracle　用友

11. 混合方式　生产方式的混合　经营方式的混合　多种行业、多种业务的混合

12. 管理思想　软件产品　管理系统

三、不定项选择

1. B　　　2. C　　　3. A　　　4. ABCD　　　5. ABCD

6. ABD　　7. BCD　　8. ABCD　　9. ABC　　　10. ABC

四、判断题

1. ×

解析:ERP 是一种综合管理应用体系。不要错误地认为 ERP 仅仅是一种计算机软件。实际上,ERP 更是一系列管理思想的综合,不过是通过计算机软件等现代信息技术而付诸企业管理实践。

2. ×

解析:敏捷制造和精益生产的目的是一致的,那就是提高响应市场的速度,降低成本,提高产品的质量。但为了达到这个同样的目的,两者强调的途径不同。精益生产强调改善内部生产过程,而敏捷制造强调利用外部的资源。

3. ×

解析:ERP 与 MRP Ⅱ相比,已经不仅仅适用于制造行业,也适用于公用事业、交通运输、金融证券、商业流通、建筑、信息服务、新闻媒体等几乎所有行业。

4. √

5. ×

解析:MRP"融合"于 MRP Ⅱ之中,而 MRP Ⅱ"融合"于 ERP 之中,作为 ERP 物流和资金流管理的核心模块而存在,MRP、MRP Ⅱ并没有消亡。ERP

是一个高度集成的管理系统,它扩展了 MRP Ⅱ,在多个方面对 MRP 和 MRP Ⅱ 进行了拓展;ERP 并没有否定 MRP 和 MRP Ⅱ,而是对其所作的一种发展。

6. ×

解析:ERP 实施情况是 ERP 效益发挥的一大瓶颈因素。所以实施是一个极其重要的环节。

7. ×

解析:全面运行并不代表实施取得成功和结束,因为在新系统全面运行的初期,还会遇到许多实际的具体问题。ERP 项目小组应当协同具体岗位的操作人员,提出方案,解决问题。在 ERP 系统运行基本稳定之后,有必要对系统实施结果作一个小结和自我评估,以判断是否达到了最初的目标,并且以此为基础确定下一阶段的工作方向。

8. √

五、问答题

1. 答:订货点法是在计算机产生之前的条件下,为避免缺货的发生而提出的一种按过去的经验预测未来的物料需求的方法。这种方法的实质是着眼于"库存补充"的原则。库存补充的原则是保证在任何时候仓库里都有一定数量的存货,以便需要时随时取用,当库存低于某一数量时,就发出订单,进行采购,补充存货。这一数量被称为"订货点"。

订货点法在实际应用中存在着不少缺陷,主要表现在以下几个方面:

(1)订货点法是针对零部件的,而不是针对产品的。订货点法不考虑物料项目之间的配套关系,各项物料的订货点分别独立地加以确定。

(2)订货点法使用一段时期内的耗用量除以时间所得的平均值来计算单位时间的需求量,这种计算隐含着一个前提假设:库存项目的需求是连续发生,需求相对均匀,库存消耗稳定。在此前提下,计算出的订货点才有意义。但这种假设在现实中通常是不成立的。

(3)"库存补充"原则过于武断。

(4)在订货点法中,假设订货提前期是固定的已知值。在现实情况下,对于同一项物料,实际的订货提前期可能在一定范围内变化。

(5)确定订货时间的方法不合理。

2. 答:时段式 MRP 对订货点法进行了一定的改进,本身还存在缺陷。

(1)时段式 MRP 对订货点法的改进

为了解决订货点法没有考虑物料项目之间的配套关系的问题,时段式

MRP通过产品结构文件(亦称物料清单,BOM)把所有物料的需求联系起来,考虑不同物料需求之间的相互匹配关系;为了准确回答何时订货的问题,时段式MRP对物料的库存状态数据加上了时间坐标,也就是按具体的日期或计划时区记录库存状态数据,这样就可以准确地回答和时间有关的各种问题。

(2)时段式MRP的缺陷

时段式MRP能根据有关数据计算出相关物料需求的准确时间和数量,与订货点法相比有了质的进步,但是,它只局限在物料需求方面,没有考虑到企业现有的生产能力和采购能力等有关条件的约束;时段式MRP得出的物料需求有可能因设备和工时的不足而没有能力生产,或者因采购能力的限制而无法及时获得必需的物料;由于物料需求计划没有涉及车间的作业计划和分配,因此不能满足以最佳顺序安排作业和有效利用设备的要求。

3. 答:建立和使用MRP系统应当具备一定的基础数据和前提条件:

(1)要有准确的最终产品计划需求量数据和产品生产周期数据,以便制订准确的主生产计划;

(2)每项物料赋予一个唯一的物料编码;

(3)计划编制期间必须有一个通过物料编码表示的物料清单(BOM);

(4)要有完整的库存记录,所有物料必须经过入库登记处理;

(5)已知所有物料的订货提前期,并且能够准时到货;

(6)每项物料的消耗都是间断的。

4. 答:制造资源计划MRP II 的特点有:

(1)MRP II 是面向整个企业的一体化系统,把企业中的各子系统有机地结合起来。其中,生产和财务两个子系统的关系尤为密切。

(2)MRP II 可以起到决策支持的作用。MRP II 引入了模拟功能,通过决策方案的模拟运行,根据不同方案模拟出各种未来可能发生的结果,帮助管理人员判断方案的优劣。

(3)MRP II 管理模式具有全面计划管理、系统性、动态应变性、模拟预见性的特点。MRP II 是一个计划主导型的管理模式,通过计划合理配置企业的各种制造资源,以求达到企业整体效益最大化;MRP II 管理模式具有系统性,MRP II 统一控制和协调各部门的工作可以达到更好的整体效果,使管理上升到系统化的高度;MRP II 是一个闭环系统,可以快速地对企业内外环境条件的变化做出反应;同时,MRP II 具有模拟预见性,支持用户进行多方案择优决策。

5. 答:ERP是一种综合管理应用体系。ERP更是一系列管理思想的综合,不过是通过计算机软件等现代信息技术而付诸企业管理实践。它在以下

方面体现其先进的管理思想:

(1)系统化计划管理。ERP 最核心的管理思想就在于其计划性,通过系统化的全面计划管理来合理配置企业所有内外资源,尽可能消除企业供应链上可能存在的无序、相互冲突的问题,使整个供应链有条不紊地运转,发挥出企业全部内外资源的最高效用。

(2)供应链管理。供应链管理是在满足服务水平需要的同时,为了追求系统成本最小而采用的把供应商、制造商、仓库和商店有效地结合成一体来生产商品,并把正确数量的商品在正确的时间配送到正确地点的一套方法。供应链管理能够真正地产生价值,通过大幅度地改进计划、响应和执行的能力,使企业在尽力满足市场需求的过程中快速应对不可避免的例外情况。ERP 系统正是适应了这一市场竞争的需要,实现了对整个企业供应链的管理。供应链管理是 ERP 的核心管理思想之一。

(3)信息集成。ERP 将企业的设计、采购、生产、财务、营销等各个环节集成起来,共享信息和资源,有效地支撑经营决策,实现整个供应链上的信息集成。信息集成和整体业务的优化是提高企业整体效益的基础。

(4)精益生产。精益生产吸收了手工生产和大量生产的优良特性,成本可以比传统的大量生产更低,又可以像手工生产那样制造高度人格化、种类繁多的产品。它具有高度的弹性和适应性,这对于当今不确定和多变的世界而言,是非常有意义的。

(5)敏捷制造和同步工程。敏捷制造核心思想是:当市场上出现新的机会,而企业的基本合作伙伴不能满足新产品开发生产的要求时,企业组织一个由特定的供应商和销售渠道组成的短期或一次性供应链,形成"虚拟企业(virtual enterprise)",把供应和协作单位看成是企业的一个组成部分,运用"同步工程(SE)",组织生产,用最短的时间将新产品打入市场,时刻保持产品的高质量、多样化和灵活性。

6. 答:ERP 是 MRP、MRPⅡ进一步发展的成果,MRP、MRPⅡ、ERP 是一脉相承的。它们之间既有联系,也有区别。

(1)ERP 同 MRP、MRPⅡ的联系。对于制造业企业而言,MRP"融合"于MRPⅡ之中,而 MRPⅡ"融合"于 ERP 之中,作为 ERP 物流和资金流管理的核心模块而存在,MRP、MRPⅡ并没有消亡。MRP 通过系统化计划管理的方法,解决了制造业的存货短缺与积压的矛盾,实现了制造业企业物料流动信息集成,实现制造业物流的高效管理。MRPⅡ由 MRP 系统发展而来,在生产管理方面,它实际上就是 MRP 系统。但 MRPⅡ包括了财务管理和模拟的能力,集成了物流和资金流,同步地从生产系统中获得财务信息,把实物形态的物料流动直接转换为价值形态的资金流动,保证生产和财务数据的一致。

（2）ERP 同 MRP、MRP Ⅱ 的区别。ERP 同 MRP、MRP Ⅱ 最主要的区别就在于它对 MRP Ⅱ 的拓展。

①管理范围的拓展。ERP 在 MRP Ⅱ 的基础上拓展了管理范围,覆盖整个供应链,把客户需求、企业内部制造活动以及供应商的制造资源整合成完整的供应链,并对其中所有环节,进行全面系统化的高效管理。

②应用环境的拓展。早期的 MRP Ⅱ 往往用于离散式的制造环境,而 ERP 支持混合方式的制造环境,包括:生产方式的混合、经营方式的混合、多种行业和多种业务的混合。

③管理功能的拓展。在 ERP 中,不仅提供定量信息,还提供了丰富的定性信息,使决策的过程更为智能化,提供了半结构化和非结构化的决策支持功能。同时,ERP 系统支持在线分析处理,使企业具有事前控制能力,能够进行并行作业管理。ERP 系统则将财务计划和价值控制功能集成到了整个供应链上。

④应用技术的拓展。ERP 不断地吸纳信息技术飞速发展所形成的最新成果,使 ERP 系统得以实现供应链管理的信息集成。

7. 答:ERP 与 BPR 之间存在着相辅相成、密不可分的关系。首先,ERP 离不开 BPR。BPR 是 ERP 成功实施、发挥系统应有效用的基础。ERP 要做到将系统化计划管理为核心的一系列先进管理思想运用于企业管理之中,要做到面向整个供应链,合理配置企业所有内外资源,必须对企业原有的流程进行分析,判别出哪些流程是不符合 ERP 管理思想、未能利用信息技术的优势、非增值的重复流程和无效流程,然后依照 ERP 管理思想的要求,以信息技术为支持,对企业和业务流程进行重组。这样才有可能使 ERP 的实施获得成功,发挥出 ERP 先进管理思想的威力。如果不进行 BPR,仅仅简单地将企业原有的业务流程加以电算化,用计算机系统完全模拟手工工作,那么无异于让 ERP 这辆先进的"高速赛车"行驶在企业落后流程的"羊肠小道"上,无法发挥 ERP 应有的作用。其次,BPR 也离不开 ERP。BPR 应通过 ERP 实现,BPR 的过程应当以适应 ERP 管理思想为目标和指引。在当今信息时代,BPR 离不开信息技术的支持,它最终是由计算机系统来执行的,即通过 ERP 和电子商务及其支持性 IT 技术和相关技术来实现,ERP 是 BPR 最终计算机信息化实现的手段。因此,在进行 BPR 时,一开始就要以 ERP 管理思想为其目标和指引。

8. 答:实现 ERP 对企业来说,具有重大的意义:

（1）ERP实现了企业信息集成。信息集成和整体业务的优化是提高企业整体效益的基础。信息集成必须做到对信息或知识的有效储存、传递、管理和应用。ERP适应市场竞争全球化形势，将企业的产品设计研发、物料采购、生产制造、财务、营销等各个环节集成起来，共享信息和资源，有效地支撑经营决策，ERP在MRPⅡ的基础上进一步实现了面向整个供应链的信息集成。

（2）ERP是提高企业运营效率、提升企业竞争力的利器。ERP借助现代信息技术，将先进的管理理念应用于企业管理的实践当中，实现面向整个供应链的信息集成，为企业制定正确的战略规划并有效执行和及时调整提供了强有力的信息支持。ERP通过系统化的全面计划管理，使企业内外所有资源得到合理配置，整个企业有条不紊地运营，物流、资金流、信息流、工作流得以顺畅，相互协调，相互配合，极大地提高了企业的运营效率。ERP能提高企业对市场的响应速度，改善对当今多变的竞争环境的适应能力，使企业的竞争力得到提升。

（3）实施ERP给企业带来了直接效益。实施ERP给企业带来的直接效益首先是由于降低库存量、降低库存管理费用、减少库存损耗而给企业带来的库存投资的节约。其次，由于供应链的整合优化，企业与供应商建立长期稳定、双方受益的合作关系，从而降低采购成本。再次，减少了生产过程中的物料短缺，从而减少了生产和装配过程的中断，减少了文档及其传递工作，减少了混乱和重复的工作，因而提高了一线生产工人的劳动生产率，又提高了管理人员的劳动生产率。最后，市场销售部门和生产制造部门可以在决策层次以及日常活动中有效地相互配合，从而缩短生产提前期，迅速响应客户需求，并按时交货，提高客户服务水平，获得市场。

（4）实施ERP给企业带来了间接效益。实施ERP给企业带来的间接效益主要有以下几个方面：第一，由于ERP使用统一的数据环境，能够全面提供新产品研发所需的数据，提高了新产品研发的速度和效率。第二，ERP贯彻全面质量管理的思想，消除工作流程的混乱，提高工作流程质量，从而全面提高产品质量。第三，ERP能使管理人员从很多原来的事务性处理工作中解放出来，为他们赢得了时间和精力，用于思考战略层次的问题，从而提高企业管理的水平。同时，ERP可以起到企业整体通信系统的作用，使得企业内外信息沟通流畅，通过准确和及时的信息传递，使得企业加强整体合作意识，增加凝聚力。第四，ERP为全面提高员工素质提供了机会，有利于充分发挥人的作用，而人力资源是企业最可宝贵的资源。第五，ERP能够提高企业中的生活质量。好的运营计划使公司的整体工作相互协调，执行一个协调的运营计划当然要比被一个混乱的计划所驱使要愉快得多。

9.答:对于ERP,实施效果评价标准可以通过以下几点来进行基本判定:

(1)系统的实施解决了传统手工管理难以解决的问题;

(2)企业选购的系统模块已经全部运转起来,并且成为企业各部门管理人员和各级员工日常生产经营管理中必不可少的管理工具;

(3)项目的实施周期及投资与计划的差异在可接受范围之内;

(4)基本实现企业在前期工作阶段中所进行的投资效益分析或项目可行性分析中所提出的预期目标和效益;

(5)实现了预期的信息集成,管理人员可以获得决策所需的信息;

(6)全体员工对ERP管理思想有所理解,能够按照工作准则和工作规程熟练使用ERP软件完成生产经营管理工作。

10.(略)

六、小组讨论题(略)

第十五章　信息化审计

一、名词解释

1.绕过计算机审计。又称间接审计或黑盒审计。这种方法是将计算机信息处理系统仅仅看作储存和处理数据的机器,审计时,着重检查输入前的会计凭证和打印出的结果,这种方式产生于电子数据处理系统审计的初期,实际上是审计人员对电算化会计信息系统采取的一种手工审计方式。

2.透过计算机审计。又称直接审计或白盒审计,就是对计算机数据处理系统的全面审计。它包括计算机的输入、输出、内控制度、应用程序、硬件可靠性审计等,直接审计计算机信息系统运行的正确性与可靠性。

3.分离式透过计算机审计。指由两组人员分别对计算机会计系统按财务审计和计算机审计进行审查,分别形成对财务数据和计算机系统的审计意见,再进行合并,得出对计算机会计信息系统的整体审计意见。

4.平行式透过计算机审计。它是对分离式审计法的初步改进,旨在加强两个审计小组的审计计划和审计工作的相互协调。平行式透过计算机审计通过下列措施加强审计小组间的协调工作:第一,审计小组管理人员互相合作,促使各审计职能工作互相协调;第二,审计计划在时间安排上相互协调,在测试上使用同样的样本;第三,协调后仅出具一份审计报告。

5.整合式透过计算机审计。是计算机审计的理想方式。在整合式透过计算机审计法下,所有审计人员都受到计算机审计和财务审计方面的双重训练,掌握财务、会计、计算机等方面的知识,整个系统的审计报告不再分计算机系统和会计信息系统两种形式,而是整合成一份综合审计报告,包括整个计算机会计信息系统的各个方面,极大地提高了审计效率。

6.平行处理测试法。指审计人员使用审计软件或自己编制处理程序,重新处理被审单位的所有原始数据,然后比较处理得出的结果与被审单位原先处理的结果,如果发现不一致,则说明被审单位的计算机数据处理系统存在问题,应当进一步追查。

7.模拟数据测试法。指审计人员将模拟数据输入被审单位的计算机中并进行处理,然后比较得出的结果与正确结果,如果发现不一致,则应当进一步追查被审计单位计算机系统所存在的问题。

8.IS审计。指独立IS审计师为了信息系统的安全、可靠与有效,以第三方的客观立场对以计算机为核心的信息系统进行综合的检查与评价,向被审计单位的最高管理当局提出问题与建议的一系列活动。

二、填空题

1.接受审计委托 计划审计工作 执行审计测试 报告审计结果
2.审计系统的信息化 审计机构的信息化 审计人员的信息化
3.审计署 中国注册会计师协会 国家审计 民间审计
4.输入 内控制度 应用程序 硬件可靠性 正确性与可靠性
5.电子数据 计算机审计软件
6.审计计划 符合性测试 数据分析
7.通用审计软件 模块化审计软件 通用审计软件
8.计算机应用软件
9.电子商务认证(Webtrust)
10.可靠性 相关性
11.经营服务披露 交易完整性 信息安全性 电子商务认证数字签章
12.无保留意见报告
13.可靠性 安全性 有效性
14.系统开发阶段审计 系统运行维护阶段审计 系统生命周期共同业

务审计

三、不定项选择

1. B	2. A	3. D	4. C	5. A
6. C	7. ABCD	8. ABCD	9. AD	10. AB
11. ABC	12. ABC	13. ABD	14. AB	

四、判断题

1. √

2. ×

解析:会计信息化后,绝大部分的数据处理由信息系统自动完成,肉眼不可见。由于信息系统技术含量高,可进行舞弊的机会增多,而且不易检查,因此,给审计人员增加了审计工作的难度和审计工作的内容。同时,审计人员要面对企业错综复杂的管理信息系统,从中获取有关的审计证据,与原来相比,所面临的审计风险将会更大。

3. ×

解析:绕过计算机审计不涉及对计算机系统的研究评价,无法发现计算机处理系统存在的问题,从而无法对计算机处理系统提出改进意见,而且也无法发现计算机的舞弊行为。

4. ×

解析:单组式审计能够使财务审计人员和计算机审计人员获得更好的相互协调,但是,由于财务审计人员和计算机审计人员在知识结构和工作分工上的不同,仍然存在着财务审计人员不懂计算机系统,计算机审计人员不懂财务的问题,妨碍了更好地发现计算机会计信息系统所存在的缺陷。最为理想的审计方式是整合式透过计算机审计。

5. √

6. ×

解析:电子商务数字签章存在有效期。如果在有效期终止时,仍没有注册会计师对该网站再次做出认证的通知,客户在网上发布数字签章的授权将自动终止。

7. √

8. ×

解析:与财务报表审计不同,提交报告书并不是 IS 审计的终点。IS 审计师应当针对审计报告中提出的问题,特别是重大问题,进一步追踪被审计信息系统整改的状况,努力促进系统的整改与问题的解决。

五、问答题

1.答:会计信息化的环境并不改变财务审计的总体目标和范围。但是,会计信息化影响了数据存储、数据处理、内部控制、会计人员等等。因此,会计信息化必然对审计产生重要的影响,主要表现在以下几个方面:

(1)对审计人员的影响。会计信息化对审计人员的素质提出了极高的要求,审计人员不仅要具有丰富的会计、财务、审计知识和技能,熟悉财经法规以及其他的审计依据,而且还应当掌握计算机知识及其应用技术,掌握数据处理和管理技术。

(2)对审计风险的影响。会计信息化不但使得会计数据的处理高度自动化、会计数据的存储高度电子化,而且使得会计信息系统与其他系统高度集成,造成系统的复杂程度加大。所有这些,都给审计增加了风险。

(3)对审计内容的影响。会计信息化的特点及其固有的风险决定了审计的内容不但要包括传统方式下对系统输出结果(即财务报表及相关信息)的审查,而且还要包括对会计信息系统本身的审查。对会计信息系统的审计内容,应当包括系统的开发与设计、会计软件的程序、数据文件以及内部控制的审计等。审计人员在会计信息系统的设计、开发阶段,应当参加系统的设计、调试、检验和验收,除了对系统的合法、合规、安全可靠等方面及时发现问题之外,特别要从审计角度审查系统的可审性、审计线索的设置等。随着信息集成范围的拓展,各信息系统日益相互影响、相互融合,相互之间的分界日益模糊,因此,审计的内容将进一步拓展到对各种信息系统的审查,而不仅仅是会计信息系统,信息系统审计应运而生。

(4)对审计技术的影响。在会计信息化环境下,如果审计仍然采用常规的手工系统的那一套审计技术,就不可能达到审计的目的。由于审计的内容扩大到会计信息系统本身,迫使审计人员采用计算机辅助审计技术,用日益先进的计算机审计软件去对付单机、网络、多用户等各种工作平台下的会计软件。同时,审计本身就是一项与信息密切相关的工作,审计的对象是会计信息和信息系统,审计的主要"产品"——审计报告,也是一种信息。所以,信息技术的发展不可能不对审计技术产生重大影响。信息技术在审计工作中的运用,不仅应当体现在利用现代信息技术的计算机辅助审计方面,而且应当在整个审计项目管理、整个会计师事务所的经营管理、乃至整个国家的审计体系管理方面充分运用信息技术,实现审计信息化。

(5)对审计线索的影响。在手工会计中,审计线索包括会计凭证、账簿、报表等会计资料。这些资料都是书面的,删改等痕迹一般得以保留,易于发现。而在会计信息化环境下,计算机的使用改变了会计记录的存储与处理,数据高度电子化,删除修改不留痕迹,数据处理过程主要在计算机内完成,这些都使审计线索发生了改变和减少,给审计增加了困难,带来了更大的风险。

(6)对审计证据的影响。在计算机信息处理环境下,审计人员将会面对许多手工环境不存在的、复杂的内部控制技术,而且在某些情况下,采用手工方式根本无法取得所需要的证据,必须利用计算机辅助审计技术。然而,审计软件的开发往往比较滞后,这就造成审计人员难以取得充分可靠的证据,因而,会计信息化环境下,采集审计证据往往比手工环境更为复杂。此外,对计算机信息系统的审计往往是在保证系统正常运行过程中进行的,审计人员不能妨碍和干扰被审系统的正常工作,这也给审计证据的采集带来了一定难度。在会计信息化环境下,随着计算机系统和内部控制技术的日益复杂,审计证据评价的难度也越来越大。计算机系统的错误产生的结果比手工系统更为严重。因此,从某种程度上说,审计人员对所取得的计算机系统的有关证据进行评价,比在手工系统条件下压力要大。

(7)对审计准则的影响。由于审计线索、审计内容以及审计技术手段等发生一系列的变化,手工审计中所制定的审计标准与审计准则也就很难适用。会计信息化环境要求有一套与之相适应的新的审计标准和准则。

2.答:透过计算机审计通常使用以下方法对计算机系统进行测试:

(1)再次处理测试法,就是用原来的计算机系统将所有原始数据重新处理一遍,然后将处理得出的结果与原来的结果相互比较,看是否完全一致。重新处理法的要点有二:第一是要确保重新处理使用的程序和原始数据与原来用的数据完全一致时才有可比性。第二是在重新处理过程中,整个处理过程均应与原处理过程完全一样,才能确保其可比性。要严格按照规程运行指定程序,输入相同的原始数据,不允许出现任何差异。

(2)平行处理测试法,就是审计人员使用审计软件或自己编制处理程序,重新处理被审单位的所有原始数据,然后比较处理得出的结果与被审单位原先处理的结果,如果发现不一致,则说明被审单位的计算机数据处理系统存在问题,应当进一步追查。

(3)模拟数据测试法,就是审计人员将模拟数据输入被审单位的计算机中并进行处理,然后比较得出的结果与正确结果,如果发现不一致,则应当进一步追查被审计单位计算机系统所存在的问题。模拟数据测试法具有上述再次处理测试法和平行处理测试法所难以比拟的优点。无论是再次处理测试法，还是平行处理测试法，都是对原数据集进行的再处理，在实际审计过程中，有时很难操作。

3. 答：对于审计实务工作和审计理论研究两个方面，计算机审计软件都具有重要的意义，主要可以归纳为以下几点：

(1)审计软件有助于提高审计工作的效率。借助计算机审计软件，大量审计证据的取证和相应的数据处理工作都由计算机系统自动完成。一方面使得审计人员可以从繁重而单调的审计证据手工收集和处理中解脱出来，从事一些审计判断和评价工作，从而减轻审计人员劳动强度，提高工作效率；另一方面可解决手工抽样不规范和样本不足的问题，由此可以大大降低审计的风险。

(2)审计软件有助于促进审计工作规范化，提高审计人员素质。通过审计软件的运用，可以使审计人员在软件的指引和帮助下规范审计工作，从而在一定程度上提高审计人员的素质。同时，为了使用审计软件，审计人员需要学习相关的计算机审计基本知识，了解现代信息技术手段，从而促使审计人员的综合素质不断提高。

(3)审计软件有助于提高审计数据和审计证据的分析评价能力，为审计结论提供有力的支持。在审计软件的帮助下，审计人员可以更好地对所收集到的审计证据和相关数据进行及时处理和分析研究：一方面可以提高分析速度，更及时地得出结论；另一方面可以利用数理统计分析技术等方法，提高分析的科学性，透过现象，抓住问题的本质。同时，利用数据仓库、数据挖掘等技术，可以将新收集的审计数据与以前年度的数据进行全面的分析比较，揭示内在趋势，发现审计重点和可能的潜在问题。

(4)审计软件有助于加快现代审计理论、审计方法在审计实践中的应用。在手工审计条件下，许多现代的审计方法(如随机抽样等)由于计算过程复杂，难以付诸应用。借助于审计软件，许多先进的审计理论、审计方法便可以在审计实践中得到真正应用。同时，先进审计理论审计方法的实践运用反过来又促进了审计理论和审计技术的发展。

4. 答：注册会计师执行电子商务认证的基本程序如下：

(1)注册会计师执行认证。由客户的管理当局向注册会计师提交声明，表明其网站的经营在从某一时点开始的一段时间内(通常为两个月或更长)，在服务披露、交易完整和信息保护方面均符合 AICPA/CICA 的认证标准，注册会计师则遵循 AICPA/CICA 的执业标准,对客户的内部控制与管理当局所声明的内容进行测试,并出具报告。

(2)取得数字签章。客户委托具有电子商务认证执业资格的注册会计师进行电子商务认证服务,并取得该注册会计师签发的无保留意见报告后,即可取得电子商务认证数字签章。

(3)后续检查。客户获取数字签章之后,可将签章放置在客户的主页上。Internet 用户在浏览企业的网站时,点击电子商务认证数字签章,可以查看网站的服务政策披露、注册会计师的电子商务认证报告、企业管理当局的声明等资料。注册会计师必须定期测试和评估客户的电子商务经营,根据评估的结果,决定保留或收回签章。注册会计师每次测试的时间间隔不得超过 3 个月,其具体间隔期取决于以下几个因素:①客户经营服务的复杂程度;②客户网站重大变动更新的频繁程度;③客户对管理当局加以监督的有效性以及内控的有效性;④注册会计师的职业判断。

5.答:一个可靠的信息系统应当能够在一段特定的时间内,在特定的环境下,正常运行而不存在重大的错误、缺陷或故障。注册会计师进行信息系统认证服务时使用下述四项原则评价系统的可靠性:

(1)可用性。信息系统应当在预定的时间内可以正常运行或使用。

(2)安全性。信息系统应当具备完善的安全保护措施,以防止滥用系统、偷窃系统资源、误用系统软件以及不正确地获取和使用信息。

(3)完整性。系统处理过程应当完整、准确、及时并经过授权。

(4)可维护性。系统应当能够进行更新维护,以保持可用性、安全性及完整性。

6.答:与传统的财务报表审计类似,IS 审计的全部过程也可以分为四个阶段:接受审计委托、制定审计计划、实施 IS 审计、报告审计结果。

(1)接受审计委托。它是 IS 审计师在了解被审计单位及其信息系统基本情况的基础上,决定是否接受新客户或者继续保留原有客户。

(2)制定审计计划。制定审计计划对于明确 IS 审计的目的、确定 IS 审计的重点、规划 IS 审计的过程、加强与被审计单位的沟通并协调 IS 审计师与被审计单位管理当局的合作具有重要作用。

(3)实施 IS 审计。IS 审计的对象是以电子计算机为核心的信息系统,覆盖信息系统从计划、分析、设计、编程、测试、运行维护到淘汰的整个生命周期的各种业务。IS 审计必须包括信息系统环境以及与此有关的业务等有机结合的整体,以促进企业整体的信息化为目标。按审计的具体对象划分,IS 审计的主要内容可以归纳为以下几个方面：系统生命周期审计、计算机资源管理审计、硬件和软件等获取的审计、系统软件审计、程序审计、应用系统开发审计、数据完整性审计、系统维护审计、操作审计以及安全审计。

（4）报告 IS 审计结果。IS 审计师应当以正式书面报告的形式归纳 IS 审计的发现与结论，并提交被审计单位的最高管理当局和 IS 审计委员会。

与财务报表审计报告类似，IS 审计报告也主要包括范围段与意见段两部分。范围段主要概述 IS 审计的主要情况，包括：IS 审计对象范围、实施日期及实施过程的概要、IS 审计目的、所依据的准则或标准等等。意见段概述对被审计信息系统的可靠性、安全性及有效性进行评价的结果、IS 审计过程中发现的问题所在及现状、这些问题的危险性及影响、IS 审计人员提议的改进对策等内容。

与财务报表审计不同，提交报告书并不是 IS 审计的终点。IS 审计师应当针对审计报告中提出的问题，特别是重大问题，进一步追踪被审计信息系统整改的状况，努力促进系统的整改与问题的解决。被审计信息系统的负责部门要在规定期限内提交整改计划，IS 审计师随时与被审计部门接触，了解跟踪整改的状况，促使整改的完成。IS 审计要达到保证信息系统的可靠性、安全性与有效性之目的，审计结果的追踪是必不可少的环节，要建立 IS 审计追踪制度。

六、小组讨论题（略）

第三部分 会计信息系统实验

实验 1 账套管理

【实验摘要及实验目的】

创建账套即建立核算单位,在账务系统中,每一套账称为一个账套或一个核算单位。为了方便调用和管理与各账套有关的数据库文件,不同的账套需要有不同的编号,每个账套都需设置有关参数,以便根据需要建立相互独立的核算系统。

在用友 U8 软件中,建账的工作流程如下图所示。遵循这一流程,可以快速、准确地完成企业账套的创建。

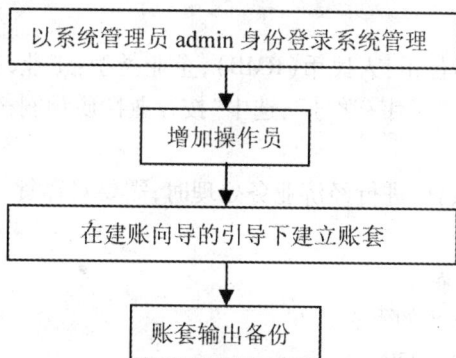

```
┌─────────────────────────────────────┐
│  以系统管理员 admin 身份登录系统管理   │
└─────────────────────────────────────┘
                  ↓
        ┌──────────────────┐
        │     增加操作员      │
        └──────────────────┘
                  ↓
    ┌─────────────────────────────┐
    │   在建账向导的引导下建立账套   │
    └─────────────────────────────┘
                  ↓
        ┌──────────────────┐
        │     账套输出备份     │
        └──────────────────┘
```

账套建立以后,日常工作中经常需要对账套进行备份、引入及修改。其中,账套的导出备份、引入由系统管理员 admin 来操作,账套的修改由拥有该账套最高权限的操作员——账套主管来完成。

实验一的目的就是了解用友财务软件的启用,理解什么是账套,学会建立账套;同时,通过修改账套、备份及恢复已经备份的账套来了解与掌握日常维护的操作。

【实验要求】

1. 以系统管理员(admin)的身份注册并增加操作员
2. 建立账套
3. 修改001(学号后三位)账套
4. 输出备份001(学号后三位)账套
5. 引入账套数据

【实验资料】

1. 建立新账套

(1)账套信息

账套号:学号末3位;账套名称:厦门+"姓名"+信息技术有限公司;账套路径:E:\学号;启用会计期:2013年1月;会计期间设置:1月1日—12月31日。

(2)单位信息

单位名称:厦门+"姓名"+信息技术有限公司;单位简称:"姓名"+公司;单位地址:厦门思明区思明南路422号之12;法人代表:陈思;邮政编码:361005;联系电话及传真:＊＊＊＊＊＊＊;电子邮件:＊＊＊＊＊＊＊;税号:(15位数字)。

(3)核算类型

该企业的记账本位币:人民币(RMB);企业类型:工业;行业性质:新企业会计制度;账套主管:"张伟+学号";选中"按行业性质预制科目"复选框。

(4)基础信息

该企业有外币核算,进行经济业务处理时,需要对存货、客户、供应商进行分类。

(5)分类编码方案

该企业的分类方案如下:

科目编码级次:42222

客户分类编码级次:223

部门编码级次:122

地区分类编码级次:223

存货分类编码级次:1223

收发类别编码级次:12

结算方式编码级次:12

供应商分类编码级次:223

(6)数据精度

该企业对存货数量、单位小数定位为2。

2. 操作员资料

编号	姓名	口令	部门
001	张伟+学号	1	财务部
002	王芳+学号	2	财务部
003	胡丽+学号	3	财务部

【操作指导】

1. 启动系统管理

执行"开始"|"程序"|"用友 ERP-U8"|"系统服务"|"系统管理"命令,进入"系统管理"对话框。

2. 登录系统管理

(1)执行上述指令后,弹出"用友 ERP-U8【系统管理】"窗口。

(2)执行"系统"|"注册"命令,打开"注册【系统管理】"对话框。

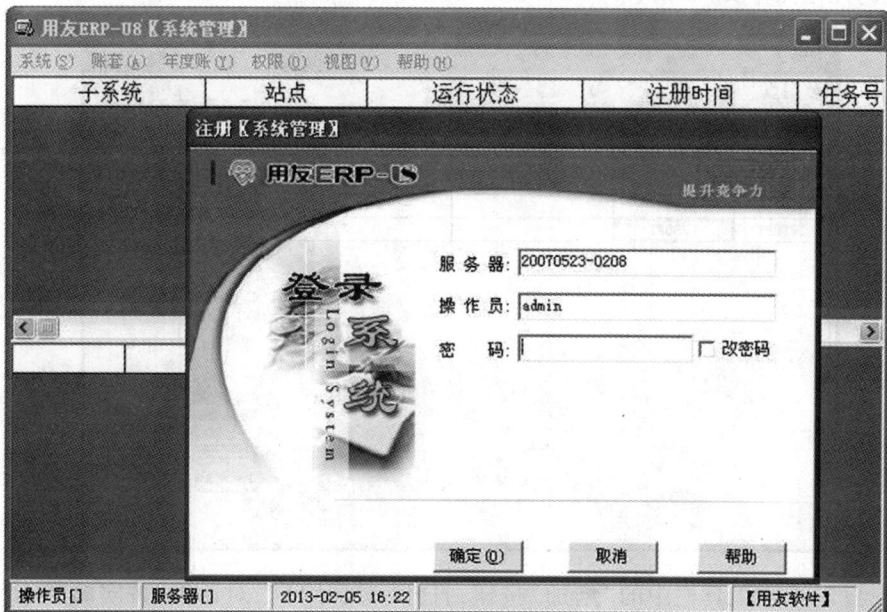

（3）系统中预先设定了一个系统管理员 admin，第一次运行时，系统默认管理员密码为空，单击"确定"按钮，以系统管理员身份进入系统管理。

> ☞ 注意
>
> 　　①为了保证系统的安全性，在"注册【系统管理】"对话框中，可以设置或更改系统管理员的密码。操作步骤是：首先选中"改密码"复选框，单击"确定"按钮，打开"设置操作员口令"对话框，在"新口令"和"确认新口令"文本框中均输入新密码，最后单击"确定"按钮（考虑实际教学环境，建议不要设置系统管理员密码）。
>
> 　　②如果已经修改系统管理员的密码，则要牢记设置的系统管理员密码，否则无法以系统管理员的身份进入系统管理，也就不能执行账套数据的输出和引入。
>
> 　　③如果在教学实验室里做实验，请不要修改系统管理员的登录口令，系统管理员口令的擅自修改将导致他人无法使用本机。

3. 增加操作员

（1）执行"权限"|"用户"命令，进入"用户管理"窗口，窗口中显示系统预设的几位操作员：demo、SYSTEM 和 UFSOFT。

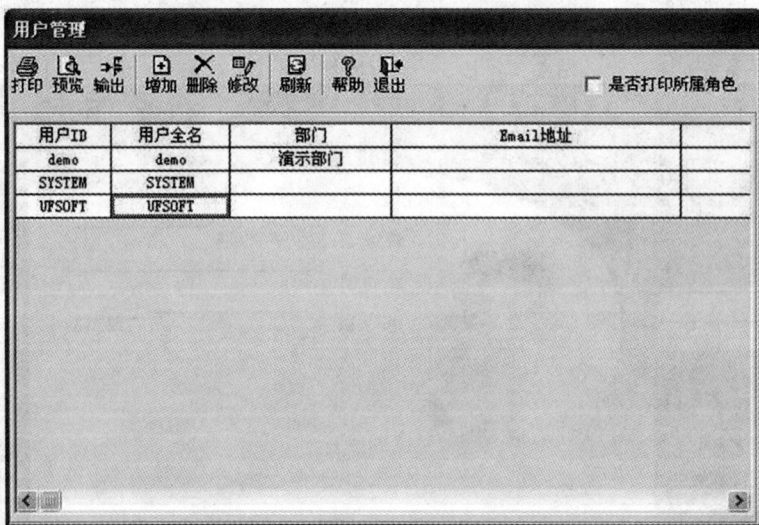

（2）单击工具栏中的"增加"按钮，打开"增加用户"对话框，按实验所示的资料输入用户编号、姓名、口令、所属部门等有关信息。

（3）单击"增加"按钮，完成一条新增记录的输入。单击"退出"按钮结束，返回"用户管理"窗口，所有操作员以列表方式显示。

（4）以相同的方法增加实验资料中给出的其他操作员，然后单击工具栏中的"退出"按钮，返回"用友ERP-U8【系统管理】"窗口。

☞ **注意**

①在增加用户时,用户的编号不能重复,如果系统之前已经存在了某一编号的用户,即使用户名不同、属于不同的账套,也不能再用该编号增加新用户。

②只有系统管理员才有权限增加操作员。

③所设置的操作员一旦被使用,则不能删除。

④已使用但调离本企业的操作员可以通过"修改"功能"注销当前操作员"。被注销的操作员此后不允许再登录本系统,只有重新设置了"启动当前操作员"才能重新登录。

4. 建立账套

(1)执行"账套"|"建立"命令,打开"创建账套"对话框。

(2)输入账套信息。

已存账套:系统将已存在的账套显示在下拉列表中,用户只能查看,不能输入或修改。

账套号:必须输入。本例输入账套号001。

账套名称:必须输入。本例输入"厦门敬贤信息技术有限公司"。

账套路径:用来确定新建账套将要被放置的位置,系统显示默认路径,也可以利用"…"按钮进行参照输入。

启用会计期:必须输入。系统默认为计算机的系统日期,更改为"2013 年1 月"。输入完成后,单击"下一步"按钮,进行单位信息设置。如下图所示:

　　（3）输入单位信息。单位名称：用户单位的全称，必须输入。企业全称只在发票打印时使用，其余情况全部使用企业的简称。单位简称：用户单位的简称，最好输入。其他栏目都属于任选项，参照实验资料输入即可。输入完成后，单击"下一步"按钮，进行核算类型设置。

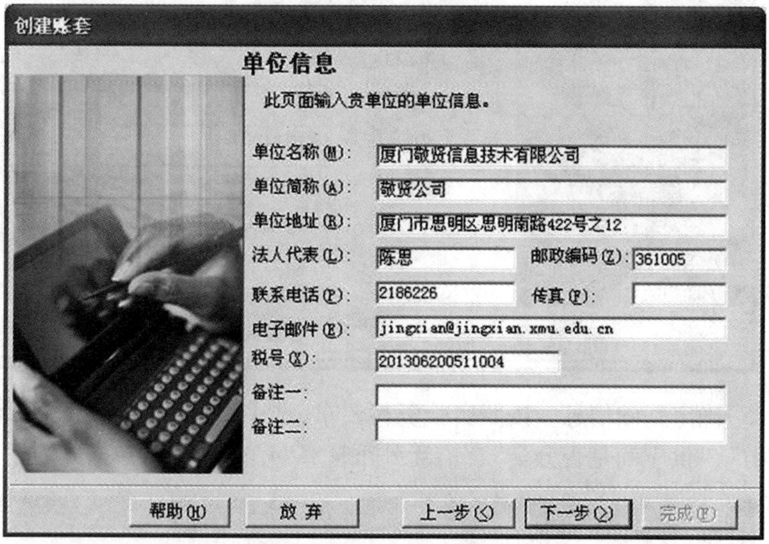

　　（4）输入核算类型。本币代码：必须输入，采用系统默认值RMB。本币名称：必须输入，采用系统默认值"人民币"。企业类型：用户必须从下拉列表框中选择，系统提供了工业、商业等多种类型。如果选择工业模式，则系统不能处理受托代销业务；如果选择商业模式，委托代销和受托代销都能处理。行业性质：用户必须从下拉列表框中选择。系统按照所选择的行业性质预置科目。账套主管：必须从下拉列表框中选择。按行业预置科目：如果用户希望预置所属行业的标准一级科目，则选中该复选框。根据实验资料填列如下图。输入完成后，单击"下一步"按钮，进行基础信息设置。

（5）确定基础信息。按照实验资料要求，选中"存货是否分类"、"客户是否分类"、"供应商是否分类"、"有无外币核算"4个复选框，单击"完成"按钮。

（6）弹出系统提示"可以创建账套了么？"，单击"是"按钮，稍候，打开"分类编码方案"对话框。

☞ **注意**　此处创建账套时间较长,请耐心等待。

（7）确定分类编码方案。为了便于对经济业务数据进行分级核算、统计和管理,系统要求预先设置某些基础档案的编码规则,即规定各种编码的级次及各级的长度。

按实验资料所给内容修改系统默认值,单击"确认"按钮,打开"数据精度定义"对话框。

项目	最大级数	最大长度	单级最大长度	是否分类	第1级	第2级	第3级	第4级	第5级	第6级	第7级	第8级
科目编码级次	9	15	9	是	4	2	2	2	2			
客户权限组级次	5	12	9	是	2	3	4					
客户分类编码级次	5	12	9	是	2	3						
部门编码级次	5	12	9	是	1	2	2					
地区分类编码级次	5	12	9	是	2	2						
存货权限级级次	8	12	9	是	2	2	2	3				
存货分类编码级次	8	12	9	是	1	2	2	3				
货位编码级次	8	20	9	是	2	3	4					

☞ **注意**　该步操作也可以在账套修改中进行,不影响下面的操作进程。

（8）定义数据精度。指定义数据的小数位数，如果需要进行数量核算，需要认真填写该项。实验资料采用系统默认值，单击"确认"按钮，完成账套的创建。

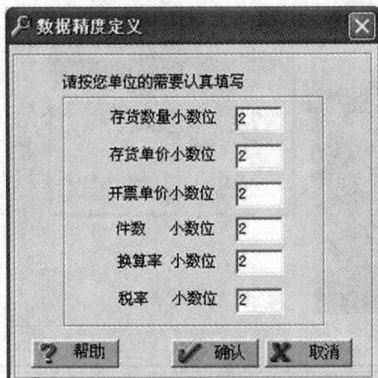

（9）完成创建账套。上步完成之后，弹出系统提示"创建账套{厦门敬贤信息技术有限公司：【001】}成功。现在进行系统启用的设置？"，点击"否"，完成账套的创建。

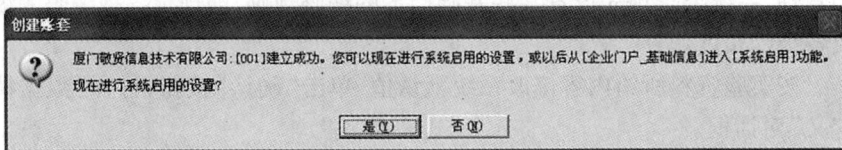

5. 修改账套数据

如果账套启用后，需要修改建账参数，需要以账套主管（本例中为张伟001）的身份注册进入系统管理。

（1）启动系统管理。执行"开始"|"程序"|"用友 ERP-U8"|"系统服务"|"系统管理"命令，进入"系统管理"对话框。

（2）登录系统管理。执行上述指令后，弹出"用友 ERP-U8【系统管理】"窗口。执行"系统"|"注册"命令，打开"注册【系统管理】"对话框。

（3）操作员：输入 001 账套（学号账套）账套主管的编号和密码，选择账套和会计年度。

☞ **注意**　如果此前是以系统管理员的身份注册进入系统管理，那么需要首先执行"系统"|"注销"命令，注销当前系统操作员，再以账套主管的身份登录。

(4)单击"确定"按钮,进入"用友软件 ERP-U8【系统管理】"窗口,菜单中显示为黑色字体的部分为账套主管可以操作的内容。

(5)执行"账套"|"修改"命令,打开"修改账套"对话框,可修改的账套信息以白色显示,不可修改的账套信息以灰色显示。

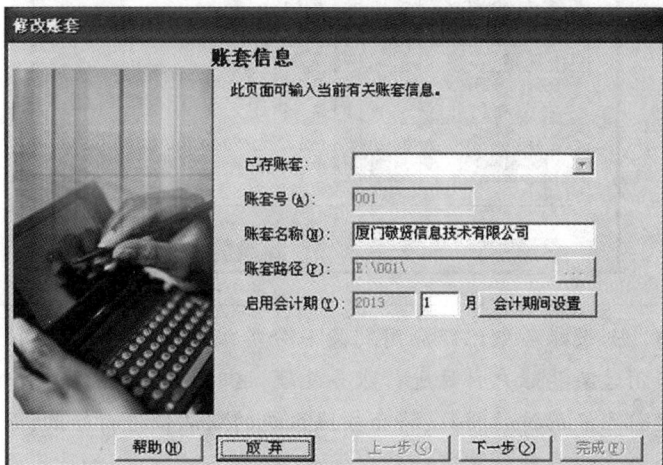

(6)修改完成后,单击"完成"按钮,系统弹出"确认修改账套了么?"提示对话框,单击"是"按钮。

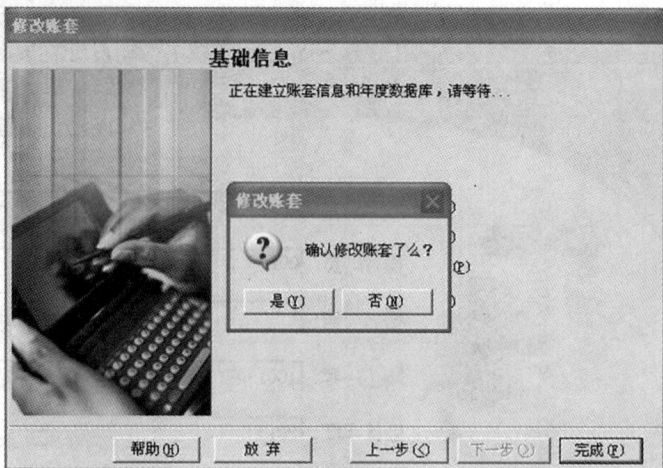

(7)修改"分类编码方案"和"数据精度定义",如果在实验一中没有要求修改分类编码方案,在这里修改也可达到同样的目的。同样,在以后的操作进程中,如果有必要,也可以采用本实验的方法修改分类编码。

项目	最大级数	最大长度	单级最大长度	是否分类	第1级	第2级	第3级	第4级	第5级	第6级	第7级	第8级	第9级
科目编码级次	9	15	9	是	4	2	2	2	2				
客户权限组级次	5	12	9	是	2	3	4						
客户分类编码级次	5	12	9	是	2	2	3						
部门编码级次	5	12	9	是	1	2	2						
地区分类编码级次	5	12	9	是	2	2	3						
存货权限组级次	8	12	9	是	2	2	2	2	3				
存货分类编码级次	6	12	9	是	1	2	2	3					
货位编码级次	8	20	9	是	2	3	4						

☞**注意** 如果账务中已经应用到某一分类编码,比如修改科目编码级次之前已经用过某些账户科目进行账务处理,这时如果再修改科目编码级次,在修改之前已经用过的科目,将会按照系统的默认值进行修改,而修改的结果可能会与你想要的结果不一致。因此,在业务进行中,如果已经用过某些分类编码,不要随意修改这些编码级次。

（8）连续两次单击"确认"按钮,弹出系统提示"修改账套成功!"。

6.输出备份账套数据

输出备份账套数据就是将 U8 应用系统所产生的数据备份到储存介质上予以保存,防备意外事故造成硬盘数据丢失、非法篡改和破坏。如果财务软件系统的数据遭到破坏,可以使用备份数据予以恢复,从而保证财务软件系统数据的安全和完整。

账套的输出功能除了可以完成账套的备份操作外,还可以完成删除账套的操作。如果系统内的账套已经不需要再继续保存,则可以使用账套的输出功能进行账套的删除。

> ☞ **注意** 在每次实验结束后,可以输出备份账套数据至磁盘(如 E 盘),再将输出的账套数据拷贝至自备的可移动磁盘,以供下次实验使用。

（1）注销001 号操作员的登录,再以系统管理员 admin 的身份注册进入系统。

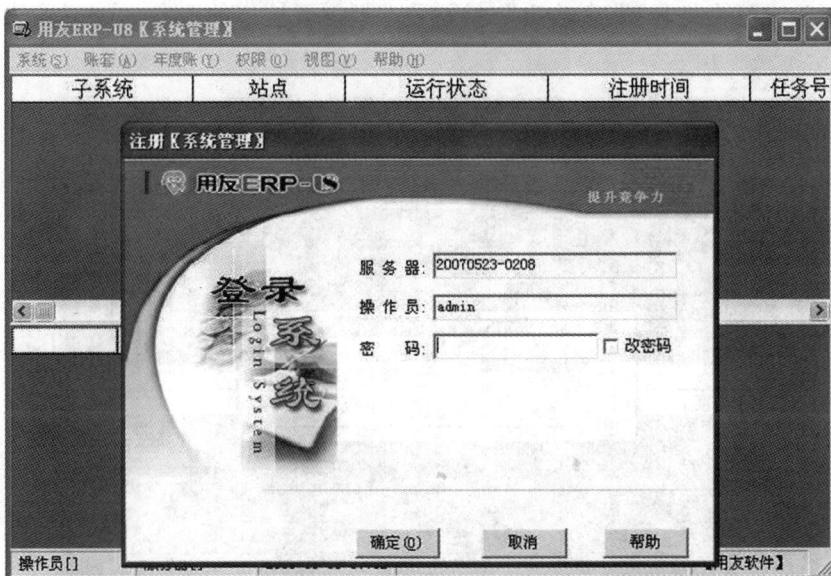

(2)执行"账套"|"输出"命令。

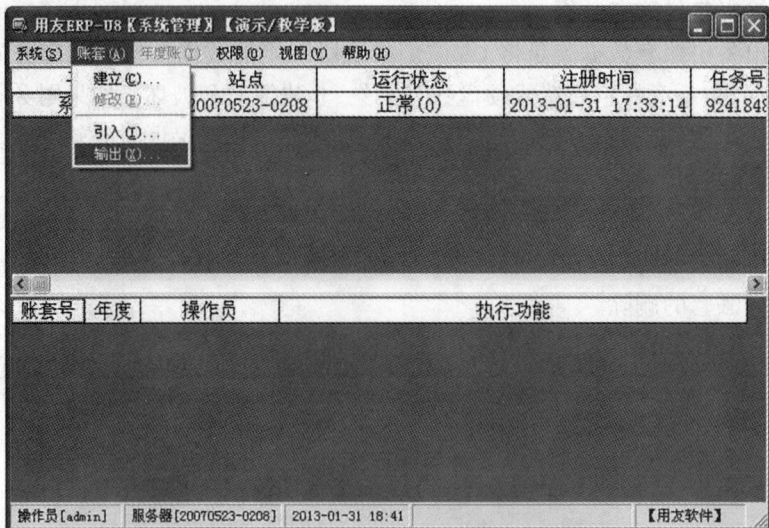

(3)这样会打开"账套输出"对话框,选择需要输出的账套,单击"确认"按钮。

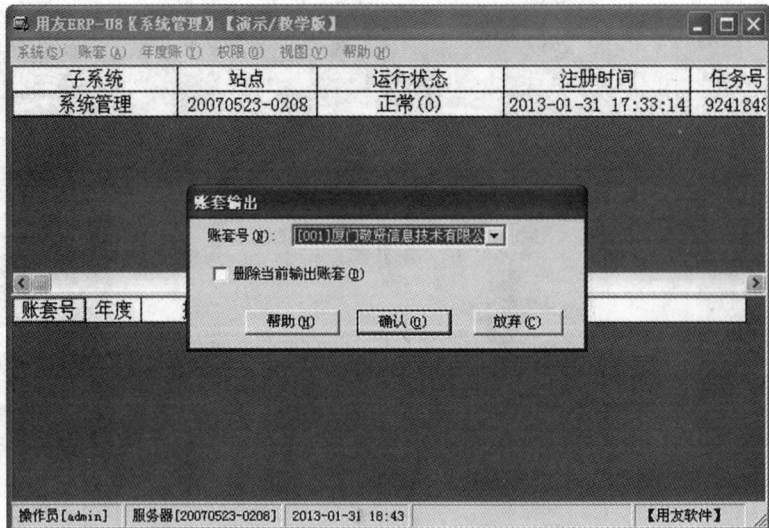

☞ **注意** 如果选择"删除当前输出账套",则在备份该账套的同时,将会删除该账套的所有数据。

(4)经过压缩进程,系统进入"选择备份目标"对话框,选择要存放备份账套数据的位置。

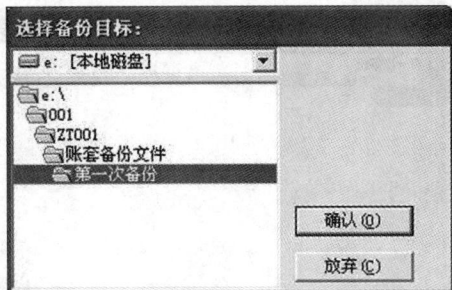

☞ **注意** 在设置保存路径时,为避免多次输出账套后无法识别最新进度的账套,可以建立一个新的文件夹,将账套输出到新建立的文件夹中。

(5)双击"账套备份文件"中的"第一次备份"文件夹,使文件夹图标呈现打开状态,再单击"确认"按钮。

(6)系统开始备份。备份结束,系统自动跳出对话框。

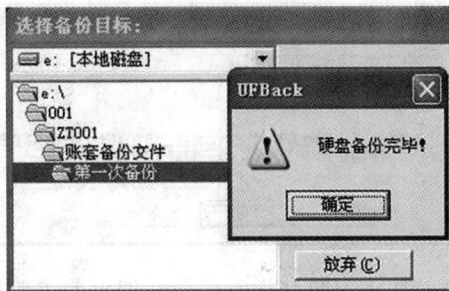

7. 引入账套数据

该步操作实际上是输出备份数据操作的反过程,即恢复以前曾备份的账套数据。引入数据之后,所引入备份数据之后的操作结果将被覆盖。因此,该操作请小心使用。进行账套引入的目的是:当硬盘数据被破坏时,将磁盘上最新备份数据恢复到硬盘中;还可以将系统外某个账套的数据引入本系统中。

在以后的每次实验中,可以通过引入上次实验的备份数据,在此数据基础上进行操作,从而避免重复操作。

(1)以系统管理员 admin 的身份注册进入"系统管理"窗口。执行"账套"丨"引入"命令,打开"引入账套数据"对话框。

（2）选择要引入的账套数据备份文件 UfErpAct，它是由账套输出时生成的文件，单击"打开"按钮。

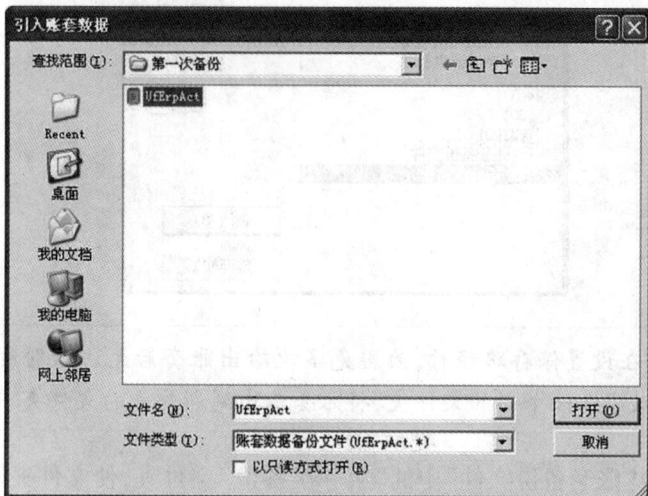

（3）系统提示"重新指定账套路径吗?"，如下图所示。

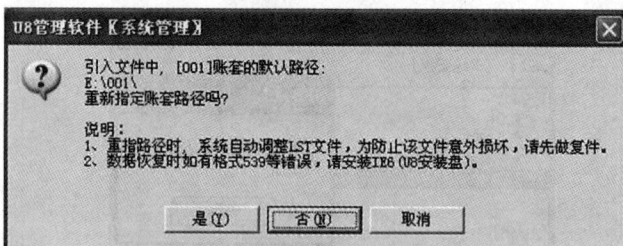

（4）单击"否"，表示默认为原有指定路径。如果要更改指定路径，则单击"是"，重新选择账套路径。本实验中选"否"。

（5）系统弹出"此项操作将覆盖【001】账套当前的所有信息，继续吗?"，单击"是"按钮确定。

（6）经过一段恢复过程，系统会弹出"账套引入成功"信息提示对话框，单击"确定"按钮。

实验 2 角色、用户和权限管理

【实验摘要及实验目的】

内部控制要求不相容的岗位要相互分离,从而在公司日常账务处理中出现了不同的角色,各角色往往对应不同的人,在 ERP 系统中,这些人被称作"操作员",他们拥有不同的权限。

本实验的目的就是掌握为账套分配角色,指定或增加操作员,并分配不同的操作权限。在这个过程中,理解角色与用户的不同。应注意的是,角色、用户和权限管理,只有系统操作员才具有处理权限。

【实验要求】

(1)按"实验资料"提供的信息增加操作员并设置操作员的角色

(2)尝试增加角色

(3)为操作员设置操作权限

【实验资料】

根据下列财务分工定义用户的角色和功能操作权限

(1)001 张伟+学号(口令:1)——账套主管,财务部

负责财务软件运行环境的建立,以及各项基础信息初始设置工作;负责财务软件的日常运行管理工作,监督并保证系统的有效、安全、正常运行;负责总账系统的凭证审核、记账、账簿查询、月末结账工作;负责报表管理及其财务分析工作。

本角色具有系统所有模块的全部权限。

(2)002 王芳+学号(口令:2)——出纳,财务部

负责现金、银行账管理工作。

本角色具有出纳签字权,凭证、现金、银行存款日记账和资金日报表的查询及打印权,支票登记权以及银行对账操作权限。

（3）003 胡丽+学号（口令:3）——会计主管,财务部

负责总账系统的凭证管理工作以及客户往来和供应商往来管理工作。

本角色具有在总账系统填制凭证、自定义转账定义、期间损益结转定义、转账生成、凭证查询、明细账查询操作权限;具有工资管理、固定资产、应收系统、应付系统的全部操作权限。

（4）004 赵军+学号（口令:4）——物流总监,供应部

负责购销存业务。

本角色具有采购管理、销售管理、库存管理、存货核算的全部操作权限。

【操作指导】

1.用户管理

（1）以系统管理员身份进入"系统管理"窗口。在"系统管理"窗口中执行"权限"|"用户"命令,进入"用户管理"窗口,窗口中显示系统预设的几位操作员:demo、SYSTEM、UFSOFT、张伟001、王芳002 和胡丽003。

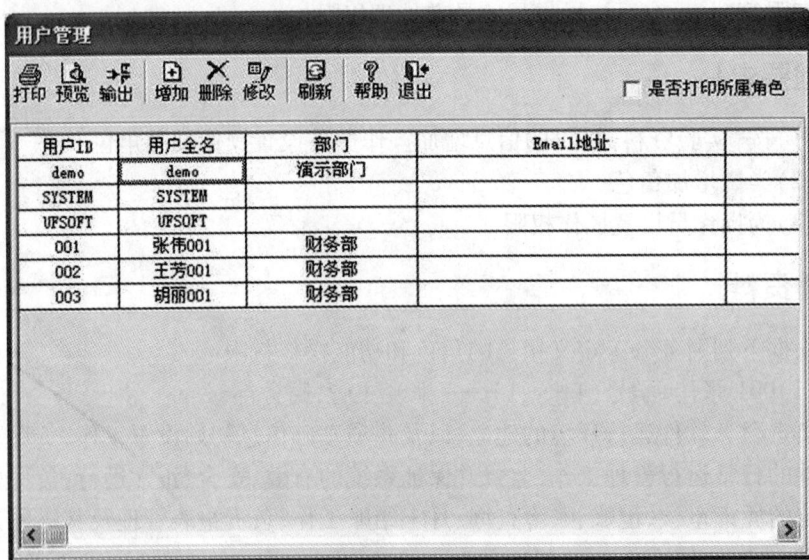

（2）双击"张伟001"一行的任意位置,跳出"修改用户信息"对话框,在"所属角色"列表框中选定"账套主管",完成后点击"修改",回到"用户管理"窗口。

（3）按照实验资料,以相同方式为其他操作员分配角色。

（4）单击工具栏中的"增加"按钮,打开"增加用户"对话框,按实验所示的资料增加 004 号用户"赵军+学号",并在"所属角色"列表框中选择该用户的角色。

☞ **注意** 在增加用户时,应该同时为该用户分配一个或多个角色。这实际上相当于给企业新招来的员工指定工作岗位,比如"应收账款会计"。

（5）最后单击"退出"按钮结束,返回"用户管理"窗口,所有操作员以列表方式显示。再单击工具栏中的"退出"按钮,返回"用友 ERP-U8【系统管理】"窗口。

用户管理

用户ID	用户全名	部门	Email地址
demo	demo	演示部门	
SYSTEM	SYSTEM		
UFSOFT	UFSOFT		
001	张伟001	财务部	
002	王芳001	财务部	
003	胡丽001	财务部	
004	赵军001	供应部	

2. 角色管理

（1）以系统管理员身份进入"系统管理"窗口。在"用友 ERP-U8【系统管理】"窗口中,执行"权限｜角色"命令,打开"角色管理"窗口。

角色管理

角色ID	角色名称	备注
DATA-MANAGER	账套主管	
DECISION-OO1	CEO	
DECISION-FI1	财务总监（CFO）	
DECISION-LO1	物流总监	
MANAGER-EMO1	企管科主管	
MANAGER-FIO1	财务主管	
MANAGER-HRO1	人力资源部主管	
MANAGER-MMO1	物料计划主管	
MANAGER-PUO1	采购主管	
MANAGER-PUO1	采购主管	
MANAGER-QAO1	质量主管	
MANAGER-SAO1	销售主管	
MANAGER-STO1	仓库主管	
OPER-EM-0001	企管科文员	
OPER-FI-0001	会计主管	
OPER-FI-0002	总账会计	
OPER-FI-0011	应收会计	
OPER-FI-0012	应付会计	
OPER-FI-0021	成本会计	
OPER-FI-0022	成本核算员	

(2)单击"增加"按钮,打开"增加角色"对话框,输入角色编号和角色名称。单击"增加"按钮,保存新设置。

☞ **注意** 角色指的是企业中具体的工作岗位,比如总经理、财务总监、总账会计、出纳等,不是指某个人。在用友8.5中,系统自动生成的角色已经基本齐全,一般不必新增加角色。本实验只是为了了解如何增加新角色,并不要求在操作过程中增加新角色。

3. 权限管理

(1)以系统管理员的身份进入"系统管理"窗口。在"系统管理"窗口中,执行"权限|权限"命令,打开"操作员权限"窗口。

☞ **注意** 要理解权限与角色之间的关系。角色指的是工作岗位,而权限指的则是负责的具体工作任务。因此,在为某一用户指定某个角色之后,要注意同时赋予他相应的权限,否则该操作员(等同于用户)仍无权进行任何操作。

（2）从左侧的操作员列表框中选择操作员"王伟+学号"，这时我们会看到，他已经具有"账套+学号"的账套主管的所有权限，这个设置是我们在建账套的时候完成的。

☞ **注意**　如果在创建账套的时候将账套主管设错了,这时你可以作如下设置:从账套下拉菜单中选择相应的账套,选中账套主管,弹出信息提示对话框,单击"是"按钮,该操作员就具有该年度账套所有子系统的操作权限。需要特别注意的是,操作时一定要注意右上角所选择的账套是否是你所操作的账套,如果系统中同时存在几个账套,很容易把操作员的权限误设在其他账套里,这样,你设置的操作员将无权操作自己的账套。

（3）从左侧的操作员列表框中选择"王芳+学号",单击"修改"按钮,打开"增加和调整权限—【用户:002】"对话框。

（4）在"增加和调整权限—【用户:002】"对话框中,单击每个子系统前的加号图标,可以将子系统的详细功能展开,然后根据实验资料要求选中相应的复选框,将该权限分配给当前用户。本实验中王芳002主要负责出纳的权限。

☞**注意** 因为002操作员主要负责出纳的相关工作,因此不要忘记在"总账|凭证|出纳签字"上划勾,不然将无权进行出纳签字。为了操作的方便,最好同时选择"查询凭证"的权限,不然002号操作员将无权查询任何凭证,包括自己制作或自己签过字的凭证。

(5)重复(3)(4)两步,继续给其他操作员赋予资料中提供的权限。

(6)单击"退出"按钮,退出"操作员权限"。

实验 3 基础档案设置

【实验摘要及实验目的】

一个账套由若干个子系统构成,这些子系统共享着部分基础信息,因此要保证账套的顺利使用以及系统的运行,在账套启用之始,应根据企业的实际情况,做好基础信息的录入工作。

在设置基础信息时,会涉及基础档案的设置,如机构设置、往来单位设置、存货基础信息设置等。这些基础档案数据的录入应在"企业门户"│"基础信息"│"基础档案"中进行。本实验举例说明机构设置中部门档案、职员档案和往来单位档案的设置。

本实验的目的就是掌握基础档案的设置,并了解基础档案设置对日常业务处理的影响。

【实验要求】

1. 以操作员 001 的身份打开账套"厦门+姓名+信息技术有限公司"
2. 根据实验材料增加部门档案、职员档案、客户档案与供应商档案

【实验资料】

厦门+"姓名"+信息技术有限公司机构设置资料如下:
(1)部门档案

部门编码	部门名称	部门属性
1	总经理办公室	综合管理
2	财务部	财务管理
3	销售部	市场营销
4	供应部	采购供应
5	制造部	研发制造

(2)职员档案

职员编号	职员名称	所属部门	职员属性
101	陈思	总经理办公室	总经理
201	张伟+学号	财务部	财务经理
202	王芳+学号	财务部	出纳
203	胡丽+学号	财务部	会计主管
301	赵达	销售部	部门经理
302	宋雪	销售部	经营人员
401	李红	供应部	部门经理
402	吴绮	供应部	经营人员
501	刘江	制造部	部门经理
502	林军	制造部	经营人员

(3)往来单位

客户分类	客户分类编码	客户名称	客户简称	客户编码
厦门地区	01	厦门 A1 公司	A1 公司	0101
		厦门 A2 公司	A2 公司	0102
北京地区	02	北京 B1 公司	B1 公司	0201
		北京 B2 公司	B2 公司	0202
供应商分类	供应商分类编码	供应商名称	供应商简称	供应商编码
厦门地区	01	厦门甲 1 公司	甲 1 公司	0101
		厦门甲 2 公司	甲 2 公司	0102
上海地区	02	上海乙 1 公司	乙 1 公司	0201
		上海乙 2 公司	乙 2 公司	0202

【操作指导】

1. 部门档案设置

(1)执行"开始"|"程序"|"用友 ERP-U8"|"企业门户"命令,打开"注册

【企业门户】"对话框。在"账套"下列表框中选择"【自己学号】厦门+自己姓名+信息技术有限公司",选择操作员为"【001】张伟+自己学号";输入密码。

(2)单击"确定"按钮,进入"企业门户"|"控制台"窗口。

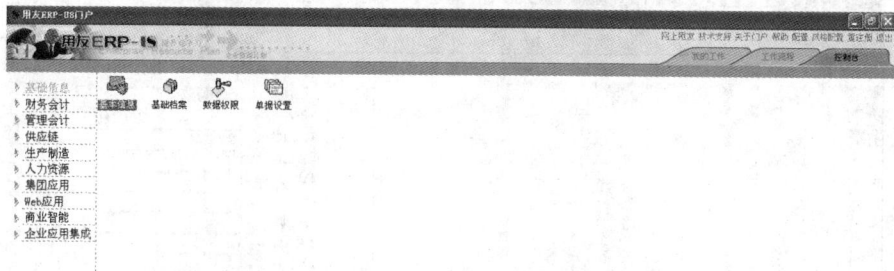

　　(3)双击企业门户中的"基础信息"|"基础档案",进入"基础档案"设置窗口。在"基础档案"窗口中,双击要设置的"部门档案"项目,进入相应项目的设置窗口。

(4)在"部门档案"窗口中,单击"增加"按钮。在右列框中输入部门编码、部门名称、部门属性等相关信息,最后单击"保存"按钮。

(5)重复(4)的操作,继续设置资料中给定的其他部门的档案。

(6)单击"退出"按钮返回。

☞ **注意**

①部门档案建立时,部门编码的设置应当与预先设置的编码方案中编码原则相一致。

②由于在设置部门档案时还未设置职员档案,因此,如果要设置部门档案中的负责人,应在设置职员档案后,再回到设置部门档案中,使用修改功能补充设置。

③部门档案资料一旦被使用,将不能被修改或删除。

2. 职员档案

(1)以001号操作员张伟001的身份,登录"企业门户"|"控制台"|"基础信息"|"基础档案",进入"基础档案"设置窗口。在"基础档案"窗口中,双击要设置的"职员档案"项目,进入相应项目的设置窗口。

(2)在"职员档案"窗口中,单击"增加"按钮。在右列框中输入职员编码、职员名称、所属部门名称、职员属性等相关信息(其中用红色"＊"号标记的字段为必输项,其他为任选项),最后单击"保存"按钮。

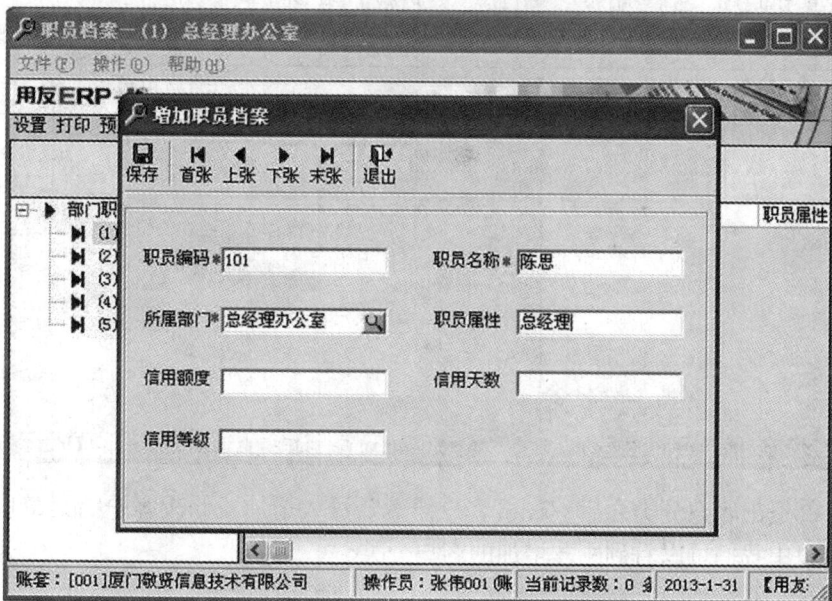

(3)重复(2)的操作,继续设置资料中给定的其他职员的档案。

(4)单击"退出"按钮返回。

☞ **注意** 在录入职员档案时,在"所属部门"选项中,系统默认被选择的部门,如果所属部门不符合要求,应在删除已选择的部门后,再单击"参照"按钮重新选择相应的部门。

3. 往来单位档案

(1)客户档案

①以上述同样的方法,以 001 号操作员张伟的身份,登录"企业门户|控制台|基础信息|基础档案",进入"基础档案"设置窗口。在"基础档案"窗口中,双击需要先设置的"客户分类"项目,进入相应项目的设置窗口。单击"增加"按钮,按照实验要求,分别输入类别编码及类别名称,之后点击"保存",保存刚才输入的客户类别并自动出现一个新的增加类别窗口,如下图。增加完毕后,点击"退出"。

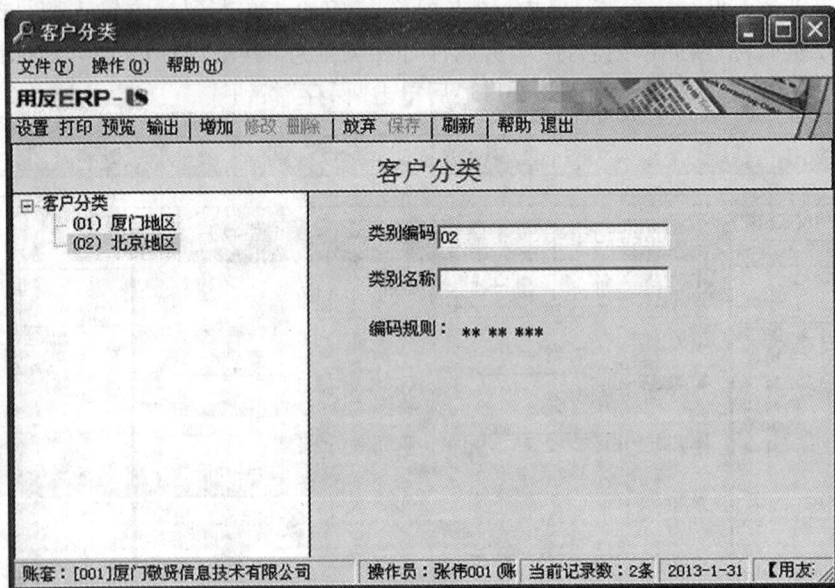

②退出客户分类之后,双击"客户档案",进入增加或修改客户档案窗口。从窗口中我们可以看到刚才增加的客户分类。

③点击"增加",弹出增加新客户对话框,按要求输入客户编码及客户名称及简称,并选择相应的"所属分类"之后,点击"保存",自动弹出另一新的增加客户档案窗口。

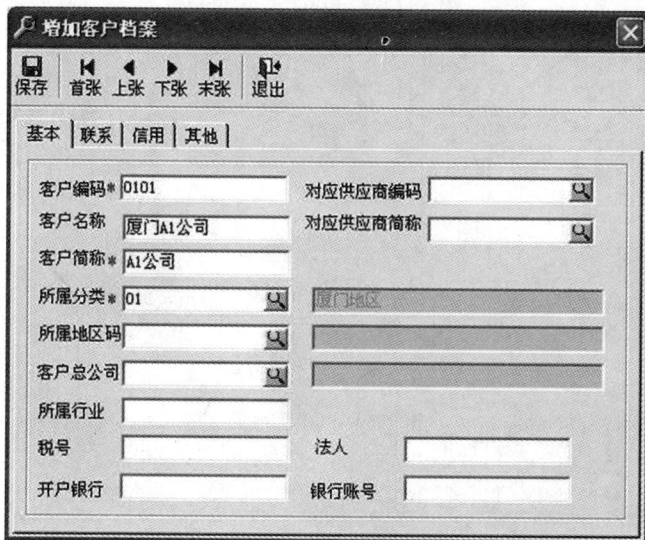

④上述增加新客户档案操作,以增加实际要求的所有客户档案。

（2）供应商分类及档案

供应商分类及增加档案的操作方法与客户分类及增加档案的操作方法类同。

①以001号操作员张伟001的身份,登录"企业门户|控制台|基础信息|基础档案",进入"基础档案"设置窗口。在"基础档案"窗口中,双击需要先设置的"供应商分类"项目,进入相应项目的设置窗口。单击"增加"按钮,按照实验要求,分别输入类别编码及类别名称,之后点击"保存"。重复上述操作,增加所有要求的供应商分类。之后点击"退出",退出供应商分类窗口。

②双击"供应商档案",之后点击"增加",进入增加供应商档案窗口。增加完毕后点击退出。

☞ **注意**　必须先建立客户分类、供应商分类,才能建立客户档案、供应商档案;且客户档案、供应商档案必须建立在最末级分类上。

实验 4　总账系统初始设置（一）

【实验摘要及实验目的】

不同的行业和单位,在使用通用财务处理系统时应根据各行业、单位会计核算和财务管理的一般特性和原则进行具体的设置,这就是系统的初始化设置。系统初始化也是使用财务软件的基础。

总账系统的初始化一般包括:总账参数、外币及汇率、会计科目、凭证类别、结算方式的设置以及期初余额的录入和分配数据操作权限等。

首次启用总账系统时,需要设定反映总账系统核算要求的各种参数,以便适应本企业的具体核算要求。总账系统参数设定包括凭证、账簿、会计日历和其他共四个方面参数的设定。而汇率管理是专为外币核算服务的,当企业存在外币业务时,可以对本账套所使用的外币进行定义。在"填制凭证"中所使用的外币汇率应先在此进行定义,制单时可以调用,以便减少录入汇率的次数,提高效率、降低差错。对于使用固定汇率作为记账汇率的单位,在填制每月的凭证前,应预先在此录入该月月初的记账汇率,否则在填制该月外币凭证时,将会出现汇率为零的错误。对于使用变动汇率作为记账汇率的单位,在填制当天的凭证前,应预先录入当天的记账汇率。

本次实验的目的是掌握如何设置总账系统参数和设置外币及汇率,以及了解这种设置的意义。

【实验要求】

1. 启用总账系统,启用日期是 2013 年 1 月 1 日
2. 根据"实验资料"设置相关的总账参数
3. 进行外币设置

【实验资料】

1. 凭证:凭证制单控制采用序时控制和支票控制;不可修改他人填制的凭

证;打印凭证页脚姓名;凭证审核控制到操作员;出纳凭证必须经出纳签字;凭证编号方式采用系统编号;外币核算采用固定汇率;实行预算控制;凭证按照科目、摘要相同方式合并。

2. 账簿:账簿打印位数、每页打印行数按软件的标准设定,明细账查询权限控制到科目,明细账打印按年排页。其余的设置采用默认设置。

3. 会计日历:会计日历为 1 月 1 日—12 月 31 日。

4. 其他:数量小数位和单价小数位设为 2 位;部门、个人、项目按编码方式排列,其余的设置采用默认设置。

5. 币符:USD;币名:美元;固定汇率:1:6.23。

【操作指导】

1. 总账系统启用

(1)首次启用总账系统。以账套主管 001(张伟+学号)的身份注册进入"企业门户"窗口,执行"基础信息"|"基本信息"|"系统启用"命令,打开"系统启用"对话框。

(2)在"系统启用"窗口中,选择"总账 GL"复选框,点击 GL 前的方框,系统自动打开"日历"对话框。在"日历"对话框中,确定总账系统的启用日期,单击"确定"按钮。本实验的总账系统启用日期为 2013 年 1 月 1 日。

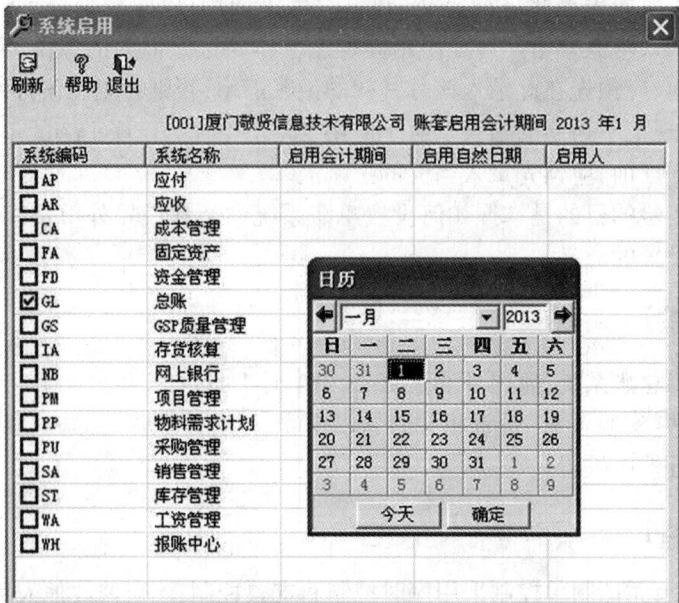

☞ **注意**

①总账系统的启用日期不能超过机内系统日期。

②录入汇率后不能修改总账启用日期。

③已录入期初余额，不能修改总账启用日期。

（3）这时，系统自动弹出"确实要启用当前系统吗？"对话框，单击"是"按钮，完成总账系统的启用。

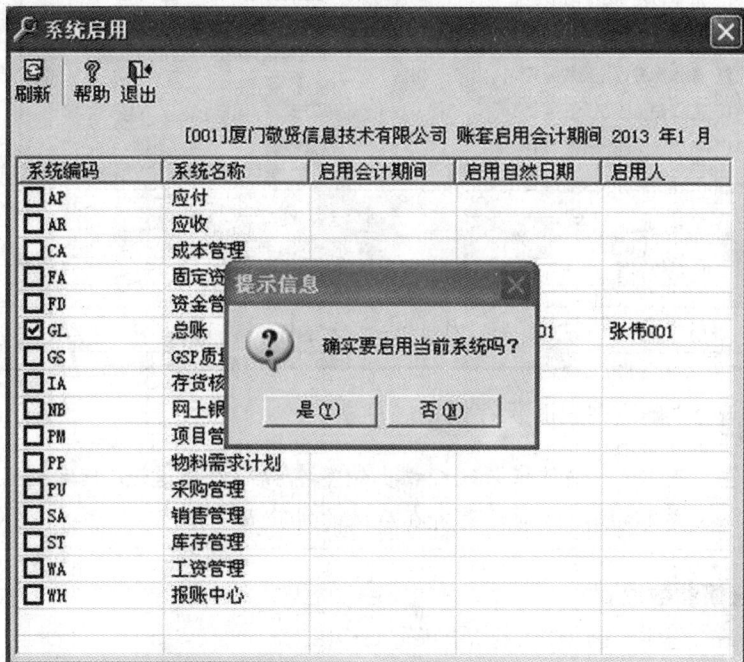

（4）系统启用完成后，点击"退出"，退出系统启用。

2. 凭证参数设置

（1）注册进入"财务会计|总账"窗口。执行"系统菜单"|"设置"|"选项"命令，打开"选项"对话框。

（2）单击"编辑"按钮，进行凭证参数设置，分别选中"凭证制单控制采用序时控制和支票控制；打印凭证页脚姓名；凭证审核控制到操作员；出纳凭证必须经出纳签字；凭证编号方式采用系统编号；外币核算采用固定汇率；实行预算控制；凭证按照科目、摘要相同方式合并"每个复选框。取消选中"允许修改、作废他人填制的凭证"复选框。其他保留系统默认设置。

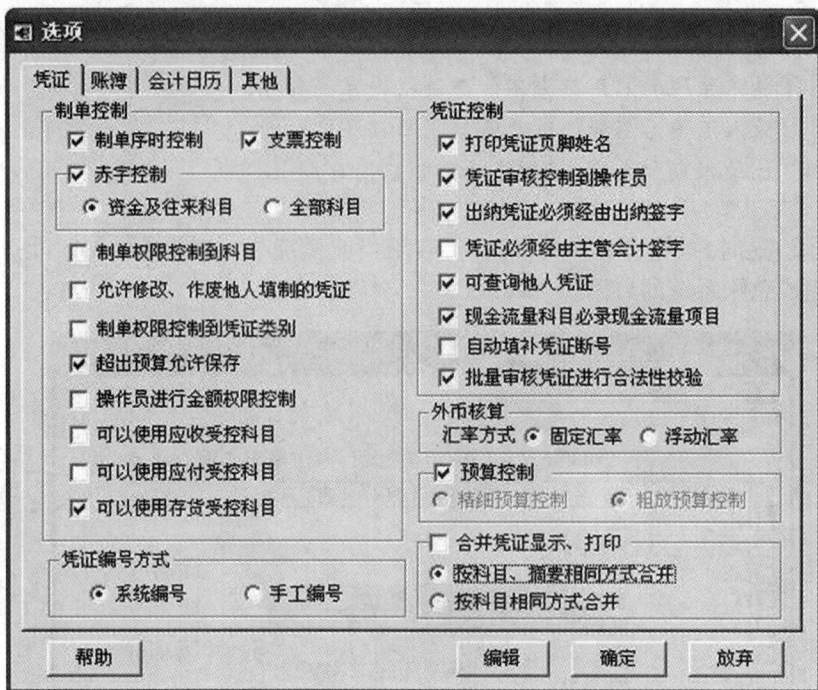

(3)单击"确定"按钮,保存设置。

☞ **注意** 选择"出纳凭证必须经由出纳签字"后,还应通过"指定科目"功能设置相应总账科目,此项设置将在后面的实验五中介绍。

3. 账簿参数设置

(1)在"选项"对话框中打开"账簿"选项卡。

(2)单击"编辑"按钮,按照实验资料账簿打印位数,每页打印行数按软件的标准设定。

(3)在"明细账(日记账、多栏账)打印方式"选项区域,选择明细账打印"按年排页"。选中"明细账查询权限控制到科目"复选框。

（4）单击"确定"按钮，保存设置。

4. 其他参数设置

（1）在"选项"对话框中打开"其他"选项卡。

（2）单击"编辑"按钮。分别向数量小数位和单价小数位输入 2；分别选中部门、个人、项目排序方式的"按编码方式排列"。

（3）单击"确定"按钮，保存设置。

5. 外币设置

（1）执行"基础信息"|"基础档案"|"财务"|"外币设置"命令，打开"外币设置"对话框。

（2）单击"增加"按钮，输入币符"USD"，币名"美元"，单击"确认"按钮，完成外币的增加操作。

（3）输入1月份的记账汇率"6.23"，输入完毕后回车保存。单击"退出"按钮。

☞ **注意**

①对于使用固定汇率作为记账汇率的单位，在填制每月的凭证前，应预先在此录入该月月初的记账汇率，否则在填制该月外币凭证时，将会出现汇率为零的错误。对于使用变动汇率作为记账汇率的单位，在填制当天的凭证前，应预先录入当天的记账汇率。

②这里只能录入固定汇率与浮动汇率值，并不是设置在制单时使用固定汇率还是浮动汇率，该项设置在总账参数"账簿"选项卡的"外币核算"中进行。

实验 5　总账系统初始设置（二）

【实验摘要及实验目的】

设置会计科目就是将企业会计科目按照软件要求逐一输入计算机中,大部分通用软件中已分行业预设了一级会计科目,如果需建立的会计科目体系与所选行业标准会计科目基本一致,则可以在建立账套时选择预设的标准会计科目。相反如果二者相差较多,则可以在系统初始设置时选择不预留行业会计科目。在设置会计科目时,输入的基本项目包括:科目编码、科目名称、科目类型、账页格式、助记码等。

系统期初余额录入功能包括两个方面,一方面是输入科目期初余额,另一方面是核对期初余额,进行试算平衡。期初余额录入后,必须进行上下级科目间余额的试算平衡和一级科目余额试算平衡,保证初始数据的正确性,试算平衡过程由系统自动完成。

首次启用总账系统,应当选择凭证类别的分类方式,可以从几种常用的分类方式中选择:(1)通用记账凭证;(2)收款、付款、转账凭证;(3)现金、银行、转账凭证;(4)现金收款、现金付款、银行收款、银行付款和转账凭证;(5)自定义凭证。企业可以根据实际情况自行设置。

本实验的目的是掌握增改会计科目、指定会计科目、录入期初余额的操作,以及凭证类别和结算方式的设置。

【实验要求】

1. 根据实验资料增加、修改、删除相应的会计科目
2. 指定会计科目——现金、银行科目
3. 录入总账期初余额并试算平衡
4. 设置凭证类别
5. 设置结算方式

【实验资料】

1. 增加会计科目

科目编码	科目名称	辅助核算类型
100201	银行存款——人民币户	日记账、银行账
100202	银行存款——美元	日记账、银行账

其中，增加"100202 银行存款——美元"时，要选中"外币核算"选项，币种为"美元 USD"。

分别为"营业费用"、"管理费用"、"待摊费用"添加常用的明细核算科目。

营业费用的二级明细科目：550101 运费、550102 差旅费、550103 广告费、550104 折旧费、550105 工资、550109 其他。

管理费用的二级明细科目：550201 办公费、550202 工资、550203 差旅费、550204 折旧费、550205 业务招待费、550209 其他。

待摊费用的三级科目：130101 报刊费、130109 其他。

2. 修改会计科目

"应收账款"科目、"预收账款"改为"客户往来"辅助核算，"其他应收款"改为"个人往来"辅助核算科目，"应付账款"、"预付账款"改为"供应商往来"辅助核算科目。

3. 删除会计科目

将"2321 长期应付款"科目删除。

4. 录入总账期初余额

科目名称	方向	期初余额
现金	借	110 000
银行存款——人民币户	借	110 000
其他应收账	借	5 000
库存商品	借	150 000
固定资产	借	2 028 000
累计折旧	贷	196 680
预收账款	贷	75 000
实收资本	贷	2 131 320

期初余额辅助说明:

1133 其他应收款,日期为 2012 年 12 月 31 日,摘要为"上年转入",个人为"202 王芳+学号",金额为 5 000 元,其余未给定的信息为空。

2131 预收账款,日期为 2012 年 12 月 31 日,摘要为"上年转入",客户为厦门 A1 公司,金额为 75 000 元,其余未给定的信息为空。

5. 凭证类别

凭证类别	限制类型	限制科目
收款凭证	借方必有	1001,1002
付款凭证	贷方必有	1001,1002
转账凭证	凭证必无	1001,1002

6. 结算方式

结算方式编号	结算方式名称	票据管理
1	现金结算	否
2	支票结算	是
201	现金支票	是
202	转账支票	是
9	其他	否

【操作指导】

1. 增加会计科目

(1)以账套主管 001 的身份注册进入"总账系统"窗口。执行"系统菜单"|"设置"|"会计科目"命令,打开"会计科目"对话框。

（2）在"会计科目"对话框中，单击"增加"按钮，打开"会计科目—新增"对话框，然后根据实验资料，依次输入银行存款二级科目的科目编码、科目中文名称，选择相应的账页格式、辅助核算等内容，完成后点击"确定"。

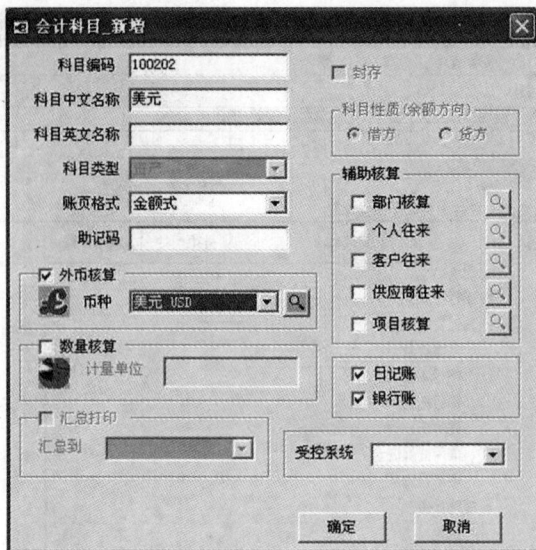

（3）点击"会计科目—新增"对话框中的"增加"按钮，以步骤（2）的方法，分别增加管理费用的二级明细科目：550201 办公费、550202 工资、550203 差旅费、550204 折旧费、550205 业务招待费、550209 其他；营业费用的二级明细科目：550101 运费、550102 差旅费、550103 广告费、550104 折旧费、550105 工资、550109 其他；待摊费用的二级科目：130101 报刊费、130109 其他。

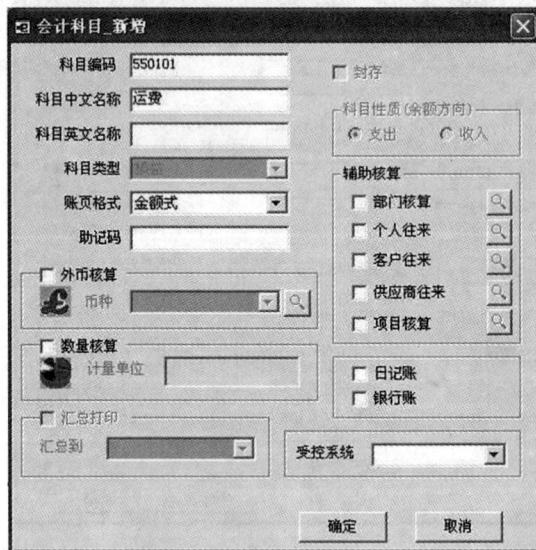

☞ **注意**

　①增加会计科目时,要遵循先建上级科目再建下级科目的原则。

　②增加的会计科目编码长度及每段位数要符合编码规则。

　③科目一经使用,就不能再增设下级科目,只能增加同级科目。

　④增加明细科目时,科目中文名称中只输入二级科目即可,系统可自动识别一级科目,否则会造成重复。

2.修改会计科目

　(1)注册进入"总账系统"窗口。执行"系统菜单"|"设置"|"会计科目"命令,打开"会计科目"对话框。

　(2)在"会计科目"对话框中,将鼠标移到"1131 应收账款"科目上,单击"修改"按钮,或者双击该科目行,打开"会计科目—修改"对话框。

　(3)在"会计科目—修改"对话框中,单击"修改"按钮进入修改状态后,单击"客户往来"复选框,并将"受控系统"设置为空白。

　(4)单击"确定"按钮,保存设置。

　(5)单击"返回"按钮返回。

(6)用(1)至(4)的方法,分别将"预收账款"改为"客户往来"辅助核算、"其他应收款"改为"个人往来"辅助核算科目、"应付账款"、"预付账款"改为"供应商往来"辅助核算科目,注意在设置过程中,"受控系统"均应保持空白状态,即不启用受控系统。

☞ 注意

①如果在修改科目的辅助核算方式之前,已经对相应科目录入期初余额,或已经进行了业务核算,则系统将可能会提示出错,如下图(下图给出的是已经录入了预收账款期初余额后,再修改为客户往来辅助核算而提示出错的例子)。这是因为,对辅助核算类科目,在录入期初余额或进行业务核算时,需要同时输入与辅助核算相关的信息,而非辅助核算科目则不需要。因此,当已经使用的科目被修改为辅助核算科目时,原已经录入的业务或期初余额则缺失这些信息,导致系统提示出错。

解决该问题的方法:先把原来已经录入的期初余额或业务清除,然后修改辅助核算方式,之后再录入该科目的期初余额或业务数据。

②所谓受控科目是指该科目只能由业务系统单据生成，不能通过凭证录入来制单生成，若用户只想按往来辅助核算进行管理，不想通过业务系统单据自动生成往来凭证，就不应设置受控系统。

本实验不启用往来款系统，往来业务的处理核算在总账系统中进行，所以在设置供应商往来和客户往来款项的辅助核算项目时，不应设置受控系统。如果默认了系统设置的受控系统，则往来科目只能由往来款系统生成凭证。

3. 删除会计科目

（1）在"会计科目"对话框中，选择要删除的会计科目，单击"删除"按钮，打开"删除记录"对话框。

（2）单击"确定"按钮，即可将该科目删除。

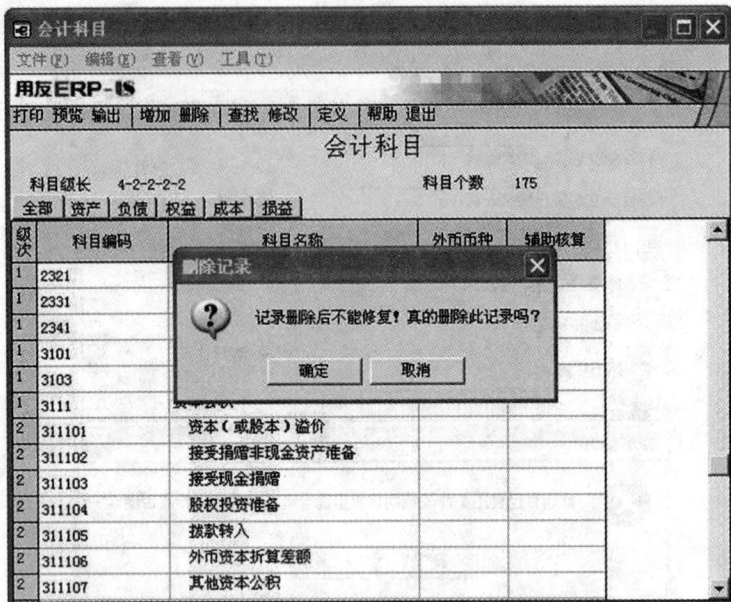

4. 指定总账科目

(1)在"会计科目"窗口中,执行"编辑"|"指定科目"命令,打开"指定科目"对话框。

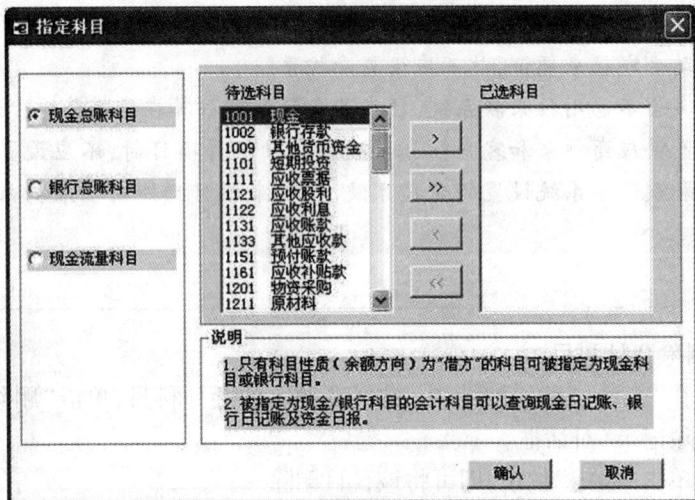

(2)单击左侧"现金总账科目"按钮;在"待选科目"列表框中,选择"1001 现金"科目,单击">"按钮,将"1001 现金"科目添加到"已选科目"列表框中。

（3）单击左侧"银行总账科目"按钮；在"待选科目"列表框中，选择"1002 银行存款"科目，单击"＞"按钮，将"1002 银行存款"科目添加到"已选科目"列表框中。

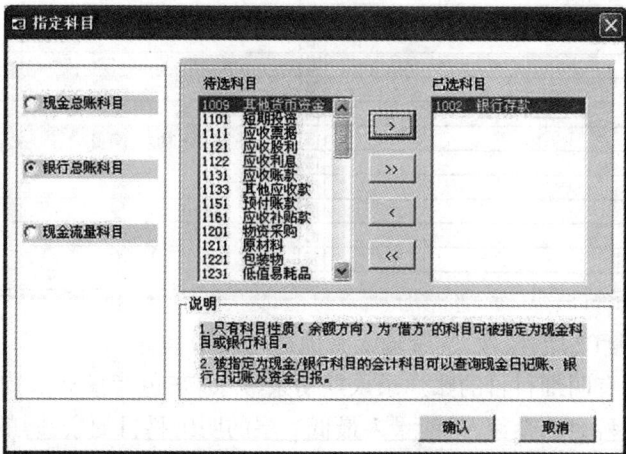

（4）单击"确定"按钮，保存退出。

☞ **注意**　由用户指定适用于某一特殊功能的会计科目，这项操作称为指定科目。这里的指定会计科目即确定出纳的专管科目，如现金、银行总账科目。只有分别指定了现金总账科目及银行总账科目之后，出纳才能找到含有现金及银行存款业务的凭证并签字。指定的现金流量科目是为了供编制现金流量表时取数函数使用的。

5. 录入总账期初余额

(1)注册进入"总账系统"窗口。执行"系统菜单"│"设置"│"期初余额"命令,打开"期初余额录入"对话框。

(2)在"期初余额录入"对话框中,将鼠标移动到"现金"科目上,输入期初余额 110 000。

科目名称	方向	币别/计量	期初余额
现金	借		110,000.00
银行存款	借		110,000.00
人民币	借		110,000.00
	借	美元	
其他货币资金	借		
外埠存款	借		
银行本票	借		
银行汇票	借		
信用卡	借		
信用证保证金	借		
存出投资款	借		
短期投资	借		
股票	借		
债券	借		
基金	借		
其他	借		
短期投资跌价准备	贷		
应收票据	借		

期初:2013年01月　　□末级科目 □非末级科目 □辅助科目

(3)重复(2)的操作,继续输入其他期初余额信息。

在给含有明细科目的账户录入期初余额(以灰色背景显示)时,不可以直接记入一级科目的余额,只能录入最低一层的明细科目的余额,最低层以上的科目余额由系统自动计算。

给带有往来辅助核算的科目录入期初余额(以淡黄色背景显示)时,不可直接输入数字,应双击辅助核算科目对应的余额栏,弹出如下对话框。点击增加,依次录入相关信息及余额。

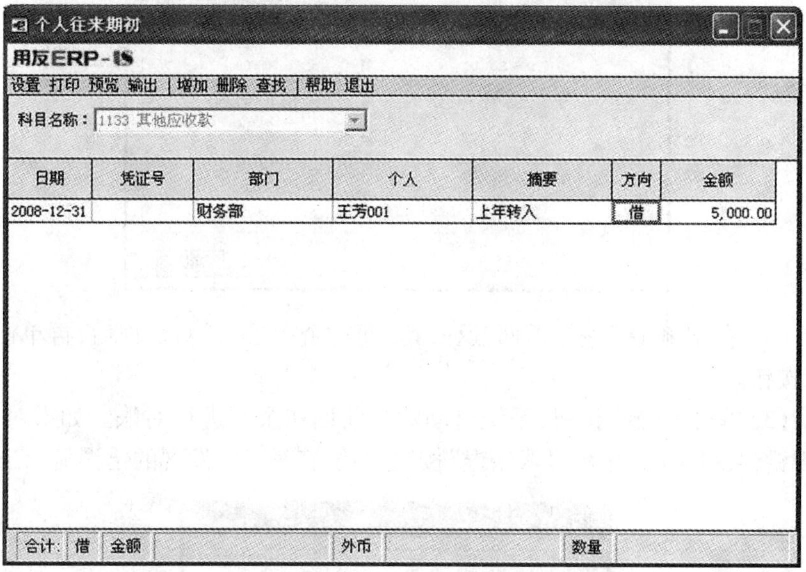

输入客户、供应商、个人信息时，可以双击"客户"、"供应商"、"个人"栏对应空白格，之后点击格内的"小放大镜"，将弹出选择对应资料的对话框，选择后退出。下图为选择客户往来辅助核算的客户对话框：

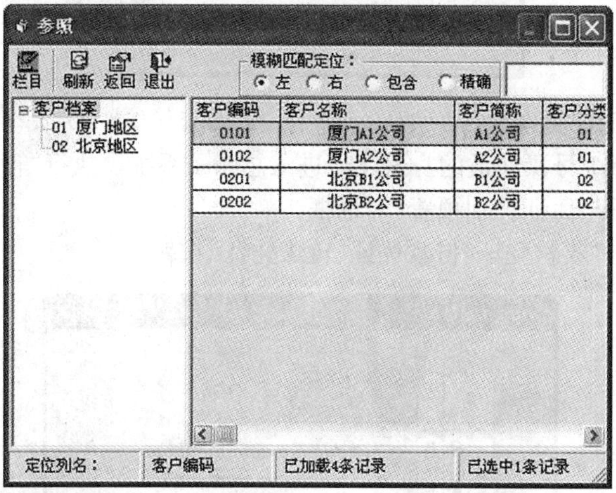

6.试算平衡

（1）所有期初余额输入完毕后，单击"期初余额录入"对话框的"试算"按钮，可以查看期初余额试算平衡表，检查余额是否平衡。

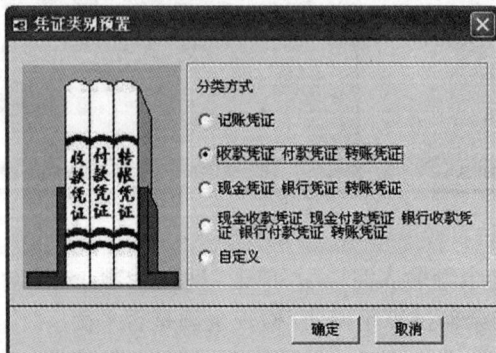

（2）单击"确认"按钮返回，返回到"期初余额录入"对话框后，再单击"对账"按钮。

（3）单击"开始"按钮，系统自动对当前期初余额进行对账。如果对账后发现错误，可单击"显示对账错误"按钮，系统将对账中发现的错误显示出来。

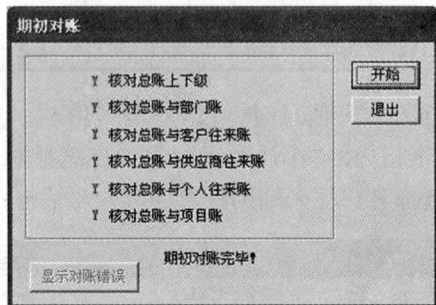

7. 设置凭证类别

（1）以 001 号操作员的身份注册进入总账子系统。执行"设置"|"凭证类别"命令，打开"凭证类别预置"对话框。

（2）单击"收款凭证、付款凭证、转账凭证"按钮。

（3）单击"确定"按钮,进入"凭证类别"窗口。

（4）先单击"修改",再双击收款凭证对应的"限制类型"栏,将出现下三角按钮,选择"借方必有",在"限制科目"栏输入"1001,1002"。同样步骤设置付款凭证的限制类型"贷方必有",在限制科目栏输入"1001,1002";设置转账凭证的限制类型"凭证必无",在限制科目栏输入"1001,1002"。

（5）设置完后,单击"退出"按钮,回到总账主页。

8. 设置结算方式

（1）以001身份注册进入"总账系统"窗口。执行"系统菜单"|"设置"|"结算方式"命令,打开"结算方式"对话框。

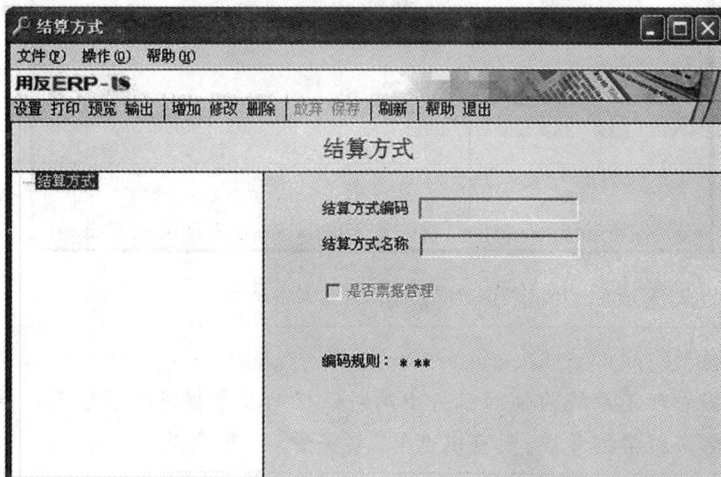

（2）单击"增加"按钮，输入结算方式编码为"1"，结算方式名称为"现金结算"，单击"保存"按钮。

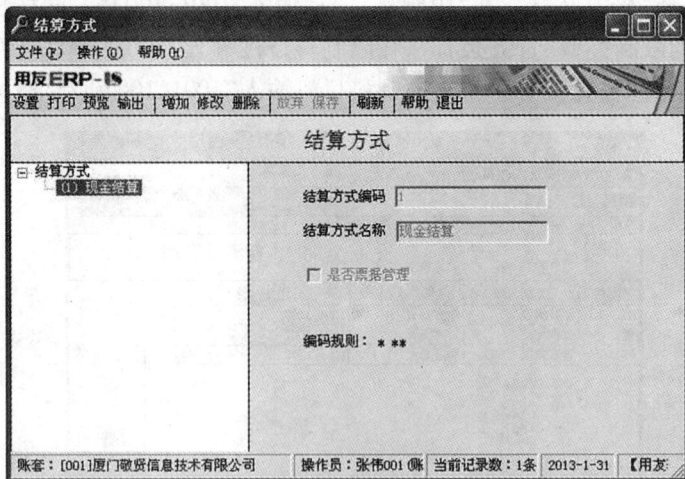

（3）重复步骤（2）的操作，输入实验资料中给出的其他结算方式编码和名称。

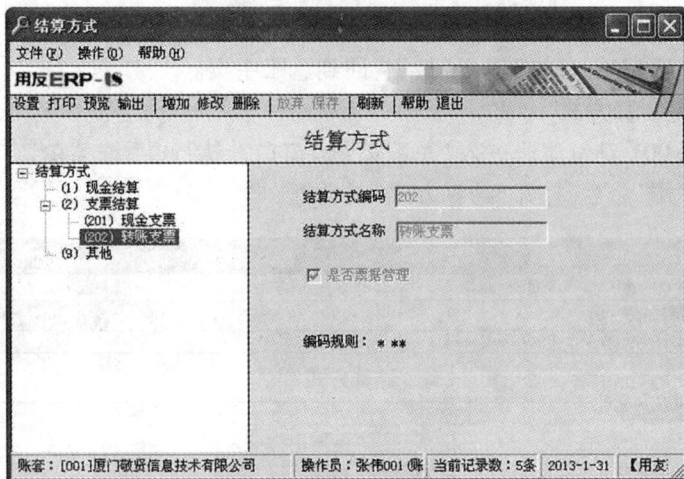

（4）设置完成后，单击"退出"按钮。

☞ **注意**

票据管理是系统为辅助银行出纳对银行结算票据进行管理而设置的功能。若需实施票据管理，则可以选取"票据管理"复选框。

总账系统日常业务处理

【实验摘要及实验目的】

在总账管理系统中,当初始化设置完成后,就可以开始进行日常账务处理了。本实验以一般的会计业务流程为线索,结合具体业务介绍日常会计业务处理中凭证管理的各项基本操作。

凭证管理包括:填制凭证、查询凭证、修改凭证、冲销凭证、删除凭证、出纳签字、审核凭证、凭证记账。

本实验的目的是掌握总账管理系统凭证管理的相关内容和操作方法。

【实验要求】

1. 由操作员 003 填制凭证
2. 由操作员 002 进行出纳签字
3. 由操作员 001 审核凭证并记账

【实验资料】

1.2013 年 1 月发生的会计业务如下:

(1)1 月 8 日,供应部吴绮以银行存款 6 000 元购买原材料,转账支票号 ZZR001。

借:原材料	6 000	
应交税金——增值税——进项税额	1 020	
贷:银行存款——人民币户		7 020

(2)1 月 10 日,财务部王芳001 从银行提取现金 1 000 元,作为备用金,现金支票号 XJ001。

借:现金	1 000	
贷:银行存款——人民币		1 000

(3)1 月 15 日销售库存商品给北京 B1 公司,业务员宋雪,货款 81 900 元尚未收到。

借:应收账款——北京 B1 公司　　　　　　　　　　　　　81 900

 贷:主营业务收入　　　　　　　　　　　　　　　　　　　70 000

  应交税金——应交增值税——销项税额　　　　　　　11 900

（4）1 月 16 日,收到某集团投资资金 10 000 美元,汇率 1:6.23,转账支票号 ZZW001。

借:银行存款——美元　　　　　　　　　　　　　　　　　62 300

 贷:实收资本　　　　　　　　　　　　　　　　　　　　　62 300

（5）1 月 18 日,财务部赵军报销差旅费 1 000 元。

借:管理费用——差旅费　　　　　　　　　　　　　　　　1 000

 贷:现金　　　　　　　　　　　　　　　　　　　　　　　1 000

（6）1 月 20 日收到上述北京 B1 公司拖欠货款,转账支票号 ZZR002。

借:银行存款——人民币户　　　　　　　　　　　　　　　81 900

 贷:应收账款——北京 B1 公司　　　　　　　　　　　　　81 900

（7）1 月 25 日销售部业务员 302 宋雪出差,向公司预借现金 2 000 元。

借:其他应收款——302 宋雪　　　　　　　　　　　　　　2 000

 贷:现金　　　　　　　　　　　　　　　　　　　　　　　2 000

（8）1 月 26 日财务部 202 王芳返还上期借款 5 000 元。

借:现金　　　　　　　　　　　　　　　　　　　　　　　5 000

 贷:其他应收款——202 王芳　　　　　　　　　　　　　　5 000

（9）1 月 28 日,总经理办公室支付业务招待费 2 000 元,用银行存款支付,转账支票号 ZZR003。

借:管理费用——业务招待费　　　　　　　　　　　　　　2 000

 贷:银行存款——人民币　　　　　　　　　　　　　　　　2 000

【操作指导】

1. 填制凭证

（1）以 003 号操作员的身份注册进入"总账"系统。执行"系统菜单"|"凭证"|"填制凭证"命令,打开"填制凭证"对话框,单击"增加"按钮。

☞ **注意**　在填制凭证时,请不要直接输入科目名称,而是应该通过点击科目名称栏右下角的小放大镜来选择对应科目的代码,这样可以避免输入别字而系统无法识别的情况。在实际工作中,录入人员往往对科目的代码已经很熟悉,也可直接输入科目代码,以提高工作效率。

（2）在"填制凭证"对话框中，根据分录（1）的经济内容，在"凭证类别"下拉列表框中选择"付款凭证"选项；"制单日期"位置输入"2013.01.08"。此外，在实际工作中，还要根据原始凭证的数量填写"附单据数"，本实验为了简化，予以省略。

（3）根据经济业务依次输入摘要、科目名称及借方金额。回车键换行。

（4）根据经济业务依次输入摘要、科目名称及贷方金额。

（5）若出现银行收付款，要根据实际情况填写"结算方式"、"票号"，如分录（1）中，输完银行科目100201，弹出"辅助项"对话框。输入结算方式202，票号ZZR001，发生日期"2013-01-08"，单击"确定"按钮。

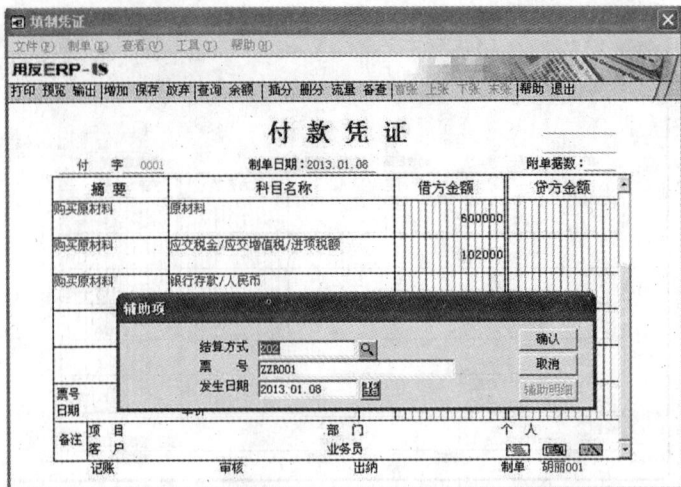

（6）凭证输入完成后，若此张支票未登记，则系统弹出"此支票尚未登记，是否登记?"对话框。单击"是"按钮，弹出"票号登记"对话框。输入领用日期"2013-01-08"，领用部门"供应部"，姓名"吴"，限额7020，用途"购买原材料"，单击"确定"按钮。

☞ **注意**

①在填写"票号登记"对话框过程中,如遇到点击部门栏右边的小放大镜后无可选择部门这一情况时,应以账套主管001的身份重新登录企业门户,执行"基础信息"|"数据权限"|"数据权限设置",打开"权限浏览"对话框。

②选中"用户及角色"中"003 胡丽+学号"一栏,单击"授权",打开"记录权限设置"对话框。在"分配对象"一栏中选择"部门",再将左边的禁用部门全部移到右边的"可用"栏中,单击"保存"即可。

③这一过程是对胡丽001设置查询和录入部门信息的权限。如果胡丽001不能查询到用户信息,则设置权限的方法类似。

（7）单击"保存"按钮，保存该凭证。

（8）如果用到"个人往来"、"部门往来"、"客户往来"及"供应商往来"辅助核算科目，在填制凭证时，在输入了需要辅助核算的科目名称或代码之后，需要同时输入辅助核算所需的往来单位、部门或个人信息，如下图。

（9）在编制含有往来辅助核算类科目的凭证时，如果没有同时输入往来单位、部门或个人信息，则系统将会提示出错，如下图。在这种情况下，对用友8.5版本，其补救方法是应用"删分"命令，把该条含往来单位辅助核算的分录删除，然后再重新输入。

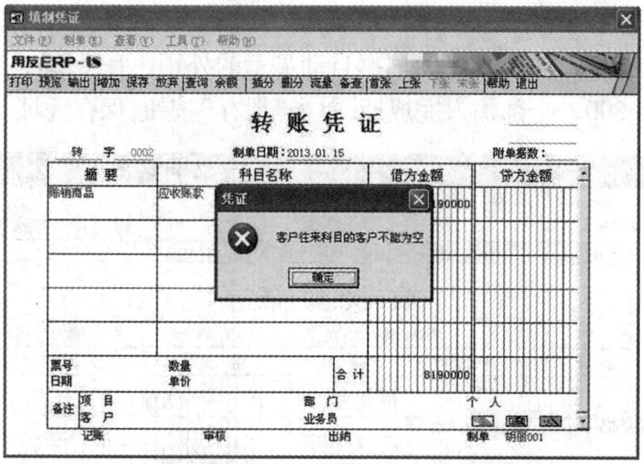
填制凭证
文件(F) 制单(E) 查看(V) 工具(T) 帮助(H)
用友ERP-U8
打印 预览 输出 增加 保存 放弃 查询 余额 插分 删分 流量 备查 首张 上张 下张 末张 帮助 退出
转账凭证
转 字 0002
制单日期：2013.01.15
附单据数：
摘要
科目名称
借方金额
贷方金额
赊销商品
应收账款
8190000
凭证
客户往来科目的客户不能为空
确定
票号
日期
数量
单价
合计
8190000
备注
项目
客户
部门
业务员
个人
记账
审核
出纳
制单
胡丽001

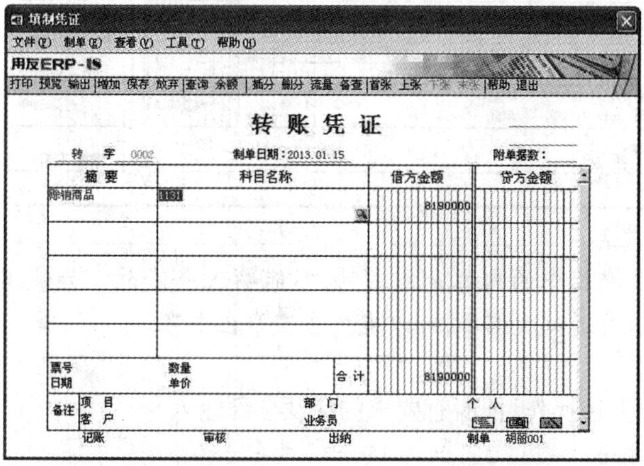
填制凭证
文件(F) 制单(E) 查看(V) 工具(T) 帮助(H)
用友ERP-U8
打印 预览 输出 增加 保存 放弃 查询 余额 插分 删分 流量 备查 首张 上张 下张 末张 帮助 退出
转账凭证
转 字 0002
制单日期：2013.01.15
附单据数：
摘要
科目名称
借方金额
贷方金额
赊销商品
1131
8190000
票号
日期
数量
单价
合计
8190000
备注
项目
客户
部门
业务员
个人
记账
审核
出纳
制单
胡丽001

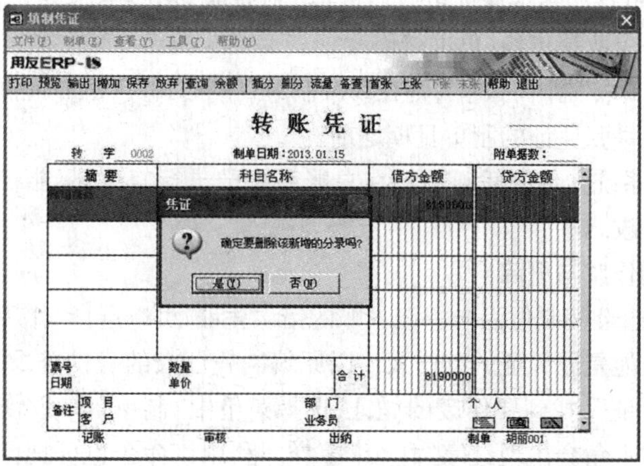
填制凭证
文件(F) 制单(E) 查看(V) 工具(T) 帮助(H)
用友ERP-U8
打印 预览 输出 增加 保存 放弃 查询 余额 插分 删分 流量 备查 首张 上张 下张 末张 帮助 退出
转账凭证
转 字 0002
制单日期：2013.01.15
附单据数：
摘要
科目名称
借方金额
贷方金额
凭证
确定要删除该新增的分录吗？
是(Y)
否(N)
票号
日期
数量
单价
合计
8190000
备注
项目
客户
部门
业务员
个人
记账
审核
出纳
制单
胡丽001

(10)对于业务(4),该业务涉及外币科目,在填制凭证过程中,输完外币科目100202,输入外币金额10 000,根据自动显示的外币汇率6.23,自动算出并显示本币金额62 300。全部输入完成后,单击"保存"按钮,保存凭证。

> ☞ **注意** 汇率栏中的内容是固定的,不能输入或修改。如使用浮动汇率,汇率栏中显示最近一次汇率,可以直接在汇率栏中修改。

(11)重复上述操作,把所有要求的凭证全部输入。

2. 凭证的修改

(1)未经审核的错误凭证可以通过"填制凭证"功能由制单人直接修改,已审核的凭证应先取消审核,再进行修改。

(2)若已采取"制单序时",则在修改制单日期时,修改的凭证制单日期不能在已生成的上一张凭证的制单日期之前。

(3)外部系统上传的凭证不能在总账系统中进行修改,只能在生成该凭证的子系统中修改。

3. 凭证的作废与删除

(1)对于已经编制但尚未登记入账的错误凭证,可以选择"作废",但作废凭证的操作员只能是原凭证的制作人。以原编制凭证人的身份登录总账,并进入"凭证|填制凭证",找到要作废的凭证,选择菜单中"制单|作废/恢复"命令,作废后凭证的左上角会出现红字"作废"字样。利用该命令也可把已经作废的凭

证重新恢复。

　　(2)作废后的凭证并没有被删除,仍将存在于系统中,如果想删除已经作废的凭证,请登录总账并进入"凭证|填制凭证",选择菜单中"制单|整理凭证"命令(在本实验中,003 号操作员没有此权限,需要换 001 号操作员才能操作),选择想要删除作废凭证的会计期间之后,将弹出如下"作废凭证表"对话框,单击"全选"选择所有要删除的凭证。

(3)单击确定,弹出如下对话框,提示"是否还需整理凭证断号"。如果选择"是",系统将会自己把凭证号整理为连续的编号,选择"否"将会保留被删除的凭证编号。

☞**注意**　对于已登记入账的凭证不能进行直接作废删除,要先将已记账凭证恢复成未记账状态,再进行凭证整理(操作方法在"7.取消记账"中进行说明)。

4. 出纳签字

(1)以002操作员(出纳)的身份进入总账系统。执行"系统菜单"|"凭证"|"出纳签字"命令,打开"出纳签字"对话框。

☞**注意**　如果在"系统菜单"|"凭证"下没有"出纳签字"这一项,说明你并没有对当前操作员赋予出纳签字权,你需要以系统管理员 admin 的身份登录到"系统管理|权限|权限"对操作员赋予出纳签字权。

(2)单击"确认"按钮,打开"出纳签字"对话框。

(3)单击"确定"按钮,打开"出纳签字"对话框。

(4)检查无误后,单击"签字"按钮,系统自动在出纳签字的位置上签上王芳001 的名字。

(5)将其他凭证签字完毕后,单击"退出"返回。

如果以出纳的身份进入"总账|凭证|出纳签字"后,没有出纳可签字的凭

证,或者可签字的凭证(所有含有现金及银行存款业务的凭证都需要出纳签字)没有全部被列出来,请做如下检查:

①检查所选择的月份是否为要签字凭证的业务发生月。

②检查是否已经为现金及银行存款科目进行了"指定科目"操作。检验方法:以001操作员的身份登录"总账|设置|会计科目",然后选择菜单"编辑|指定科目",分别点击左边的"现金总账科目"和"银行存款总账科目",看现金和银行存款是否已经出现在指定科目对话框的右侧。如果现金和银行存款仍还在左侧,说明还没有进行指定科目操作;如果已经被列在右侧,说明已经指定科目。

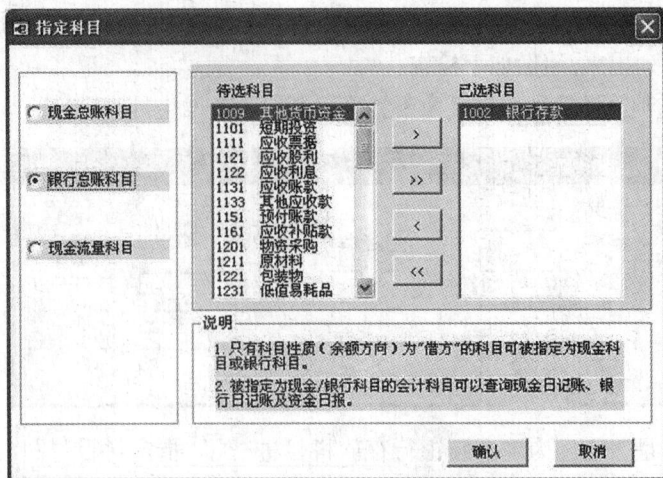

5. 审核凭证

(1)以 001 操作员的身份进入总账系统。执行"系统菜单"|"凭证"|"审核凭证"命令,打开"凭证审核"对话框。

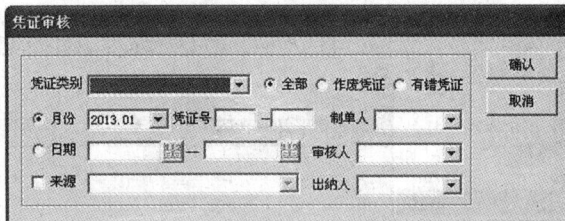

(2)单击"确认"按钮,打开"凭证审核"对话框。

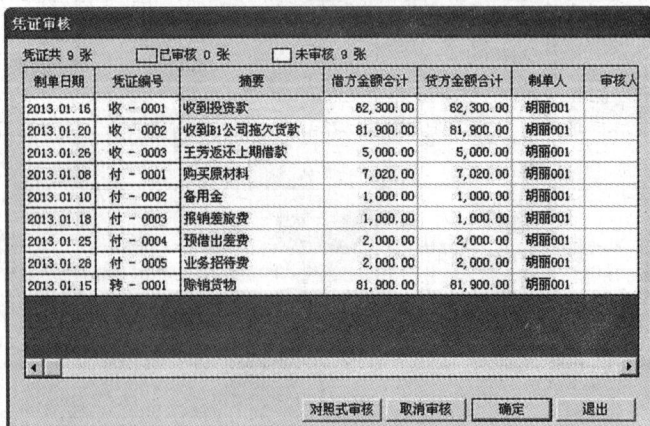

凭证审核

凭证共 9 张　　☐已审核 0 张　　☐未审核 9 张

制单日期	凭证编号	摘要	借方金额合计	贷方金额合计	制单人	审核人
2013.01.16	收 - 0001	收到投资款	62,300.00	62,300.00	胡丽001	
2013.01.20	收 - 0002	收到B1公司拖欠货款	81,900.00	81,900.00	胡丽001	
2013.01.26	收 - 0003	王芳返还上期借款	5,000.00	5,000.00	胡丽001	
2013.01.08	付 - 0001	购买原材料	7,020.00	7,020.00	胡丽001	
2013.01.10	付 - 0002	备用金	1,000.00	1,000.00	胡丽001	
2013.01.18	付 - 0003	报销差旅费	1,000.00	1,000.00	胡丽001	
2013.01.25	付 - 0004	预借出差费	2,000.00	2,000.00	胡丽001	
2013.01.28	付 - 0005	业务招待费	2,000.00	2,000.00	胡丽001	
2013.01.15	转 - 0001	赊销货物	81,900.00	81,900.00	胡丽001	

对照式审核　取消审核　确定　退出

(3)单击"确定"按钮,打开"审核凭证"对话框。

(4)检查无误后,单击"审核"按钮,系统自动在凭证中审核的位置上签上张伟001 的名字。

(5)将其他凭证审核完毕后,单击"退出"返回。

6. 记账

对已审核通过的所有凭证进行记账。

(1)以001 操作员的身份进入总账系统。执行"系统菜单"|"凭证"|"记账"命令,打开"记账——选择本次记账范围"对话框。

（2）选择本次记账的范围。如果不输入，系统自动默认为所有凭证。

（3）选择"全选"，单击"下一步"按钮，打开"记账—记账报告"对话框。

（4）如果需要打印记账报告，单击"打印"按钮。否则，单击"下一步"按钮，打开"记账——记账"对话框。

（5）单击"记账"按钮，打开"期初试算平衡表"对话框。

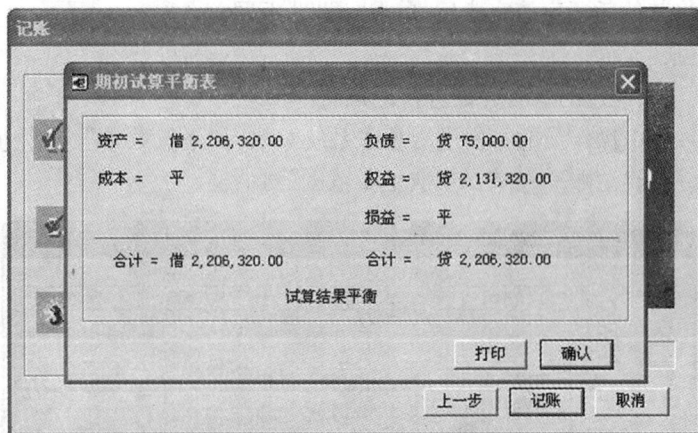

（6）单击"确认"按钮，系统自动开始登记有关的总账、明细账和辅助账。登记完毕后，系统自动弹出"记账完毕！"信息提示对话框。单击"确定"按钮，记账完毕。

☞ 注意

①第一次记账时,若期初余额试算不平衡,不能记账。

②上月未结账,本月不能记账;未审核凭证不能记账。如果显示"无可记账凭证,不能记账",应考虑两个原因:一方面可能是由于上月没有结账;另一方面可能是凭证没有审核,故不能记账。

③作废凭证不需审核可直接记账。

④记账过程一旦断电或其他原因造成中断后,系统将自动调用"恢复记账前状态"恢复数据,然后再重新记账。

7. 取消记账

记账凭证经过"记账"操作后,如果发现已记账凭证的错误较多,或由于其他原因,可以采用"取消记账"功能,将已记账的记账凭证数据重新从总账、明细账、日记账、部门账、个人账、项目账、往来账以及备查账等账簿中退出,恢复到记账前状态,从而实施修改、删除凭证等操作。

下面将介绍"取消记账"(又称"反记账")功能的操作过程。

(1)激活"恢复记账前状态"菜单

①以账套主管001的身份进入总账系统,执行"期末"|"对账"命令,打开"对账"窗口。

②按"Ctrl+H"快捷键,弹出"恢复记账前状态功能已被激活"信息提示对话框。

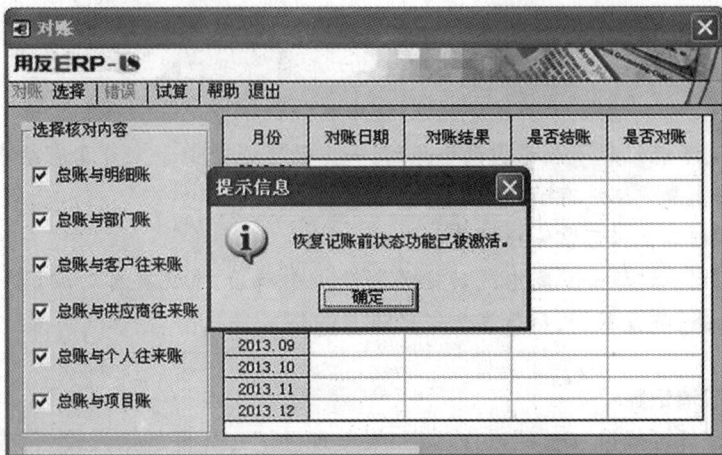

③单击"确定"按钮,再单击在工具栏中的"退出"按钮。

☞ **注意** 如果退出系统后又重新进入系统或在"对账"中按"Ctrl+H"键,将重新隐藏"恢复记账前状态"功能。

(2)取消记账

①执行"凭证"|"恢复记账前状态"命令,打开"恢复记账前状态"对话框。

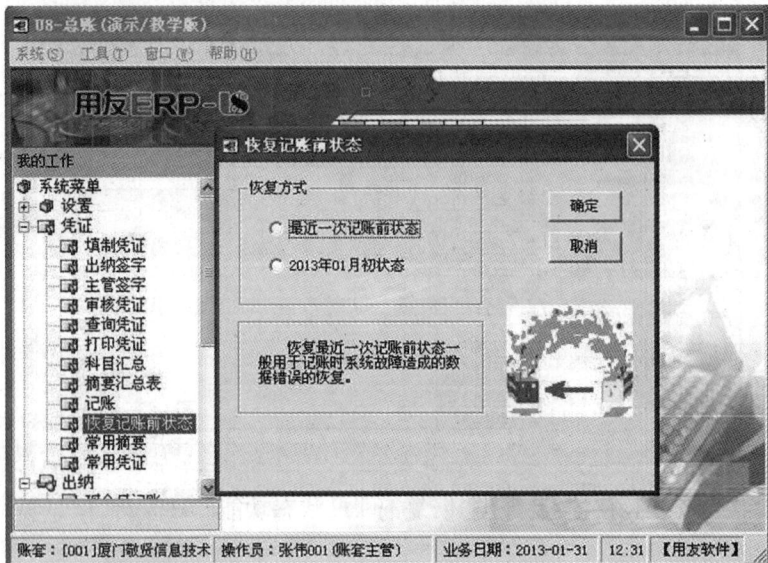

②在弹出的对话框中显示两种恢复方式：一是"最近一次记账前状态"；二是月初状态，如"2013 年 01 月初状态"。此处一般选择月初状态"即 2013 年 01 月初状态"，恢复到本月未记账的状态，然后单击"确定"按钮。

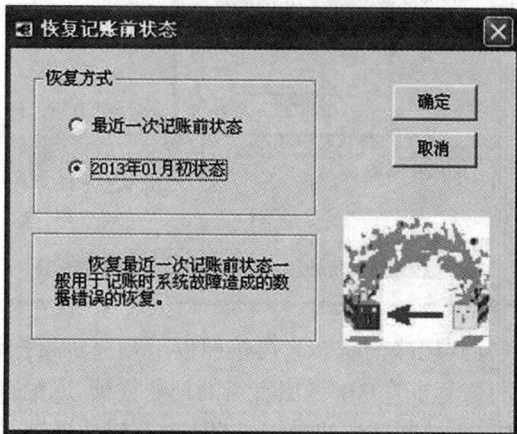

③弹出"输入"窗口，要求输入账套主管口令。本实验输入口令"1"，按"确认"键。

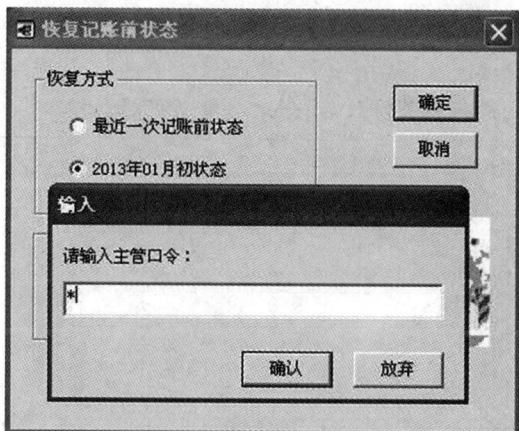

④系统自动恢复记账前状态，但处理完毕时，系统弹出"恢复记账完毕"信息提示对话框，单击"确定"按钮。

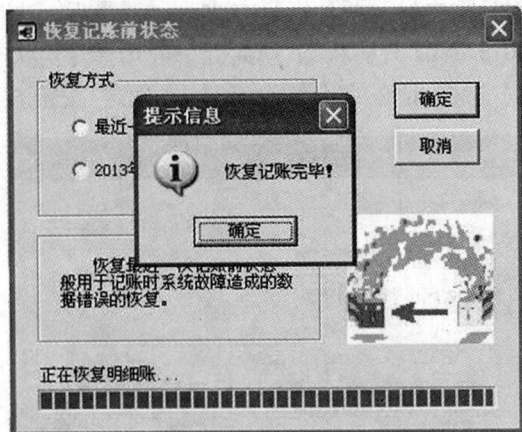

此时系统已恢复到记账前状态。再按照以下顺序进行操作可将记账后的错误凭证进行更正:账套主管001调出有错的记账凭证,取消审核→由出纳002取消出纳签字操作→由填制凭证的操作员003对有错凭证进行修改→再由出纳002签字→由账套主管001审核签字→重新记账。

☞ 注意

①已结账月份的数据不能取消记账,应该先取消结账(取消结账方法在实验7说明)。

②取消记账,进行相关修改后,一定要重新记账。

实验 7　总账系统的期末业务

【实验摘要及实验目的】

在会计核算期末结账前,许多成本、费用需要进行转账。账务处理系统对期末业务的处理都是由计算机根据用户的设置自动进行的,这项功能是通过设置两个子模块——定义自动转账业务模块和生成转账凭证模块来实现的。其中,转账定义包括:对应结转定义、销售成本结转定义、汇兑损益结转定义、自定义结转定义和期间损益结转定义五个功能。

期末成本、费用转账完成之后,可以对总账系统进行对账、结账。

本实验的目的是掌握自定义结转、对应结转、期间损益结转的定义与生成以及期末结账处理。

【实验要求】

1. 1 月 31 日由操作员 003 定义自定义结转凭证并生成,由操作员 001 审核并记账

2. 1 月 31 日由操作员 003 定义对应结转凭证并生成,由操作员 001 审核并记账

3. 1 月 31 日由操作员 003 定义"期间损益结转"的凭证并生成,由操作员 001 审核并记账

4. 由操作员 001 进行结账处理

【实验资料】

自定义结转业务:

借:管理费用/其他　　　　　　　　　　　　　　　　JG(　)

　贷:待摊费用/报刊费　　　　　　　　　　　　　　　　　600/12

【操作指导】

1. 自定义结转设置和期间损益结转定义

首先以003号操作员胡丽的身份重新注册登入总账系统。

(1) 自定义结转设置

①执行"期末"|"转账定义"|"自定义转账"命令,进入"自定义转账设置"窗口。

②单击"增加"按钮,打开"转账目录"设置对话框。

③输入转账序号"0001",转账说明"摊销报刊费",选择凭证类别"转 转账凭证"。

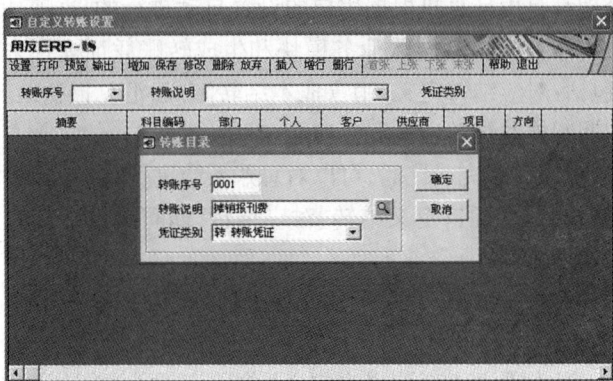

④单击"确定"按钮,继续定义转账凭证分录信息。

⑤确定分录的借方信息。选择科目编码"550209",部门"总经理办公室";方向"借",输入金额公式"JG( )"。

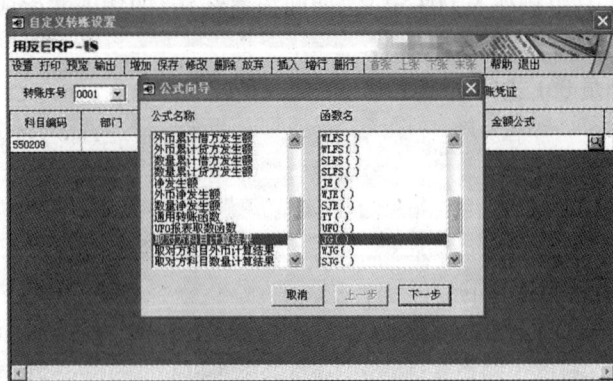

⑥单击"下一步"按钮,打开"公式向导"对话框,输入取数对方科目,单击"完成"按钮,返回。在这笔业务中,对方科目只有"待摊费用/报刊费"一个,所以在这里可以不输入"待摊费用/报刊费"的科目代码。

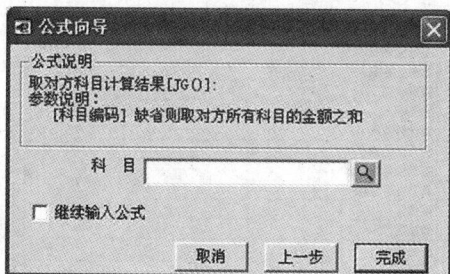

⑦单击"增行"按钮,确定分录的贷方信息。选择科目编码"130101",方向"贷",输入金额公式"600/12"。

☞ **注意** 输入转账计算公式有两种方法:一是直接选择计算公式,二是引导方式录入公式。

⑧单击"保存"按钮后"退出"。

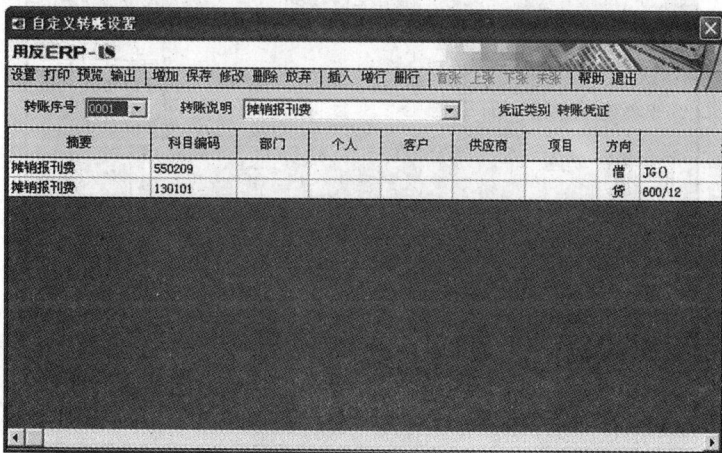

(2)期间损益结转设置

以003操作员胡丽的身份登录总账。

①执行"期末"|"转账定义"|"期间损益"命令,进入"期间损益结转设置"窗口。

②选择凭证类别"转账凭证",选择本年利润科目"3131",单击"确定"按钮。

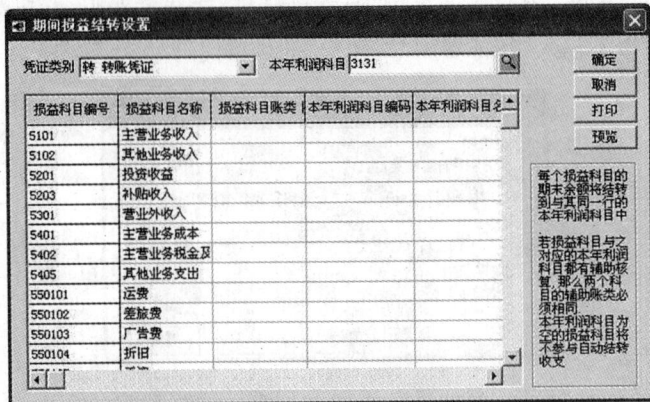

2. 转账生成

以操作员 003 胡丽的身份登录总账。

(1)自定义转账生成

①执行"期末"|"转账生成"命令,进入"转账生成"窗口。

②单击"自定义转账"单选按钮,单击"全选"按钮。

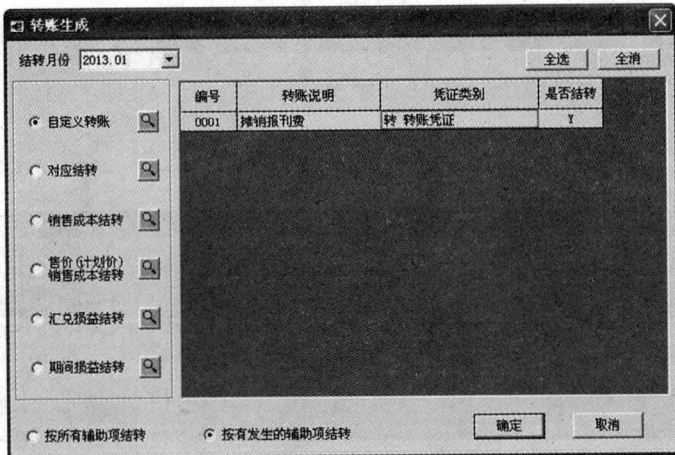

③单击"确定"按钮,生成转账凭证。

④单击"保存"按钮,系统自动将当前凭证追加到未记账凭证中。

⑤以账套主管001张伟的身份登录总账,并对刚才自动生成的凭证进行审核。

⑥对已经审核过的自动生成凭证记账。

☞ **注意**　进行转账生成之前,先将本月发生的相关经济业务的记账凭证登记入账。

(2)期间损益结转生成

以操作员003胡丽的身份登录。

①执行"期末"|"转账生成"命令,进入"转账生成"窗口。

②单击"期间损益结转"单选按钮,选择损益类型"全部"。

③单击"全选"按钮,单击"确定"按钮,生成转账凭证。

④单击"保存"按钮,系统自动将当前凭证追加到未记账凭证中。

⑤以账套主管001张伟的身份登录总账,并对转账生成的凭证审计。

⑥对已经审计的转账生成凭证记账。

☞ **注意**

①转账生成之前,注意转账月份为当前会计月份。

②进行"期间损益结转"转账生成之前,先将相关经济业务的记账凭证登记入账,包括"自定义转账"自动生成的转账凭证。如果"期间损益结转"前有未记账凭证,或者期间损益结转之后又填制了新的凭证,需要重新进行"期间损益结转"。

③转账凭证每月只生成一次。

④生成的转账凭证,仍需审核才能记账。

⑤结账前,已经作废的凭证需要删除,如果没有删除,有时会无法正常结账。

---

3. 对账

(1) 首先以"张伟001"的身份对生成的自动转账凭证进行审核、记账,再执行"期末"|"对账"命令,进入"对账"窗口。

(2)将光标定位在要进行对账的月份"2013.01",单击"选择"按钮。

(3)单击"对账"按钮,开始自动对账,并显示对账结果。

（4）单击"试算"按钮，可以对各科目类别余额进行试算平衡。

（5）单击"确认"按钮返回。

4. 结账

结账之前必须确保所有业务都已经登记入账，且所有的凭证都已经记账，否则将无法正常结账。结账前如果有未删除的作废凭证，也可能会导致结账无法正常进行。

（1）执行"期末"|"结账"命令，进入"结账"窗口。

（2）单击要结账月份"2013.01"，单击"下一步"按钮。

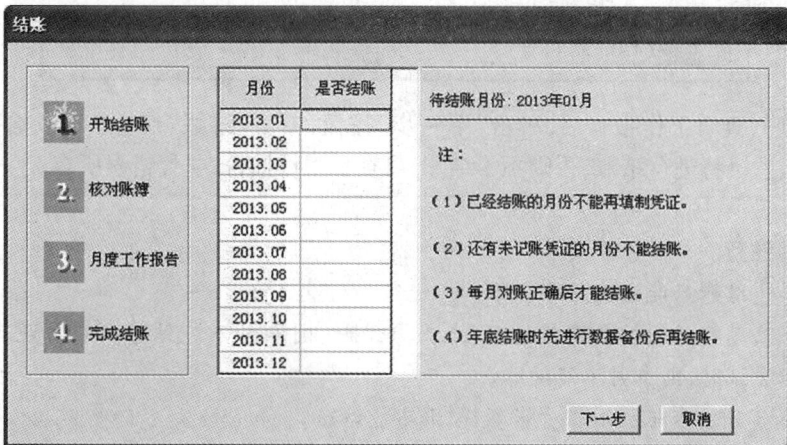

（3）单击"对账"按钮，系统对要结账的月份进行账账核对。

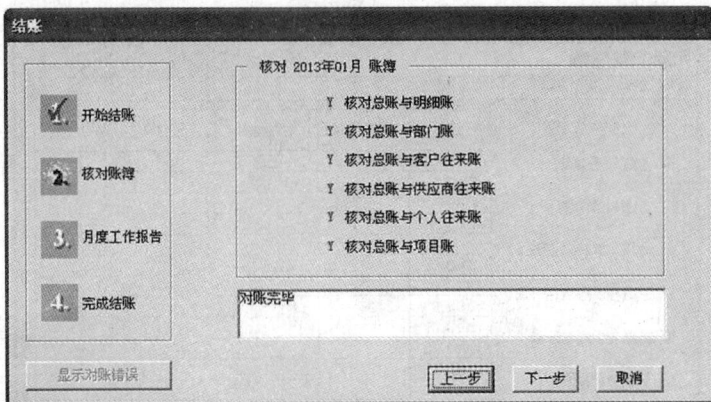

（4）单击"下一步"按钮，系统显示"2013 年 01 月工作报告"。

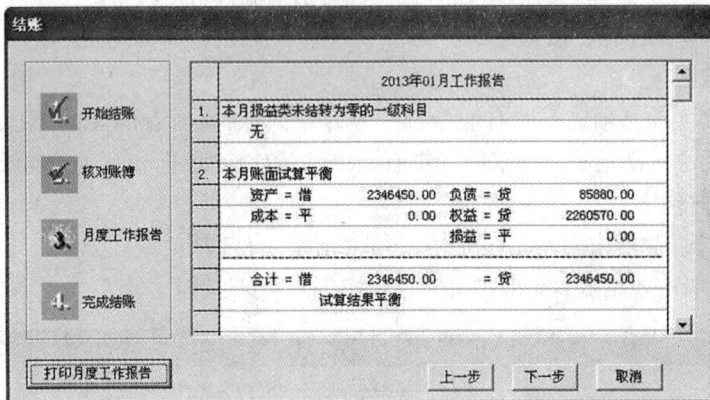

（5）查看工作报告后，单击"下一步"按钮，单击"结账"按钮。若符合结账要求，系统将进行结账，否则不予结账，可查看工作报告，寻找错误所在。

☞ 注意

①结账只能由有结账权限的人进行。

②结账必须按月连续进行，上月未结账，则本月不能结账。本月还有未记账凭证时，则本月不能结账。

③若总账与明细账对账不符，则不能结账。

④如果与其他系统联合使用，其他子系统未全部结账，则本月不能结账。

⑤结账前，最好进行数据备份。

5. 取消结账

(1)执行"期末"|"结账"命令,进入"结账"窗口。

(2)选择要取消结账的月份"2013.01"。

(3)按 Ctrl+Shift+F6 键激活"取消结账"功能。

(4)输入口令"1",单击"确认"按钮,取消结账标记。

☞ **注意**

当结账完毕后,由于非法操作、计算机病毒或其他原因,可能会造成数据被破坏,这时可以在此使用"取消结账"功能。

取消结账后,必须重新结账。

实验 8 UFO报表系统

【实验摘要及实验目的】

UFO 会计报表系统是用友财务软件中专门用来编制各种会计报表的子系统。该子系统不仅具有强大的报表编制和数据处理功能,还可根据账套中的各种会计凭证和账簿数据,按照报表的公式定义自动生成报表数据,具有对报表进行计算、统计、审核、汇总、查询和打印输出等功能。

本实验的目的是熟悉 UFO 报表系统中自定义报表和模板生成报表的基本原理,掌握报表格式设计、公式设计、报表输出等操作系统方法。

【实验要求】

1. 自定义生成 2013 年 1 月份的利润表
2. 利用报表模板生成 2013 年 1 月份的资产负债表

【实验资料】

1. 报表格式

利润表

会企 02 表

单位名称　　　　　　年　　月　　　　　　　单位:元

项目	本期金额	本年累计
一、营业收入		
减:营业成本		
营业税金及附加		
销售费用		
管理费用		
财务费用		
加:投资收益(损失以"-"号填列)		

续表

项目	本期金额	本年累计
二、营业利润		
加:营业外收入		
减:营业外支出		
三、利润总额		
减:所得税费用		
四、净利润(净亏损以"−"号填列)		

说明:

(1)表头

行高:10 mm。

标题"利润表"设置为黑体、粗体、20 号、居中。

单位名称和年、月应设置为关键字。

偏移:单位名称0;年−180;月−140。

(2)表体(区域为 A4:C17)

行高:6 mm。

列宽:第一列为85mm,后两列为25mm。

表体中文字设置为宋体、12 号。

(3)页面设置

左边距:30 mm, 右边距:30 mm,上边距:30 mm,下边距:30 mm。

(4)公式数据

B5 = FS("5101",月,"贷","001",2013,,,)

B6 = FS("5401",月,"借","001",2013,,,)

B7 = FS("5402",月,"借","001",2013,,,)

B8 = FS("5501",月,"借","001",2013,,,)

B9 = FS("5502",月,"借","001",2013,,,)

B10 = FS("5503",月,"借","001",2013,,,)

B11 = FS("5201",月,"贷","001",2013,,,) − FS("5201",月,"借","001",2013,,,)

B12 = ? B5 − ptotal(? B6:? B10) + ? B11

B13 = FS("5301",月,"贷","001",2013,,,)

B14 = FS("5601",月,"借","001",2013,,,)

B15 = ? B12 + ? B13 − ? B14

B16＝FS("5701",月,"借","001",2013,,,)

B17＝? B15–? B16

C5＝? B5+select(? C5,年@＝年 and 月@＝月+1)

C6＝? B6+select(? C6,年@＝年 and 月@＝月+1)

C7＝? B7+select(? C7,年@＝年 and 月@＝月+1)

C8＝? B8+select(? C8,年@＝年 and 月@＝月+1)

C9＝? B9+select(? C9,年@＝年 and 月@＝月+1)

C10＝? B10+select(? C10,年@＝年 and 月@＝月+1)

C11＝? B11+select(? C11,年@＝年 and 月@＝月+1)

C12＝? B12+select(? C12,年@＝年 and 月@＝月+1)

C13＝? B13+select(? C13,年@＝年 and 月@＝月+1)

C14＝? B14+select(? C14,年@＝年 and 月@＝月+1)

C15＝? B15+select(? C15,年@＝年 and 月@＝月+1)

C16＝? B16+select(? C16,年@＝年 and 月@＝月+1)

C17＝? B17+select(? C17,年@＝年 and 月@＝月+1)

【操作指导】

1. 启动 UFO 报表子系统

以账套主管的身份注册进入"UFO 报表"系统,执行"文件"|"新建"命令,打开报表格式状态窗口,出现空白表,报表名默认为"report1"。

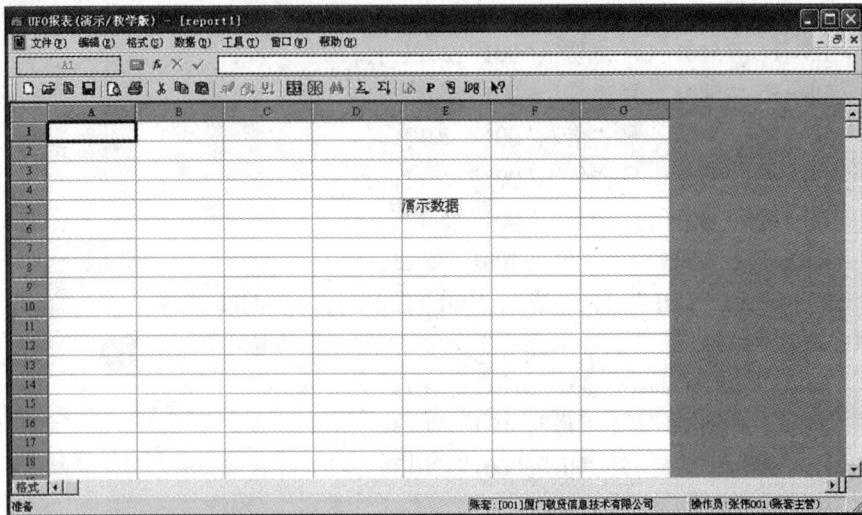

2.自定义生成利润表

（1）设计利润表格式

①执行"格式"|"表尺寸"命令,将表尺寸设为17行3列,设置完成后,点击"确认"按钮。

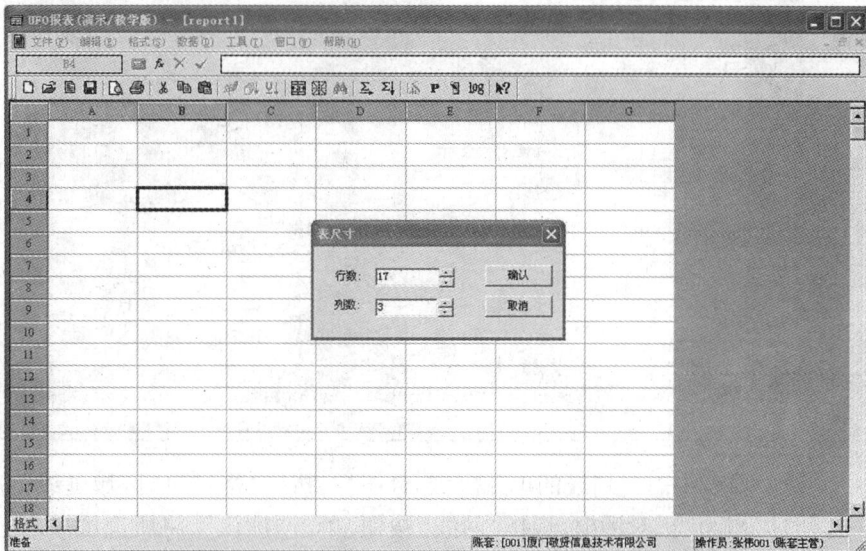

②选中表中所有的单元格,执行"格式"|"行高"命令,将行高设置为6mm。

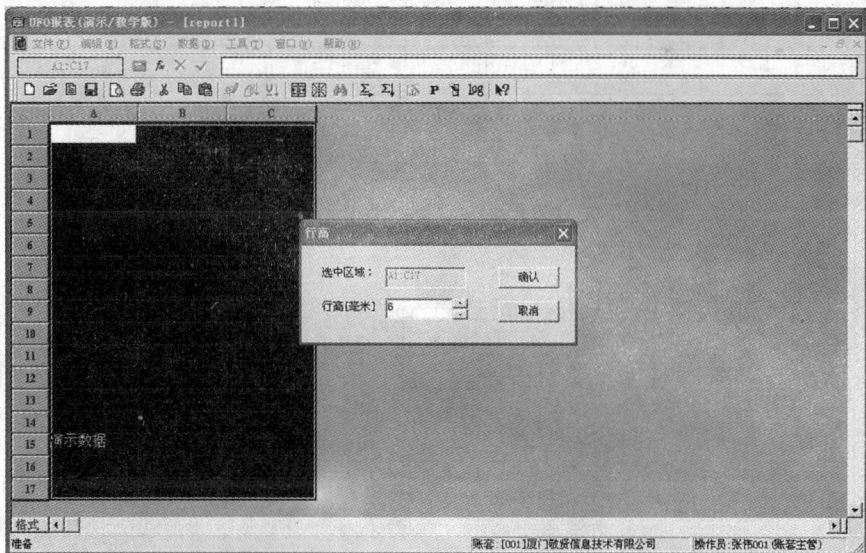

③选中第一列,执行"格式"|"列宽"命令,将第一列的列宽设置为85mm。

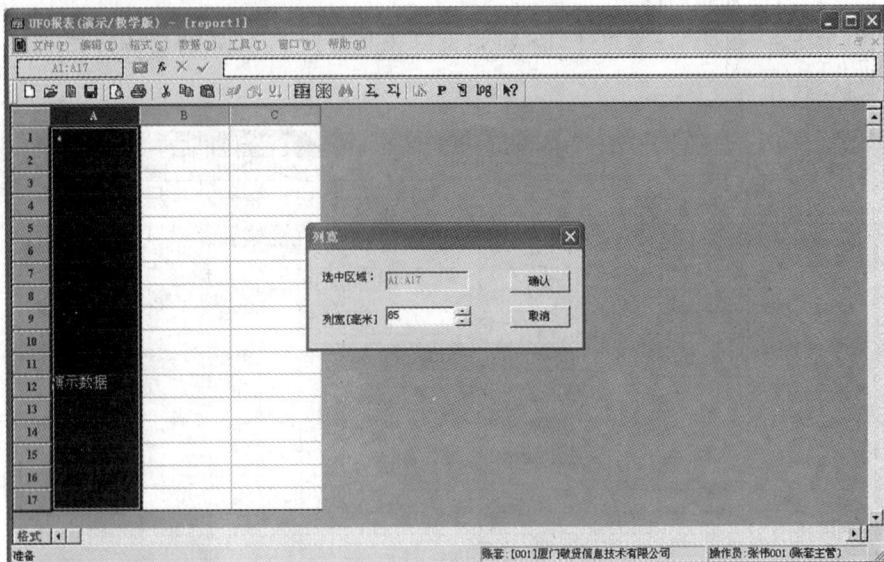

④选中报表中需要划线的单元区域 A4:C17,执行"格式"|"区域画线"命令,打开"区域画线"对话框,选择"网线"按钮,单击"确认",将所选区域画上表格线。

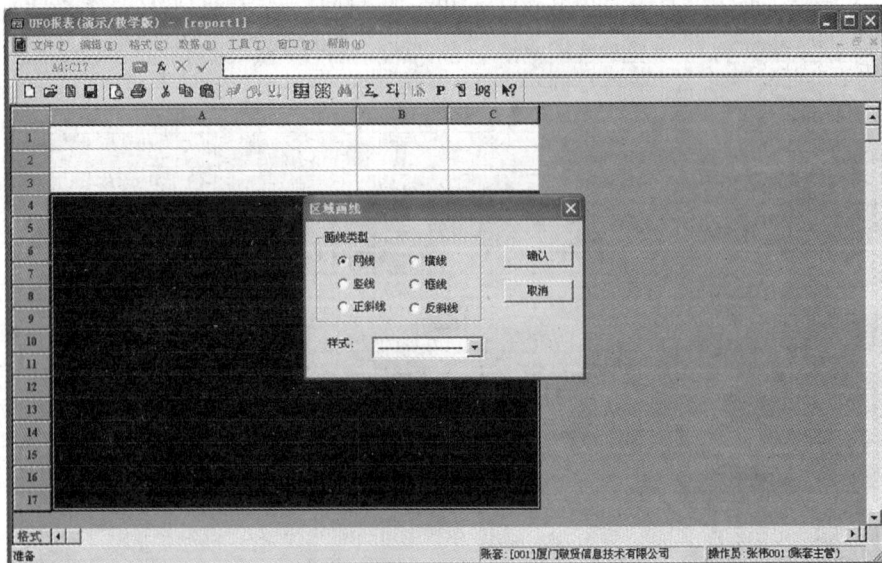

⑤选择区域 A1:C1,执行"格式"|"组合单元"命令,打开"组合单元"对话框,单击"整体组合"或"按行组合"按钮,实现标题行单元格的组合。以同样的方法实现区域 A3:C3 的组合。

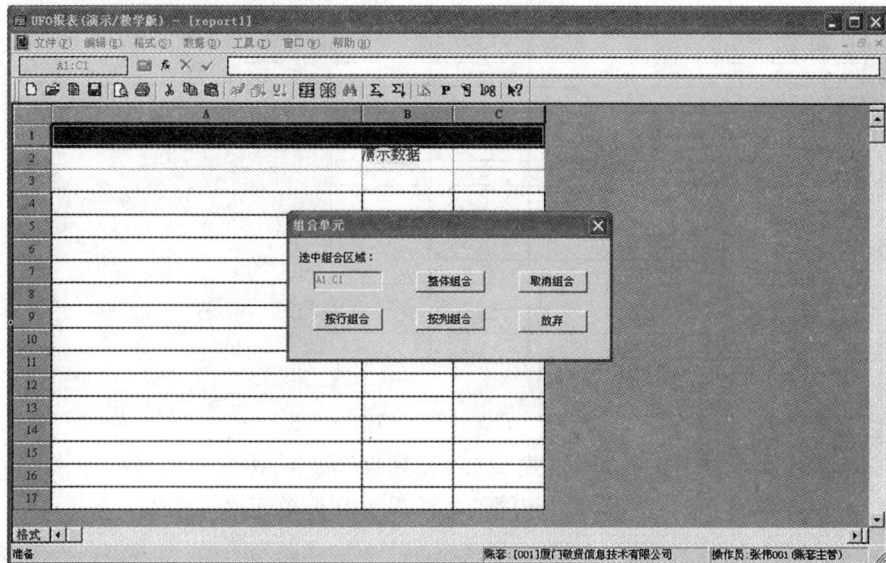

⑥执行"文件"|"页面设置"命令,打开"页面设置"对话框,将上下左右边距都调整为30mm,设置完成后,点击"确认"按钮,完成页面设置操作。

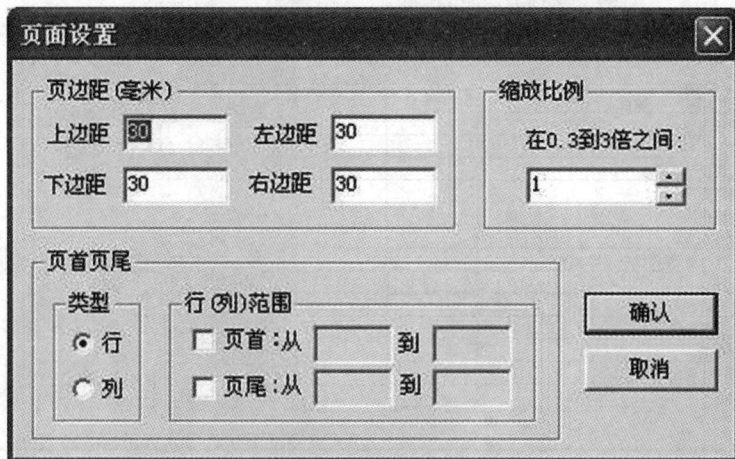

⑦输入利润表中的项目内容。

文件(F) 编辑(E) 格式(S) 数据(D) 工具(T) 窗口(W) 帮助(H)

A17   四、净利润（净亏损以"－"号填列）

	A	B	C
2			会企02表
3	单位：元		
4	项目	本期金额	本年累计
5	一、营业收入		
6	减：营业成本		
7	营业税金及附加		
8	销售费用		
9	管理费用		
10	财务费用		
11	加：投资收益(损失以"－"号填列)		
12	二、营业利润		
13	加：营业外收入		
14	减：营业外支出		
15	三、利润总额		
16	减：所得税费用		
17	四、净利润（净亏损以"－"号填列）		

⑧选中单元格 A1，执行"格式"|"单元属性"命令，按实验资料的要求设置单元格字体、对齐方式等。以相同的方法设置其他单元格的属性。

UFO报表(演示/教学版) － [report1]

文件(F) 编辑(E) 格式(S) 数据(D) 工具(T) 窗口(W) 帮助(H)

B12

宋体 12 B I U 三 三 三 工 |→| , % $ 品品

	A	B	C
1	利润表		
2			会企02表
3			单位：元
4	项目	本期金额	本年累计
5	一、营业收入		
6	减：营业成本		
7	营业税金及附加		
8	销售费用		
9	管理费用		
10	财务费用		
11	加：投资收益(损失以"－"号填列)		
12	二、营业利润		
13	加：营业外收入		
14	减：营业外支出		
15	三、利润总额		
16	减：所得税费用		
17	四、净利润（净亏损以"－"号填列）		

格式

准备   账套：[001]厦门敬贸信息技术有限公司   操作员：张伟001(账套主管)

⑨选择单元格 A3，执行"数据"|"关键字"|"设置"命令，打开"设置关键字"对话框，选中"单位名称"单选框，点击"确定"按钮，将单位名称设置为关

键字。

依同样方法设置"年"和"月"关键字,设置后相应的位置以红字显示关键字。

☞ **注意**

①关键字是一种特殊的单元,可以唯一标识一个表页,用于在大量表页中快速选择表页。关键字主要包括单位名称、单位编号、年、月、季、日及一个自定义关键字。

②一个关键字在一个报表中只能定义一次,一个报表可以同时定义多个关键字。

③关键字的设置在格式状态下进行,关键字的值要在数据状态下录入。

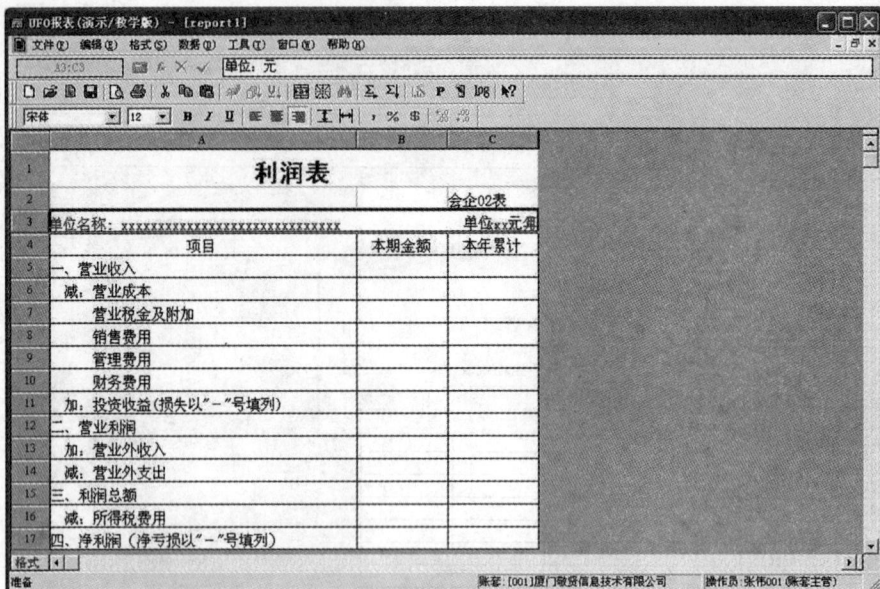

⑩选中单元格 A3,执行"数据"│"关键字"│"偏移"命令,打开"定义关键字偏移"对话框,将"单位名称"、"年"、"月"的偏移量分别设置为 0,−180,−140。

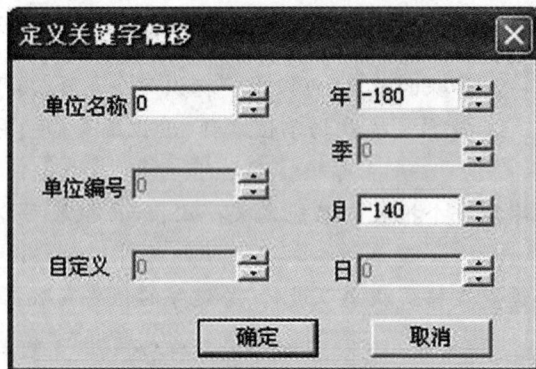

☞注意　注意:关键字的位置用偏移量来表示,负数值表示向左移,正数值表示向右移。

（2）定义利润表公式

背景知识补充

系统常用的报表计算公式:

◆账务取数公式

账务取数是会计报表数据的主要来源,账务取数函数架起了报表系统和总账等其他系统之间进行数据传递的桥梁。账务取数函数可实现报表系统从账簿、凭证中采集各种会计数据并生成相关报表,实现账表一体化。

账务函数的基本格式为:

函数名("科目编码",会计期间,【"方向"】,【账套号】,【会计年度】,【编码1】,【编码2】)

其中,"科目编码"也可以是科目名称,且必须用双引号括起来;会计期间可以是"年"、"季"、"月"等变量,也可以是具体表示年、季、月的数字;方向即"借"或"贷",可以省略;账套号为数字,缺省时默认为999账套;会计年度即数据取数的年度,可以省略;【编码1】,【编码2】与科目编码的核算账类有关,可以取科目的辅助账,如职员编码、项目编码等,如无辅助核算则省略。

◆表页内部统计公式

表页内部统计公式主要是用于在本表页的指定区域内做出的诸如求和、求平均值、计数、求最大值、最小值及统计方差等统计结果的运算。如:求和可使用函数 PTOTAL( )实现。

◆本表它页取数公式

一个完整的 UFO 报表是由多个表页组合而成的,各个表页之间具有密切的联系。其中某一个表页的数据可能是取自上一会计期间的,而完成这一数据提取过程就需要用到本表其他页取数公式。

可以使用 SELECT( )函数从本表其他表页取数。SELECT(<目标区域>=<数据源区域>@<页号>)

如:C1 单元取自于上一个月的 C2 单元的数据:C1=SELECT(C2,月@=月+1)。

C1 单元取自于第二张表页的 C2 单元数据:C1=C2@2

①选中单元格 B5,执行"数据"|"编辑公式"|"单元公式",打开"定义公式"对话框。

直接按实验资料录入公式:FS("5101",月,"贷","001",2013,,,),或者通过公式向导设置公式:第一步,单击"函数向导"按钮,打开"函数向导"对话框,选择"用友账务函数",在右侧的"函数名"列表中选择"发生(FS)",单击"下一步",打开"用友账务函数"对话框。

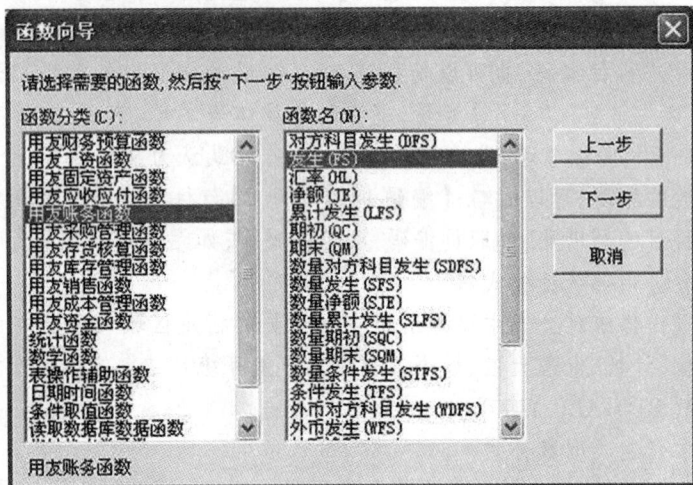

第二步,单击"参照"按钮,打开"账务函数"对话框,账套号选择"001",会计年度选择"2013",科目选择"5101",期间为"月",方向为"贷",单击"确定"按钮,返回用友账务函数对话框。

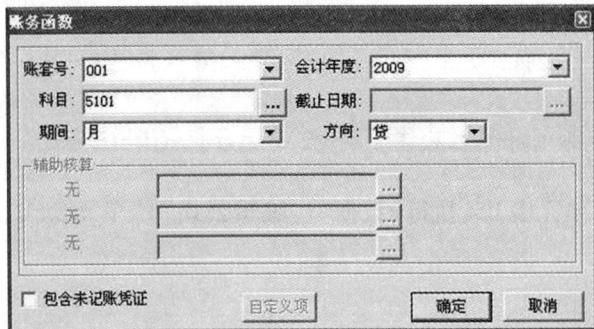

第三步，单击"确定"按钮，返回"定义公式"对话框，这时我们可以看到，对话框中生成的公式即为实验材料中提供的公式，单击"确认"按钮，完成单元格 B5 公式的设置。

②以相同的方法，输入其他单元公式。

☞ **注意**

①公式的定义在格式状态下进行。单击报表工作区的左下角"格式/数据"按钮，切换"格式状态"和"数据状态"。

②单元公式中涉及的符号均为英文半角字符。

(3)保存报表格式

①执行"文件"|"保存"命令，如果是第一次保存，则打开"另存为"对话框。

②选择保存文件夹目录,输入报表文件名"敬贤公司2013年1月利润表. rep",选择保存类型"＊.rep"。

③单击"保存"按钮。

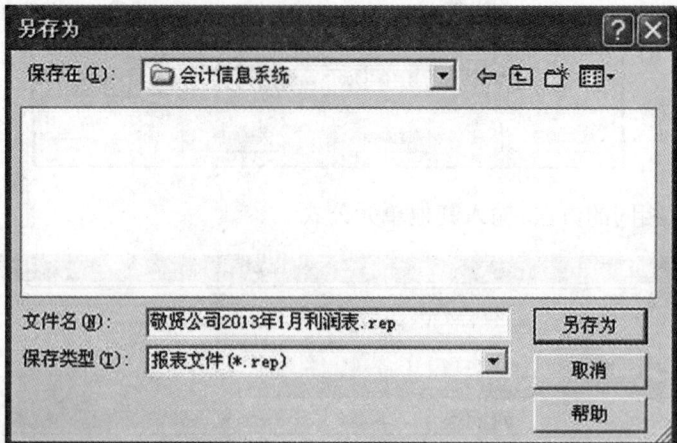

(4)报表数据处理

①打开报表。启动 UFO 系统,执行"文件"|"打开"命令。选择存放报表格式的文件夹中的报表文件,单击"打开"按钮。单击报表底部左下角的"格式/数据"按钮,使当前状态为"数据"状态。

②录入关键字。执行"数据"|"关键字"|"录入"命令,打开"录入关键字"对话框,填入相应的报表资料,操作完成后点击"确认"按钮。

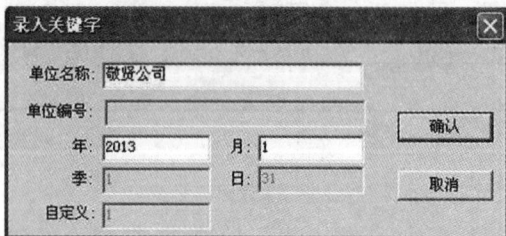

这时跳出提示对话框"是否重算第一页?",此时若点击"是",系统自动根据单元公式计算 1 月份数据;若点击"否",系统不计算 1 月份数据,以后可利用"表页重算"功能生成 1 月份数据。

③生成报表。执行"数据"|"表页重算"命令,弹出"是否重算第1页?"提示框。单击"是"按钮,生成敬贤公司1月份的利润表。

3. 调用报表模板生成资产负债表

(1)在"格式"状态下,新建一空白报表。执行"格式"丨"报表模板"命令,打开"报表模板"对话框。

(2)选择您所在的行业:"工业企业",财务报表"资产负债表"。

(3)单击"确认"按钮,弹出"模板格式将覆盖本表格式! 是否继续?"提示框。

(4)单击"确认"按钮,即可打开"资产负债表"模板。

(5)根据本企业的实际情况,调整报表格式,修改报表公式,生成本企业资产负债表(此步骤由使用者自行设置练习)。

实验 9　工资账套的初始设置

【实验摘要及实验目的】

工资账套的初始设置是为用户在计算机上处理职工薪酬业务提供一个合适的处理环境而设计的模块,其目的是使通用的职工薪酬业务管理系统能够适应本企业职工薪酬业务的管理需要,同时也提供了企业在经济业务处理发生变化时对已有的设置进行修改的平台。

系统初始化设置的主要内容包括:职工薪酬核算币种、扣零处理、个人所得税扣税处理、是否核算计件职工薪酬等账套参数设置、人员附加信息设置、人员类别设置、人员档案设置、部门档案设置、代发职工薪酬银行名称设置、职工薪酬项目及计算公式设置、计件职工薪酬标准设置和职工薪酬方案设置。

本实验的目的是掌握职工薪酬系统的初始化设置。

【实验要求】

1. 启用工资管理
2. 建立工资账套
3. 设置人员类别、工资项目
4. 增加工资类别,并进行工资类别初始设置

【实验资料】

1. 工资账套信息

启用日期:2013 年 2 月 1 日。登录日期也是 2013 年 2 月 1 日。

工资类别个数:多个(工资类别 1:正式人员;工资类别 2:临时人员)。

核算币种:人民币 RMB;要求代扣个人所得税,但不要求进行扣零处理;

人员编码长度:3 位。

2. 基础信息设置

(1)人员类别设置

经理人员、管理人员、经营人员。

(2)工资项目设置

项目名称	类型	长度	小数位数	增减项
基本工资	数字	8	2	增项
奖金	数字	8	2	增项
应发合计	数字	10	2	增项
请假扣款	数字	8	2	减项
养老保险金	数字	8	2	减项
代扣税	数字	10	2	减项
扣款合计	数字	10	2	减项
实发合计	数字	10	2	增项
请假天数	数字	8	2	其他

(3)工资类别

①工资类别1:正式人员。

②工资类别2:临时人员。

(4)各工资类别工资项目设置

工资类别1:正式人员。

部门选择:所有部门。

工资项目:基本工资、奖金、应发合计、请假扣款、养老保险金、扣款合计、实发合计、代扣税、请假天数。

计算公式:请假扣款=请假天数×50

养老保险金=(基本工资+奖金)×0.05

工资类别2:临时人员。

部门选择:销售部、供应部、制造部。

工资项目:基本工资、奖金。

(5)人员档案设置

①工资类别1:正式人员

人员编号	人员名称	所属部门	人员类别	是否计税	是否中方人员
101	陈思	总经理办公室	经理人员	是	是
201	张伟+学号	财务部	经理人员	是	是
202	王芳+学号	财务部	管理人员	是	是
203	胡丽+学号	财务部	管理人员	是	是
301	赵达	销售部	经理人员	是	是
401	李红	供应部	经理人员	是	是
501	刘江	制造部	经理人员	是	是

②工资类别2：临时人员

人员编号	人员名称	所属部门	人员类别	是否计税	是否中方人员
302	宋雪	销售部	经营人员	是	是
402	吴绮	供应部	经营人员	是	是
502	林军	制造部	经营人员	是	是

【操作指导】

1. **启动工资管理**（登录日期为2013年2月1日）

（1）首先以"张伟001"的身份在"用友 ERP-U8"|"企业门户"|"基础信息"|"系统启用"对话框中，启用"工资管理"子系统。

（2）以"胡丽001"的身份登入"工资"子系统。在建账第1步"建立工资套——参数设置"对话框中，选择工资类别个数"多个"，默认币别名称为"人民币 RMB"，单击"下一步"按钮。

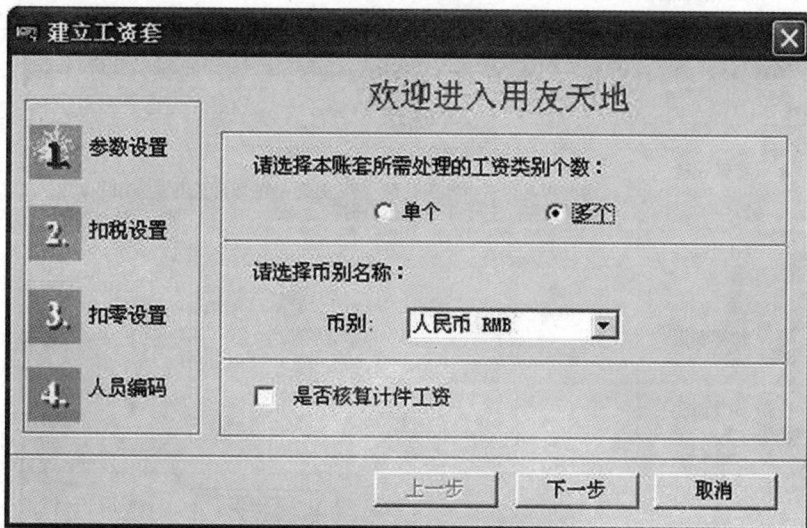

（3）在建账第2步"建立工资套——扣税设置"对话框中，选中"是否从工资中代扣个人所得税"复选框，单击"下一步"按钮。

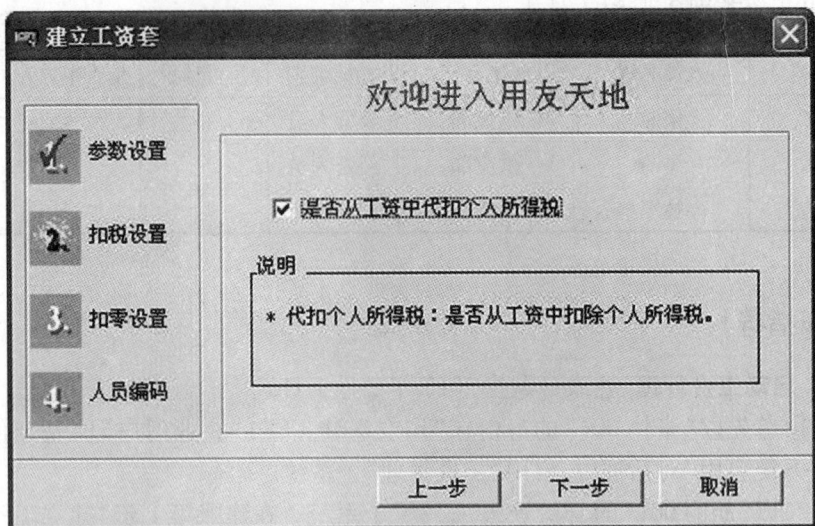

（4）在建账第 3 步"建立工资套——扣零设置"对话框中，不做选择，直接单击"下一步"按钮。

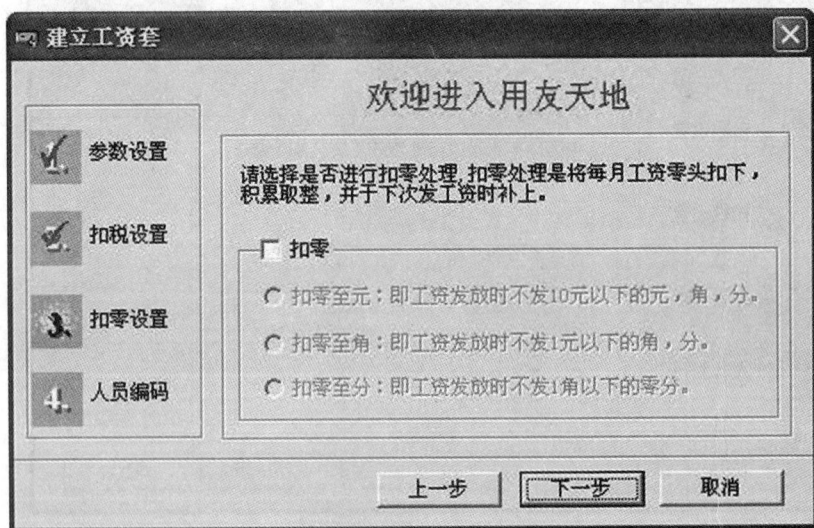

（5）在建账第 4 步"建立工资套——人员编码"对话框中，单击"人员编码长度"微调框的下箭头按钮，将人员编码长度设置为 3。

（6）单击"完成"按钮，系统弹出"未建立工资类别"信息对话框，单击"确定"按钮。出现"工资管理"对话框，在此处可以设置工资类别，也可以在以后操作过程中进行。本书在步骤4中建立工资类别。单击"取消"，完成建立工资套向导操作。

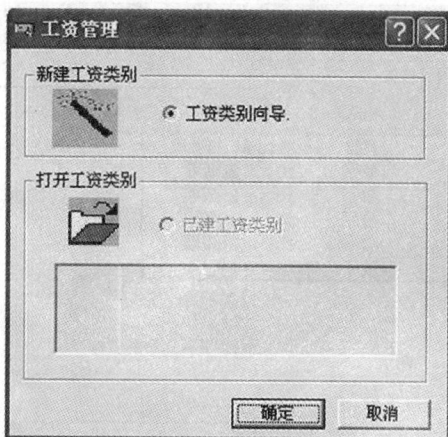

2. 人员类别设置

（1）执行"设置"|"人员类别设置"命令，打开"类别设置"对话框。

（2）在"类别设置"对话框中输入"经理人员"，单击"增加"按钮。

（3）重复步骤（2），输入其他人员类别。全部增加完毕后，单击"返回"按钮。

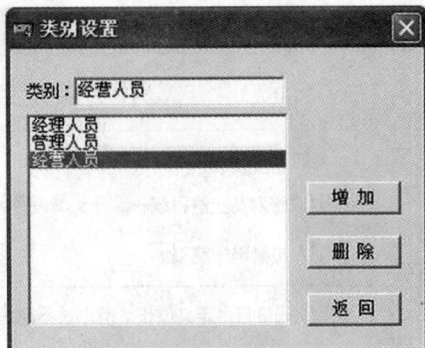

3. 工资项目设置

(1)执行"设置"|"工资项目设置"命令,打开"工资项目设置"对话框。单击"增加"按钮,工资项目列表中增加一行空行。

(2)单击"名称参照"下拉列表框,从下拉列表中选择"基本工资"选项。双击"类型"栏,单击下拉列表框,从下拉列表中选择"数字"选项。"长度"采用系统默认值"8"。双击"小数"栏,单击微调框的上三角按钮,将小数设置为"2"。双击"增减项"栏,从下拉列表中选择"增项"选项。

(3)单击"增加"按钮,增加其他工资项目。

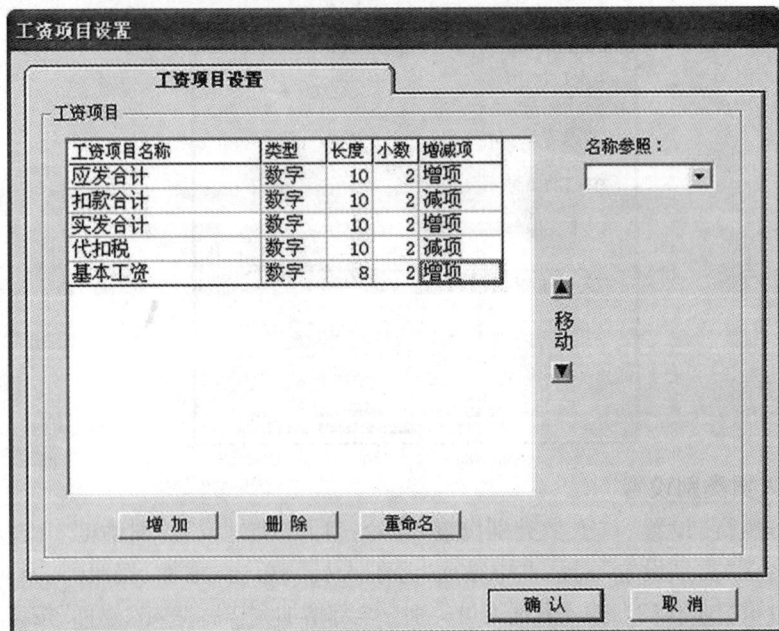

（4）所有项目增加完成后,利用"工资项目设置"界面上的▲和▼箭头按钮,按照实验资料所给顺序调整工资项目的排列位置。

（5）单击"确认"按钮,出现系统提示"工资项目已经改变,请确认各工资类别的公式是否正确。否则计算结果可能不正确"信息对话框,单击"确定"按钮。

☞ **注意**

①系统提供若干常用工资项目供参考,可选择输入。对于参照中未提供的工资项目,可以双击"工资项目名称"一栏直接输入,或先从"名称参照"中选择一个项目,然后单击"重命名"按钮修改为需要的项目。

②工资项目若设置为"增项",则该工资项目自动成为应发合计的组成项目;如果设置为"减项",则该工资项目自动成为扣款合计的组成项目;如果设置为"其他",则该工资项目的数据既不会被计入应发合计,也不会被计入扣款合计。

4. 建立工资类别

建立"正式人员"工资类别:

（1）执行"工资类别"|"新建工资类别"命令,打开"新建工资类别"对话

框。在文本框中输入工资类别名称"正式人员",单击"下一步"按钮。

(2)选取"总经理办公室"、"财务部"、"销售部"、"供应部"、"制造部",选中"选定下级部门"复选框。

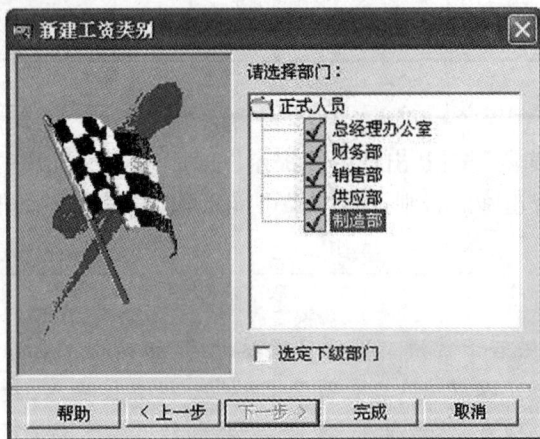

(3)单击"完成"按钮,弹出系统提示"是否以 2013-02-01 为当前工资类别的启用日期?"信息对话框,单击"是"按钮,返回工资管理系统。

(4)执行"工资类别"|"关闭工资类别"命令,关闭"正式人员"工资类别。

建立"临时人员"工资类别:

(1)执行"工资类别"|"新建工资类别"命令,打开"新建工资类别"对话框。在文本框中输入工资类别"临时人员",单击"下一步"按钮。

（2）单击鼠标，选取"销售部"、"制造部"和"供应部"。

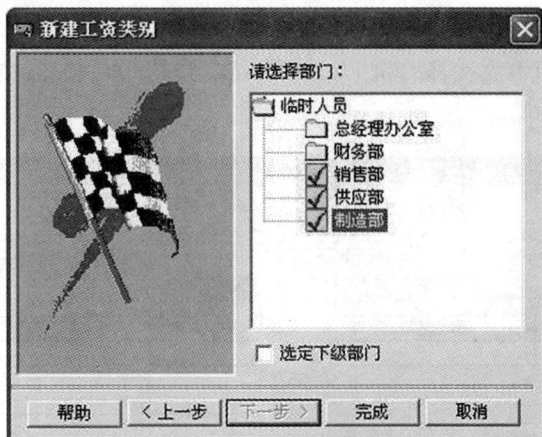

（3）单击"完成"按钮，弹出系统提示"是否以 2013-02-01 为当前工资类别的启用日期？"信息对话框，单击"是"按钮，返回工资管理系统。

（4）执行"文件"|"关闭工资类别"命令，关闭"临时人员"工资类别。

5. 设置工资权限——部门

在这部分，主要设置操作员 003 对部门信息的使用权限，如果没有设置该权限，操作员胡丽 001 在进行工资系统初始化设置时将无法访问相关部门信息。

（1）以"张伟 001"的身份登录"企业门户"，执行"基础信息"|"数据权限"|"数据权限设置"，打开"权限浏览"对话框。

（2）在"用户及角色"中指定"003 胡丽001"，在"业务对象"中选择"工资权限"，点击"授权"。

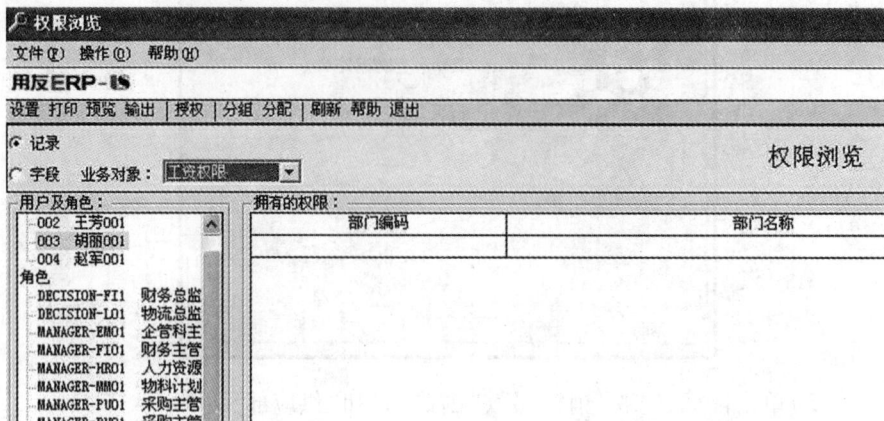

（3）系统弹出"记录权限设置"对话框，选择"001 正式人员"，在"部门"和"工资项目"选项中先选择"部门"，然后将禁用部分的全部部门移至窗口右边可用部分，单击"保存"按钮。

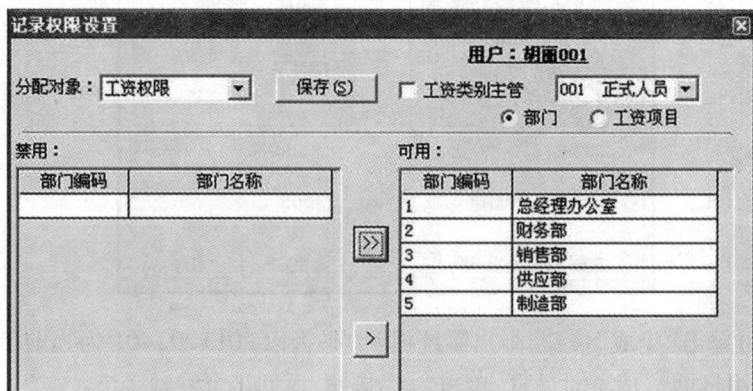

（4）选择"002 临时人员"，参照正式人员工资权限设置方法设置部门权限。

6."正式人员"工资类别初始设置

再以"胡丽+学号"的身份登录"工资管理"子系统

（1）打开工资类别

执行"工资类别"|"打开工资类别"命令，打开"打开工资类别"对话框。选择"001 正式人员"工资类别，单击"确认"按钮。

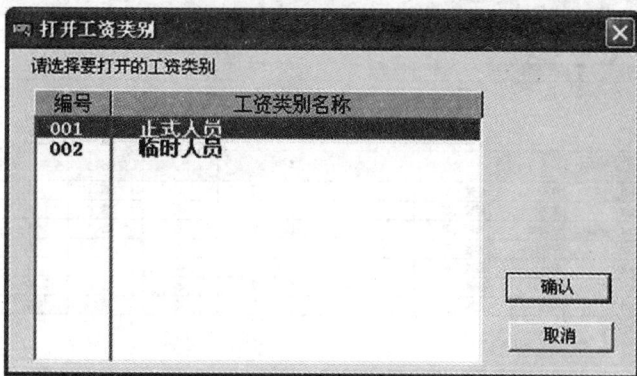

（2）设置人员档案

①执行"设置"|"人员档案"命令,进入"人员档案"窗口。单击工具栏中的"增加"按钮,打开"人员档案"对话框。

②在"基本信息"选项卡中,输入人员编号"101";单击"人员姓名"参照按钮,从"人员参照"列表中选择"陈思"或直接输入人员姓名;从"部门名称"下拉列表中选择"总经理办公室"选项;从"人员类别"下拉列表中选择"经理人员";单击"确认"按钮。

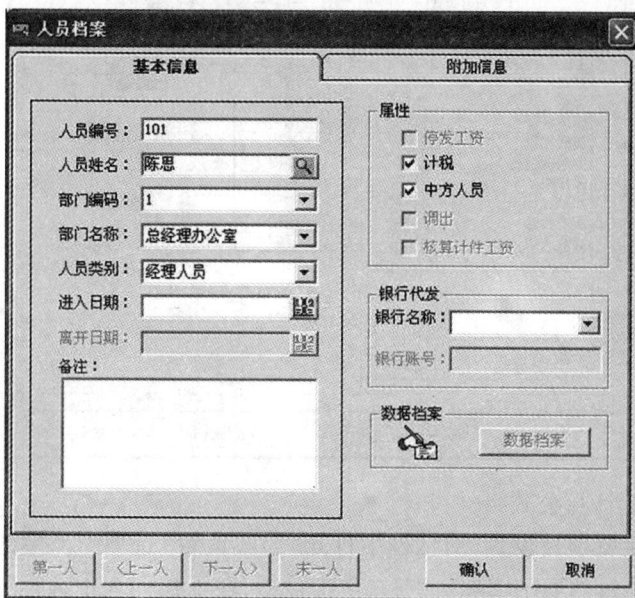

③依上述顺序输入所有人员档案,最后单击工具栏中的"退出"按钮。

部门名称	人员编号	人员姓名	人员类别	账号	中方人员	是否计税	工资停发	核算计件工资
总经理办公室	101	陈思	经理人员		是	是	否	否
财务部	201	张伟001	经理人员		是	是	否	否
财务部	202	王芳001	管理人员		是	是	否	否
财务部	203	胡丽001	管理人员		是	是	否	否
销售部	301	赵达	经理人员		是	是	否	否
供应部	401	李红	经理人员		是	是	否	否
制造部	501	刘江	经理人员		是	是	否	否

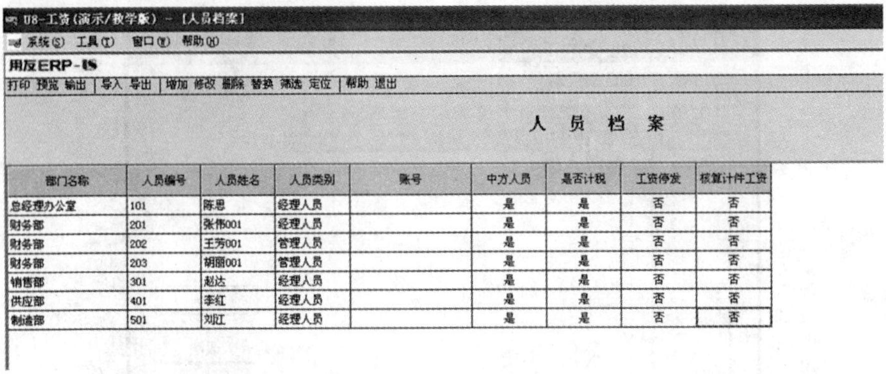

(3)设置工资项目

①执行“设置”|“工资项目设置”命令,打开“工资项目设置”对话框。打开“工资项目设置”选项卡,单击“增加”按钮,工资项目列表中增加一空行。

②从“名称参照”下拉列表中选择“基本工资”选项,工资项目名称、类型、长度、小数、增减项都自动带出,不能修改。

③单击“增加”按钮,增加其他工资项目并排序。

工资项目名称	类型	长度	小数	增减项
基本工资	数字	8	2	增项
奖金	数字	8	2	增项
应发合计	数字	10	2	增项
请假扣款	数字	8	2	减项
养老保险金	数字	8	2	减项
代扣税	数字	10	2	减项
扣款合计	数字	10	2	减项
实发合计	数字	10	2	增项
请假天数	数字	8	2	其它

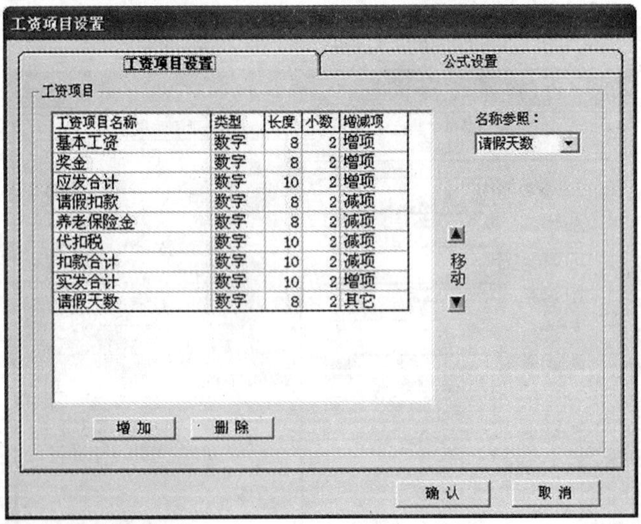

(4)设置计算公式

①在“工资项目设置”对话框中打开“公式设置”选项卡。单击“增加”按钮,在工资项目列表中增加一空行,单击该行,在下拉列表中选择“请假扣款”选项。

②单击"公式定义"文本框,单击工资项目列表中的"请假天数"。单击运算符"＊",在"＊"后单击,输入数字"50",单击"公式确认"按钮。

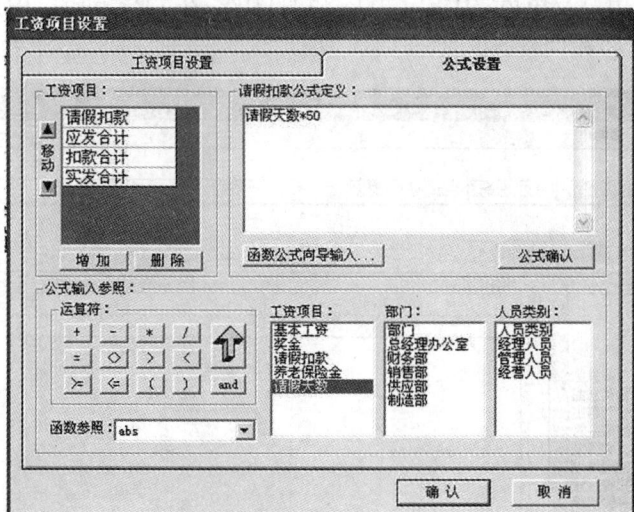

③单击"增加"按钮,设置"养老保险金"的公式。

7."临时人员"工资类别初始设置

在完成正式人员工资类别初始设置的处理后,打开临时人员工资类别,参照正式人员工资类别初始设置方式,完成临时人员初始设置。

☞ **注意**

①"公式设置"只有在"工资类别"打开时才可以使用,未选定"正式人员"或者"临时人员","公式设置"选项卡为灰色不可编辑状态。

②在工资项目设置时,如果需要的工资项目不存在,则需要关闭本工资类别,然后新增一个需要的工资项目,再打开该工资类别进行选择。

③定义公式要注意先后顺序,先得到的数据应先设置公式。应发合计、扣款合计和实发合计公式应是公式定义框的最后三个公式,并且实发合计的公式要在应发合计和扣款合计公式之后。可以通过窗口左侧"移动"的上下箭头来调整计算公式的顺序。

8.设置工资权限——工资项目

在设置完工资项目后,应该对胡丽使用这些工资项目赋予相应权限,如果没有设置该权限,胡丽在进行工资系统初始设置时将无法访问相关工资项目。

（1）以"张伟001"的身份登录"企业门户"，执行"基础信息"|"数据权限"|"数据权限设置"，打开"权限浏览"对话框。

（2）在"用户及角色"中指定"003 胡丽001"，在"业务对象"中选择"工资权限"，点击"授权"。

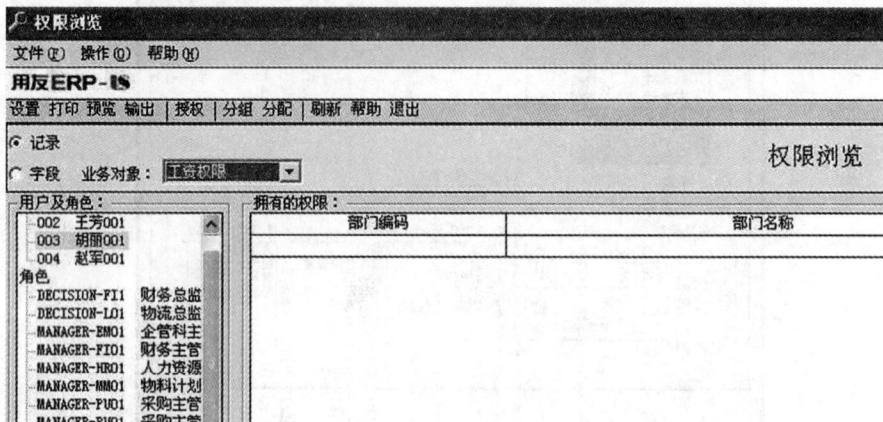

（3）系统弹出"记录权限设置"对话框，选择"001 正式人员"，在"部门"和"工资项目"选项中先选择"工资项目"，然后将禁用部分的全部工资项目移至窗口右边可用部分，单击"保存"按钮。

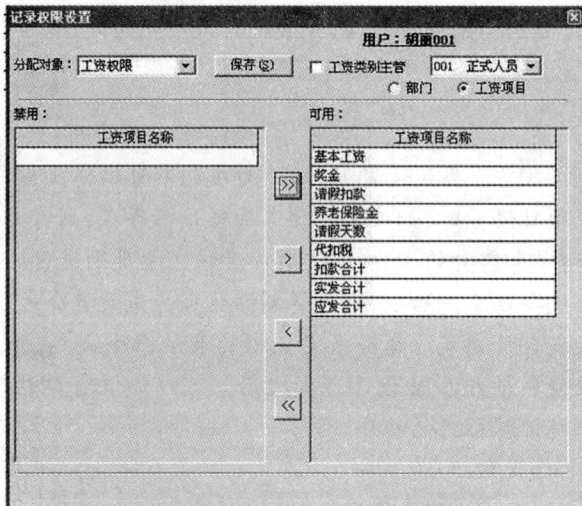

（4）选择"002 临时人员"，参照正式人员工资权限设置方法设置工资项目权限。

实验 10 职工薪酬系统业务处理

【实验摘要及实验目的】

职工薪酬日常业务处理包括计件工资统计、工资数据变动、工资分钱清单处理、扣缴个人所得税处理、银行代发处理和工资分摊处理。

本实验的目的是掌握职工薪酬子系统日常业务处理、工资分摊及月末处理的操作。

【实验要求】

1. 录入工资数据
2. 按资料的要求分摊本月工资费用
3. 进行月末处理

【实验资料】

1. 工资数据

（1）正式人员工资情况

职员编号	职员名称	基本工资	奖金
101	陈思	6 000	1 000
201	张伟+学号	5 000	800
202	王芳+学号	3 000	400
203	胡丽+学号	4 000	600
301	赵达	4 000	600
401	李红	4 000	600
501	刘江	4 000	600

（2）临时人员工资情况

职员编号	职员名称	基本工资	奖金
302	宋雪	2 000	200
402	吴绮	2 000	200
502	林军	2 000	200

2.2 月份工资变动情况

考勤情况:赵达请假 2 天。

3. 代扣个人所得税

计税基数:3 500。

4. 工资分摊

应付工资总额等于工资项目的"应发合计",即"基本工资+奖金"。

应付工资费用分配的转账分录如下表:

计提类型名称	部门名称	项目	借方科目	贷方科目
应付工资	总经理办公室	应发合计	管理费用—工资	应付工资
	财务部	应发合计	管理费用—工资	应付工资
	销售部	应发合计	营业费用—工资	应付工资
	供应部	应发合计	制造费用	应付工资
	制造部	应发合计	制造费用	应付工资

【操作指导】

以 003 操作员胡丽的身份登录"工资管理"子系统。

1. 设置正式员工所得税纳税基数

(1)打开"正式人员"工资类别。

(2)执行"业务处理"|"扣缴个人所得税"命令,打开"栏目选择"对话框。

(3)默认各项设置,单击"确认"按钮。

（4）单击工具栏中的"税率"按钮,修改所得税纳税"基数"为3 500,修改"附加费用"为1 300,单击"确认"按钮,系统弹出继续执行提示对话框,单击"是"按钮退出。

（5）在"个人所得税扣缴申报表"窗口中,单击工具栏中的"退出"按钮。

2．"正式人员"工资类别日常业务

（1）输入正式人员基本工资数据

①打开"正式人员"工资类别。

②单击"业务处理"|"工资变动"命令,进入"工资变动"窗口。

③在"过滤器"下拉列表中选择"过滤设置",打开"项目过滤"对话框。

④分别单击"工资项目"列表中的"基本工资"和"奖励工资",然后单击
">"按钮,将其选入"已选项目"列表中。

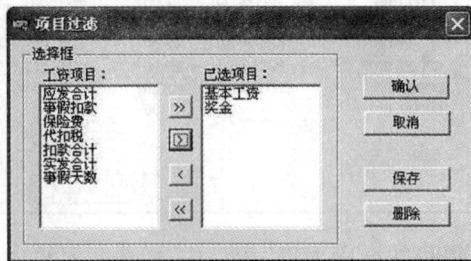

⑤单击"确认"按钮,返回"工资变动"窗口,此时每个人的工资项目只显
示两项。

⑥输入"正式人员"工资类别的工资数据。

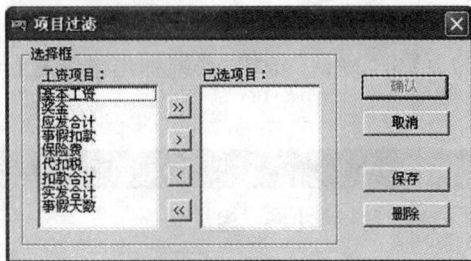

人员编号	姓名	部门	人员类别	基本工资	奖金
101	陈思	总经理办公	经理人员	6,000.00	1,000.00
201	张伟001	财务部	经理人员	5,000.00	800.00
202	王芳001	财务部	管理人员	3,000.00	400.00
203	胡丽001	财务部	管理人员	4,000.00	600.00
301	赵达	销售部	经理人员	4,000.00	600.00
401	李红	供应部	经理人员	4,000.00	600.00
501	刘江	制造部	经理人员	4,000.00	600.00

☞注意 这里只需输入没有进行公式设定的项目,如基本工资、奖金和请
假天数,其余各项由系统根据计算公式自动计算生成。

⑦在"过滤器"下拉列表中选择"所有项目"选项,屏幕上显示所有工资项目。

输入考勤情况:赵达请假 2 天。

3.数据计算与汇总

(1)在"工资变动"窗口中,单击工具栏中的"计算"按钮,计算工资数据。

(2)单击工具栏中的"汇总"按钮,汇总工资数据。

(3)单击工具栏中的"退出"按钮,退出"工资变动"窗口。

4.查看个人所得税

(1)执行"业务处理"|"扣缴所得税"命令,打开"栏目选择"对话框。

(2)单击"确定"按钮,进入"个人所得税扣缴申报表",查看个人所得税扣缴情况。

☞ **注意** 如果用户在数据计算和汇总之后修改"税率表",则在退出个人所得税功能之后,还需要在数据变动功能中执行重新计算,否则系统将保留用户修改个人所得税之前的数据状态。

5."正式人员"类别工资分摊

(1)执行"业务处理"|"工资分摊"命令,打开"工资分摊"对话框。确定

分摊计提的月份:2 月。

(2)依次选择该类别核算的部门:总经理办公室、财务部、销售部、供应部、制造部。

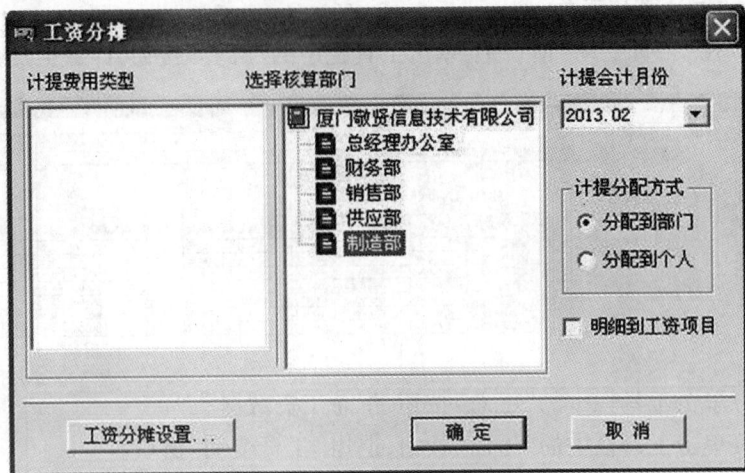

(3)单击"工资分摊设置"按钮,打开"分摊类型设置"对话框,单击"增加"按钮;打开"分摊计提比例设置"对话框。输入工资分配计提类型和分摊计提比例。

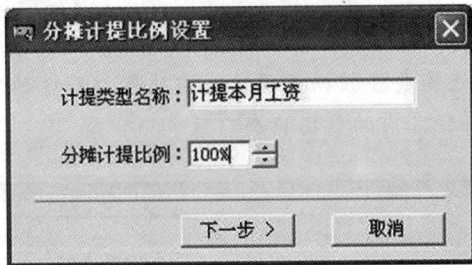

(4)单击"下一步"按钮,打开"分摊构成设置"对话框。在"分摊构成设置"对话框中,参照实验资料输入分摊构成设置。

（5）单击"完成"按钮,返回"分摊类型设置"对话框。

（6）单击"返回"按钮,回到"工资分摊"对话框。

6. 生成凭证

（1）在"工资分摊"对话框中,选择本次费用分摊计提的类型;选择参与核算的部门、计提费用的月份和计提分配方式,以及选择"明细到工资项目"。

（2）设置完成后,单击"确定"按钮,进入"工资费用一览表"窗口。

（3）在"计提本月工资一览表"窗口,从"类型"下拉菜单中选择不同的分摊类型(在本实验中,只有"计提本月工资"这一项),并选中"合并科目相同、辅助项相同的分录"复选框。

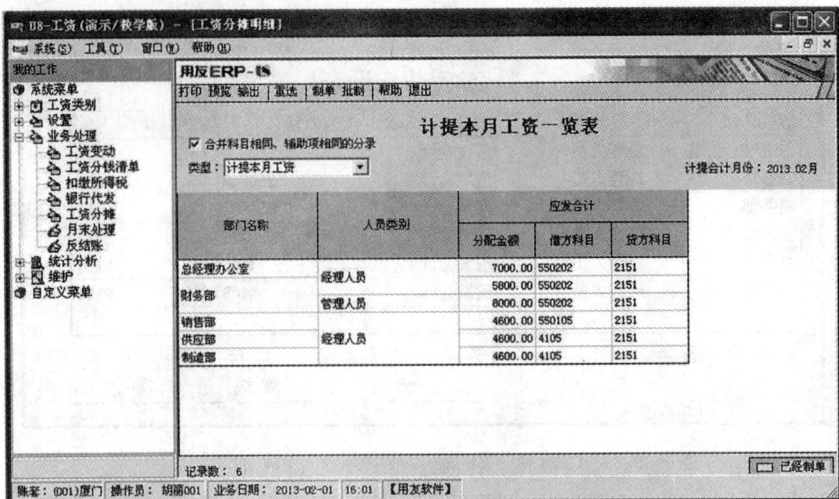

（4）单击工具栏中的"制单"按钮，即可生成记账凭证。

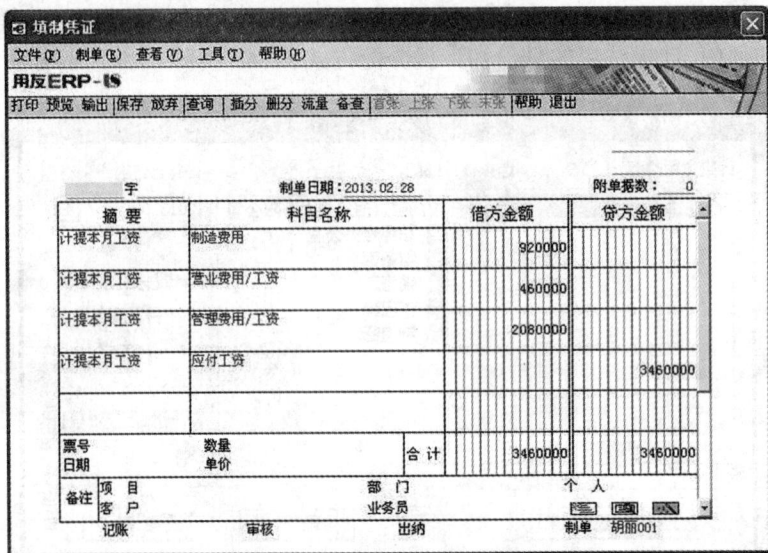

　　（5）单击凭证左上角的"字"位置，选择"转账凭证"，输入附单据数，单击"保存"按钮，凭证左上角出现"已生成"标志，代表该凭证已传递到总账。

> ☞ **注意**　如果生成的凭证在"月末处理"之前发现错误，可以在"统计分析——凭证查询"中把相应凭证删除，然后在"工资分摊"中重新编制该凭证。

（6）单击工具栏中的"退出"按钮，返回。

7. 月末处理

（1）执行"业务处理" | "月末处理"命令，打开"月末处理"对话框。

（2）单击"确认"按钮，弹出系统提示"月末处理之后，本月工资将不许变动！继续月末处理吗？"信息对话框，单击"是"按钮。系统继续提示"是否选择清零项？"信息对话框，单击"是"按钮，打开"选择清零项目"对话框。

☞ **注意**　如果想让下月的项目完全继承当前数据，则单击"否"按钮。

（3）在"请选择清零项目"列表中，单击鼠标选择"请假天数"、"请假扣款"和"奖金"，单击" 〉 "按钮，将所选项目移动到右侧的列表框中。

(4)单击"确认"按钮,弹出系统提示"月末处理完毕!"信息对话框,单击"确定"按钮返回。

> ☞ **注意**　月末处理只有在会计年度的1—11月份进行。如果为多个工资类别,则应分别打开工资类别,分别进行月末结算。进行月末处理后,当月数据将不再允许变动。

8.临时人员工资处理

在完成正式人员工资数据的处理后,打开临时人员工资类别,参照正式人员工资类别初始设置及数据处理方式完成临时人员工资处理。

上述实验完成后,职工薪酬子系统模块的工作已经结束,下一步就要转入总账系统进行期末的业务处理,比如审核、记账、结账等,处理方法与过程和总账的其他日常业务一样。这些操作流程与前面的实验类同,可参考前几次的实验,自行处理这些期末业务。

> ☞ **注意**　由于实验十一、十二仍为2013年2月的业务,因此,本实验结束后,总账系统只进行审核、记账,不进行结账的会计处理。

实验11 固定资产系统的初始设置

【实验摘要及实验目的】

固定资产子系统的初始设置,是为用户在计算机上处理企业的固定资产业务提供一个合适的运行环境而设计的模块,其目的是使通用的固定资产业务管理系统能够适应本企业固定资产业务的管理需要,同时,也提供了企业在经济业务处理发生变化时对已有的设置进行修改的平台。

系统初始化设置的主要内容包括:完成账套参数的设置、部门档案管理、部门对应折旧科目设置、资产类别设置、增减方式设置、使用状况设置、折旧方法定义、卡片项目及样式设置和原始固定资产卡片的输入。

本实验的目的是掌握固定资产子系统初始化设置的操作。

【实验要求】

1. 启用固定资产账套并设置控制参数
2. 设置资产类别、缺省入账科目以及与固定资产有关的会计科目
3. 录入固定资产原始卡片

【实验资料】

1. 设置控制参数

控制参数	参数设置
启用月份	2013 年 2 月 1 日
折旧信息	平均年限法按月计提折旧 当(月初已计提月份=可使用月份-1)时,要求将剩余折旧全部提足
编码方式	固定资产类别编码方式:2-1-1-2 固定资产编码方式:按"类别编码+序号"自动编码 卡片序号长度:3

续表

控制参数	参数设置
财务接口	要求与总账系统进行对账 对账科目:固定资产对账科目:"固定资产" 累计折旧对账科目:"累计折旧" 对账不平衡的情况下不允许月末结账

2.设置资产类别

资产类别如下:

类别编码	类别名称	净残值率	计提属性	折旧方法	卡片式样
01	房屋及建筑物	5%	正常计提	平均年限法	通用
011	房屋	5%	正常计提	平均年限法	通用
02	机器设备	5%	正常计提	平均年限法	通用
021	生产线	5%	正常计提	平均年限法	通用
022	办公设备	5%	正常计提	平均年限法	通用

3.缺省入账科目设置

"固定资产"的缺省入账科目为"1501,固定资产";

"累计折旧"的缺省入账科目为"1502,累计折旧"。

4.设置与固定资产有关的会计科目

(1)设置增减方式对应的科目

增减方式目录	对应入账科目
增加方式:	
直接购入	100201 银行存款——人民币户
减少方式:	
毁损	1701 固定资产清理
盘亏	191102 待处理固定财产损溢

(2)设置部门对应的折旧科目

部门名称	贷方科目
总经理办公室	管理费用——折旧费
财务部	管理费用——折旧费
销售部	营业费用——其他
供应部	制造费用
制造部	制造费用

5. 输入固定资产原始卡片

卡片编号	00001	00002	00003
固定资产编号	011001	021001	022001
固定资产名称	办公楼	生产线 1 号	电脑
类别编号	011	021	022
类别称	房屋	生产线	办公设备
部门名称	总经理办公室	制造部	销售部
增加方式	在建工程转入	直接购入	直接购入
使用状况	在用	在用	在用
使用年限	20 年	5 年	5 年
折旧方法	平均年限法（一）	平均年限法（一）	平均年限法（一）
开始使用日期	2011 年 1 月 8 日	2012 年 3 月 10 日	2012 年 5 月 15 日
币种	人民币	人民币	人民币
原值	1 800 000	220 000	8 000
净残值率	5%	5%	3%
累计折旧	171 500	24 380	800
对应折旧科目	管理费用——折旧费	制造费用	营业费用——折旧费

【操作指导】

1. 启用固定资产管理系统

以 001 号操作员张伟的身份登录"企业门户|基础信息|基本信息|系统启用"，启用固定资产系统，启用日期为 2013-02-01。

2.设置控制参数:初次启动固定资产管理的参数设置

(1)执行"开始"|"程序"|"用友 ERP-U8"|"财务会计"|"固定资产"命令,打开"注册【固定资产】"对话框。以001号操作员张伟的身份登录。

(2)单击"确定"按钮,弹出"这是第一次打开此账套,还未进行过初始化,是否进行初始化?"信息提示对话框,单击"是"按钮,打开"固定资产初始化向导——约定及说明"对话框。

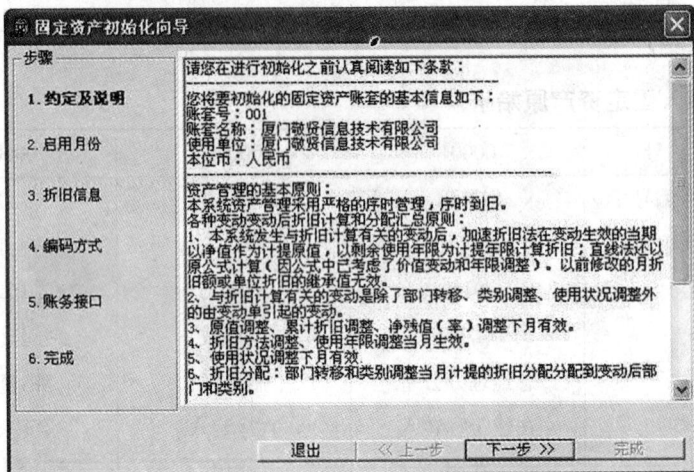

(3)单击"下一步"按钮,打开"固定资产初始化向导——启用月份"对话框。选择启用月份"2013.02"。由于固定资产账套已经在"企业门户"启用,所以这边的时间不能改动。

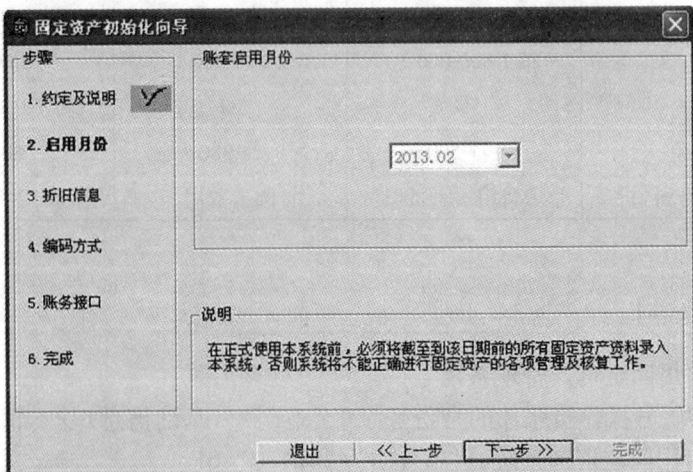

　　(4)单击"下一步"按钮,打开"固定资产初始化向导——折旧信息"对话框。选中"本账套计提折旧"复选框;选择折旧方法"平均年限法(一)",折旧分配周期"1 个月";选中"当(月初已计提月份＝可使用月份-1)时,将剩余折旧全部提足"复选框。

　　(5)单击"下一步"按钮,打开"固定资产初始化向导——编码方式"对话框。确定固定资产类别,编码长度设定为"2112";单击"自动编号"单选按钮,选择固定资产编码方式"类别编号+序号",选择序号长度"3"。

　　(6)单击"下一步"按钮,打开"固定资产初始化向导——账务接口"对话框。选中"与账务系统进行对账"复选框;选择固定资产的对账科目"1501 固定资产";累计折旧的对账科目"1502 累计折旧"。取消选中"在对账不平情况下允许固定资产月末结账"复选框。

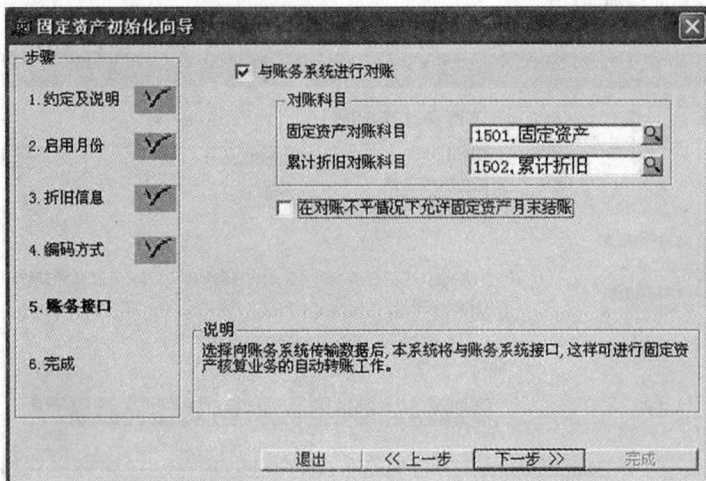

(7)单击"下一步"按钮,打开"固定资产初始化向导——完成"对话框。单击"完成"按钮,完成本账套的初始化,弹出"是否确定所设置的信息完全正确并保存对新账套的所有设置?"提示对话框。单击"是"按钮,弹出"已成功初始化本固定资产账套!"提示对话框,单击"确定"按钮。

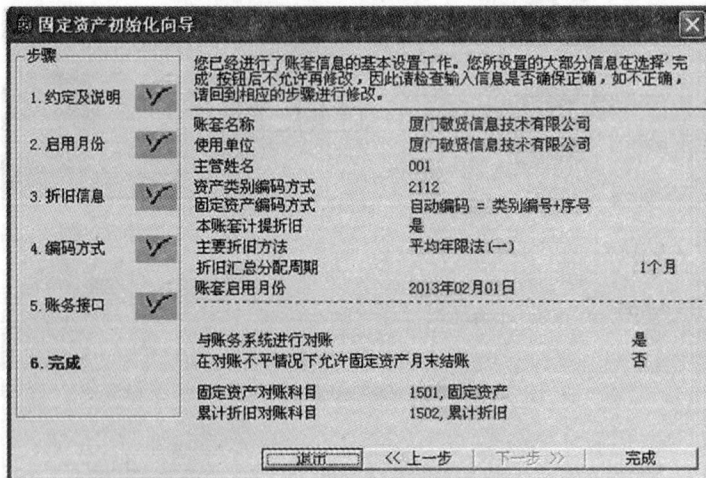

3.设置资产类别

（1）执行"系统菜单"|"设置"|"资产类别"命令，打开"类别编码表"窗口。

（2）单击"增加"按钮，输入类别名称"房屋及建筑物"，净残值率"5％"；选择计提属性"正常计提"，折旧方法"平均年限法（一）"，卡片样式"通用样式"，单击"保存"按钮。

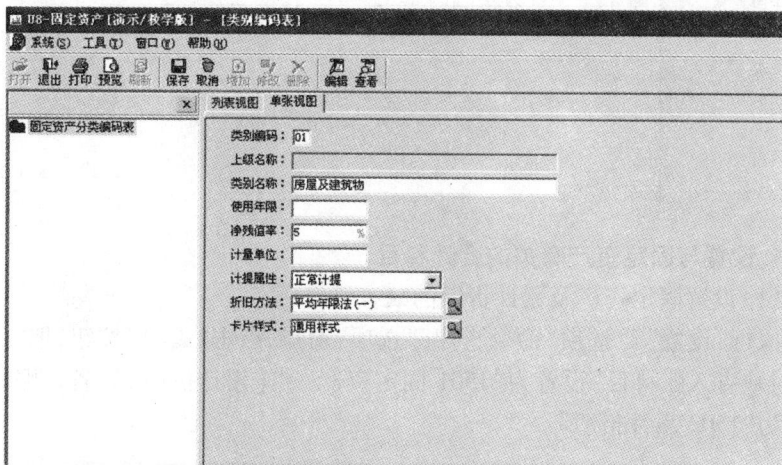

（3）点击"增加"按钮，增加"机器设备"相关资料，点击保存。

（4）点击左边已经增加的"01 房屋及建筑物"，这时系统问是否保存数据，选择"否"。

（5）点击"增加"按钮，添加"011 房屋"，完成后点击保存。

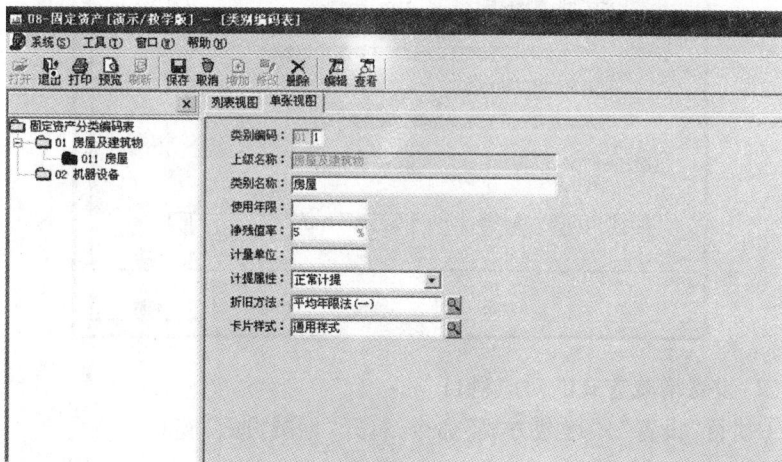

（6）以相同的方式增加其他二级资产类别，完成后退出"类别编码表"。

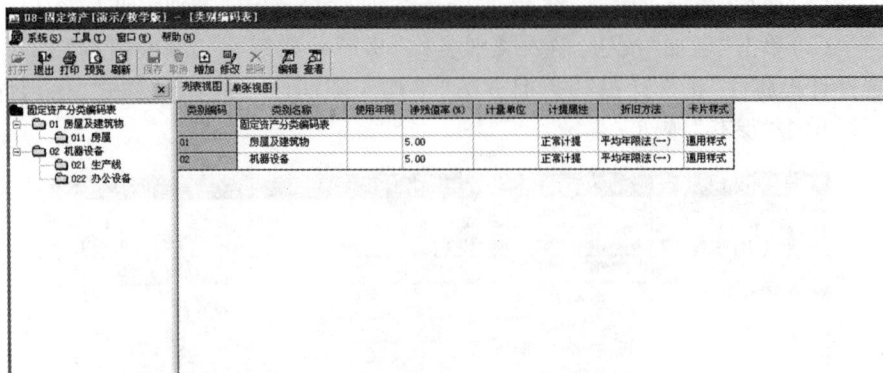

4.设置与固定资产有关的会计科目

（1）设置固定资产及累计折旧的缺省科目

执行"设置"|"选项"命令，打开"选项"窗口，点击"编辑"按钮，把"【固定资产】缺省入账科目"设置为"1501 固定资产"，"【累计折旧】缺省入账科目"设置为"1502 累计折旧"。

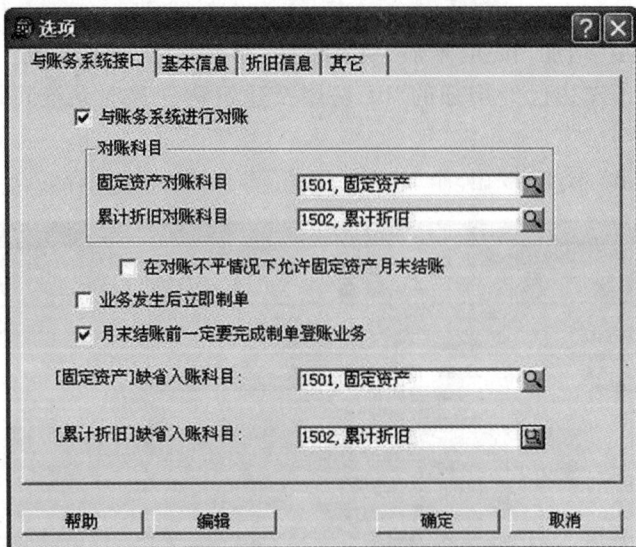

（2）设置增减方式的对应科目

①执行"设置"|"增减方式"命令，打开"增减方式"窗口。

②在左边列表框中，双击"1 增加方式"，选中"101 直接购入"，单击"修

改"按钮。

③输入对应入账科目"100201,人民币",单击"保存"按钮。

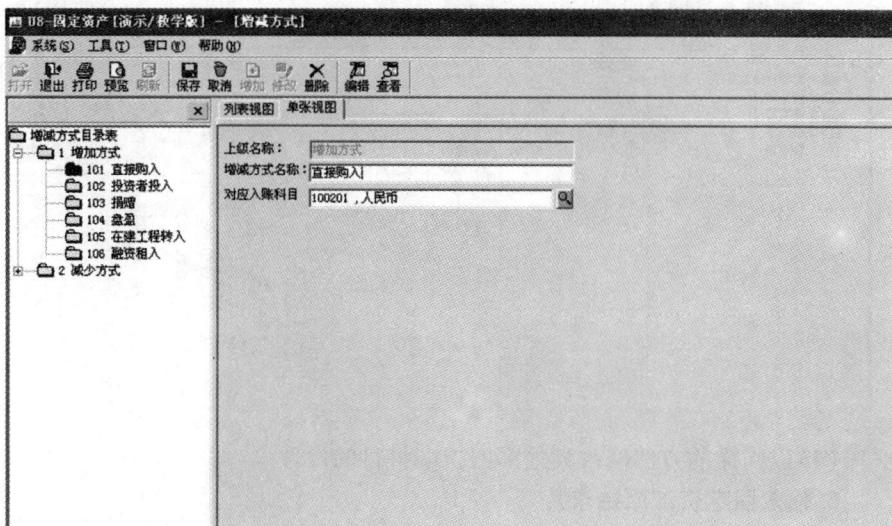

④以相同的方法,输入减少方式"损毁"的对应入账科目为"1701 固定资产清理",减少方式"盘亏"的对应科目为"191102 待处理固定资产损溢"。

⑤完成后保存退出。

5. 设置部门对应折旧科目

对应折旧科目是指折旧费用的入账科目。资产计提折旧后必须把折旧归入成本或费用,根据不同企业的具体情况,有按部门归集的,也有按类别归集的。部门对应折旧科目的设置就是给每个部门选择一个折旧科目,这样在输入卡片时,该科目自动添入卡片中,不必逐个输入。

(1)执行"设置"|"部门对应折旧科目设置"命令,打开"部门编码表"窗口。

(2)在"部门编码表"窗口左侧列表框中选中部门"1 总经理办公室",单击"修改"按钮,打开"单张视图"选项卡。

(3)选择折旧科目"550204 管理费用——折旧费",单击"保存"按钮。

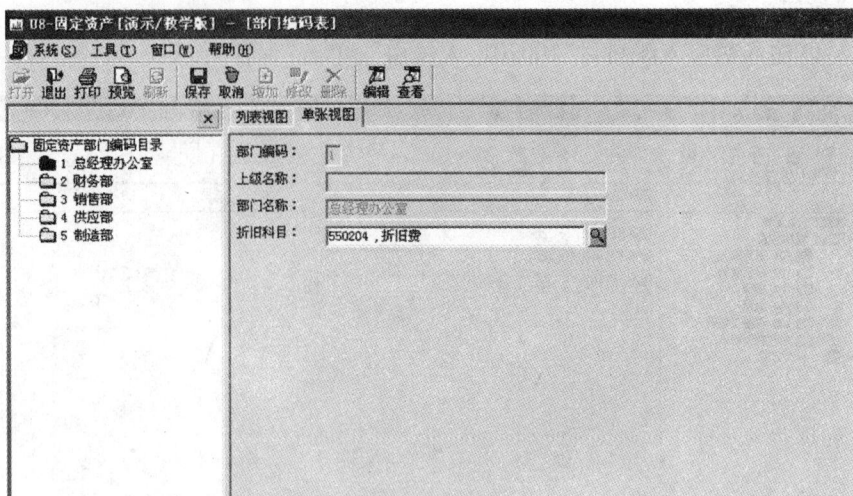

（4）以同样的方法修改其他部门折旧科目的设置。

6. 输入固定资产原始卡片

（1）执行"卡片"|"录入原始卡片"命令，打开"资产类别参照"窗口。选择固定资产类别"011 房屋"。

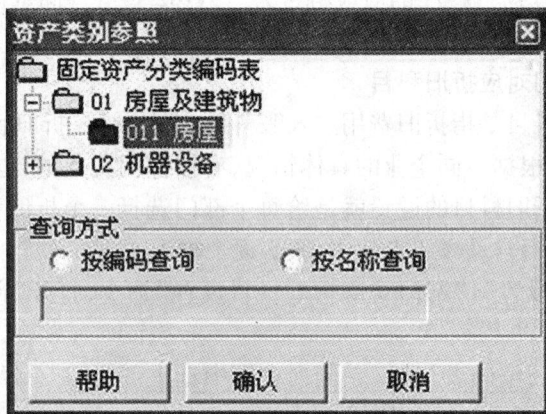

（2）单击"确认"按钮，进入"固定资产卡片"录入窗口。输入固定资产名称"办公楼"；部门名称选择"单部门使用"，确定后选择"总经理办公室"；增加方式选择"在建工程转入"；使用状况选择"在用"；输入开始使用日期"2011 -01-08"；输入原值 1 800 000,累计折旧"171 500"；输入使用年限"20 年"；其他信息自动算出。

固定资产卡片 [录入原始卡片:00001号卡片]

固定资产卡片 | 附属设备 | 大修理记录 | 资产转移记录 | 停启用记录 | 原值变动 | 减少信息 　　2013-02-01

固 定 资 产 卡 片

| 卡片编号 | 00001 | | 日 期 | 2013-02-01 |

固定资产编号	011001	固定资产名称		办公楼
类别编号	011	类别名称		房屋
规格型号		部门名称		总经理办公室
增加方式	在建工程转入	存放地点		
使用状况	在用	使用年限	20年0月	折旧方法　平均年限法(一)
开始使用日期	2011-01-08	已计提月份	24	币种　人民币
原值	1800000.00	净残值率	5%	净残值　90000.00
累计折旧	171500.00	月折旧率	0.004	月折旧额　7200.00
净值	1628500.00	对应折旧科目	550204,折旧费	项目

录入人　张伟001　　　　　　　　　　　　　　录入日期　2013-02-01

（3）单击"保存"按钮，弹出"数据成功保存"信息提示对话框，单击"确定"按钮。

（4）同此，按照本次实验要求完成其他固定资产卡片的输入。

☞ **注意**

①录入的固定资产原值及初始累计折旧额必须与总账录入的期初余额一致，否则将无法正常进行固定资产系统结账。

②固定资产卡片中的"开始使用日期"，必须采用"YYYY-MM-DD"的形式输入。

③卡片编号是系统根据初始化时定义的编码方案自动设定，不可修改，如果删除一张卡片，系统将保留空号。

实验 12 固定资产系统的日常业务处理

【实验摘要及实验目的】

固定资产系统日常业务处理包括固定资产增加、资产减少、资产变动、工作量输入、折旧计提、折旧分配和减值处理,以及记账凭证编制、月末结账和账表处理。

本实验的目的是掌握固定资产日常业务处理中的增加资产、计提折旧、资产减少和编制凭证,以及月末结账的操作。

【实验要求】

1. 增加固定资产
2. 计提本月折旧,并批量生成凭证
3. 减少固定资产,并生成凭证
4. 进行月末处理

【实验资料】

2 月份固定资产管理日常业务如下:

1. 资产增加及减少

(1)2 月 15 日,财务部使用转账支票直接购买电脑一台,原值 18 000 元,净残值率 5% ,预计使用年限 5 年,采用"双倍余额递减法"计提折旧。开始使用日期是 2013-02-20。

(2)2 月 28 日盘亏销售部所用的卡片编码为 00003 的办公电脑。

2. 折旧处理

计提 2 月份的资产折旧,生成计提折旧的记账凭证并保存。

3. 记账凭证

生成增加固定资产的记账凭证并保存。

3 月份固定资产变动业务如下:

（1）资产使用状况变动

卡片编号为 00002 的固定资产（生产线 1 号）进行维修，使用状况由"在用"变更为"大修理停用"。

（2）资产部门转移

财务部的电脑转移到供应部使用。

【操作指导】

以 003 号操作员胡丽 001 的身份登录固定资产系统，登录时间为 2013-02-28。

1. 资产增加

（1）执行"卡片"|"资产增加"命令，打开"资产类别参照"窗口。选择资产类别"022 办公设备"，单击"确认"按钮，打开"固定资产卡片"新增窗口。

（2）输入固定资产名称"电脑"；双击使用部门，选择"财务部"，双击增加方式，选择"直接购入"，双击使用状况，选择"在用"；输入原值"18 000"，可使用年限"5 年"，开始使用日期为"2013-02-20"。

```
固定资产卡片 [新增资产:00004号卡片]                                    _ □ ×
固定资产卡片 | 附属设备 | 大修理记录 | 资产转移记录 | 停启用记录 | 原值变动 | 减少信息 |    2013-02-28

                        固 定 资 产 卡 片

   卡片编号      00004                              日期      2013-02-28

   固定资产编号   022002      固定资产名称                            电脑
   类别编号      022        类别名称                            办公设备
   规格型号                  部门名称                             财务部
   增加方式      直接购入      存放地点
   使用状况      在用        使用年限       5年0月    折旧方法   双倍余额递减法
   开始使用日期   2013-02-20   已计提月份        0     币种          人民币
   原值        18000.00     净残值率          5%    净残值        900.00
   累计折旧      0.00        月折旧率          0     月折旧额       0.00
   净值        18000.00     对应折旧科目  550204,折旧费  项目

   录入人       胡丽001                          录入日期    2013-02-28
```

（3）单击"保存"按钮，弹出"数据成功保存"信息提示对话框，单击"确定"按钮。

☞ **注意**　新卡片第一个月不提折 1 日，累计折旧为空或 0。

2. 折旧处理

（1）执行"处理"|"计提本月折旧"命令，弹出"计提折旧后是否要查看折

旧清单?"提示对话框,单击"否"按钮。弹出"本操作将计提本月折旧,并花费一定时间,是否要继续?"提示对话框,单击"是"按钮。

(2) 这时会弹出"折旧分配表",点击"退出",完成本月计提折旧。

(3)点击进入"折旧清单",可以查看本月固定资产折旧的金额。

3. 记账凭证

(1)执行"处理"|"批量制单"命令,打开"批量制单"对话框。在"批量制单"对话框中,打开"制单选择"选项卡,单击"全选"按钮。

(2)打开"制单设置"选项卡,这时我们看到,"发生额"、"科目"等相应的内容已经自动生成。

（3）单击"制单"按钮，系统自动进行制单。选择购买固定资产、折旧两张凭证的凭证类别、日期，输入摘要，完成单击"保存"按钮，凭证左上角显示"已生成"字样。需要注意的是，需要对两张凭证作处理，不要漏掉折旧业务记账凭证的生成。

(4)完成后单击"退出"返回。

4. 资产减少

(1)进入"系统菜单"|"卡片"|"资产减少",弹出"资产减少"对话框,在卡片编号栏里输入本期盘亏的办公电脑卡片编号00003,单击"增加"按钮。

(2)再双击"减少方式",将打开"增减方式参照"窗口,选择"202 盘亏",点击"确认"退出该窗口。再单击"资产减少"窗口中的"确定",将弹出"所选卡片已经减少成功"提示窗口。单击"确定"完成资产减少操作。

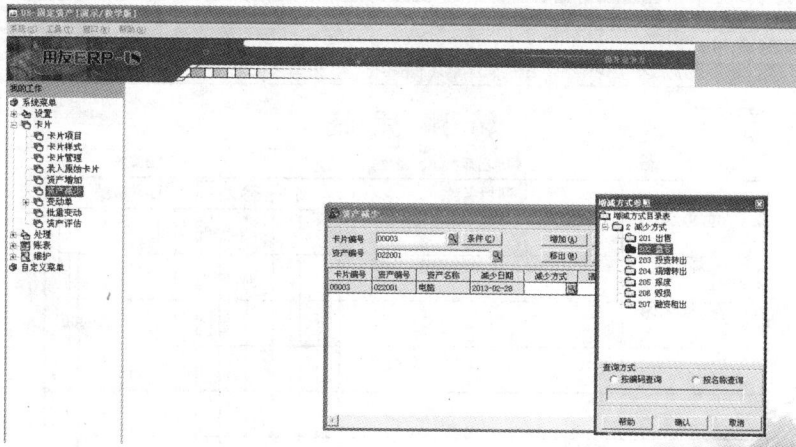

> ☞ **注意**
>
> ①资产减少操作只能在已经计提了当月折旧之后进行,否则将提示出错。
>
> ②如果要减少的资产较少或没有共同点,则通过输入资产编号或卡号,单击"增加"按钮,将资产添加到资产减少表中。
>
> ③如果要减少的资产较多并且有共同点,则通过单击"条件"按钮,输入一些查询条件,将符合该条件的资产挑选出来进行批量减少操作。

(3)点击"批量制单"完成盘亏固定资产记账凭证的生成。

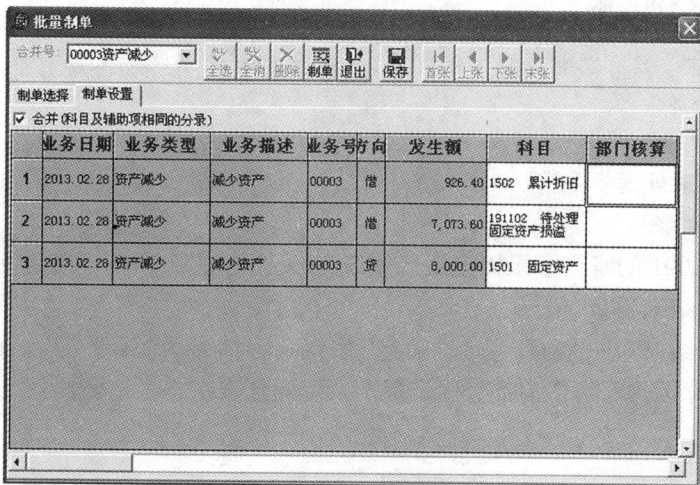

	业务日期	业务类型	业务描述	业务号	方向	发生额	科目	部门核算
1	2013.02.28	资产减少	减少资产	00003	借	926.40	1502 累计折旧	
2	2013.02.28	资产减少	减少资产	00003	借	7,073.60	191102 待处理固定资产损溢	
3	2013.02.28	资产减少	减少资产	00003	贷	8,000.00	1501 固定资产	

5. 总账系统处理

固定资产系统生成的凭证自动传递到总账系统,在总账系统中,对传递过来的凭证进行审核和记账。

(1)以出纳002的身份进入总账,对相关的付款及收款凭证签字。

(2)以张伟001的身份进入总账系统,对固定资产系统传递到总账的凭证进行审核和记账。

☞ **注意** 只有总账系统记账完毕,固定资产管理系统期末才能和总账进行对账工作。

6. 月末处理

(1)对账

①以001的身份登录固定资产系统,执行"处理"|"对账"命令,弹出"与账务对账结果"提示框。

②若结果为"平衡",单击"确定"按钮。若结果为"不平衡",查找原因(不平衡原因很有可能为部分固定资产系统凭证未在总账记账)。

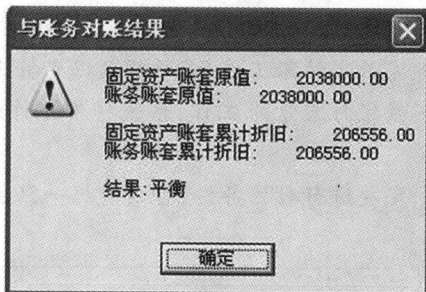

☞ 注意

①当总账记账完毕,固定资产系统才可以进行对账。对账平衡,开始月末结账。

②如果在初始设置时,选择了"与账务系统进行对账"功能,则对账的操作不限制执行时间,任何时候都可以进行对账。

③若在账务接口中选择"在对账不平情况下允许固定资产月末结账",则可以直接进行月末结账。

(2)月末结账

①执行"处理"|"月末结账"命令,打开"月末结账"对话框。

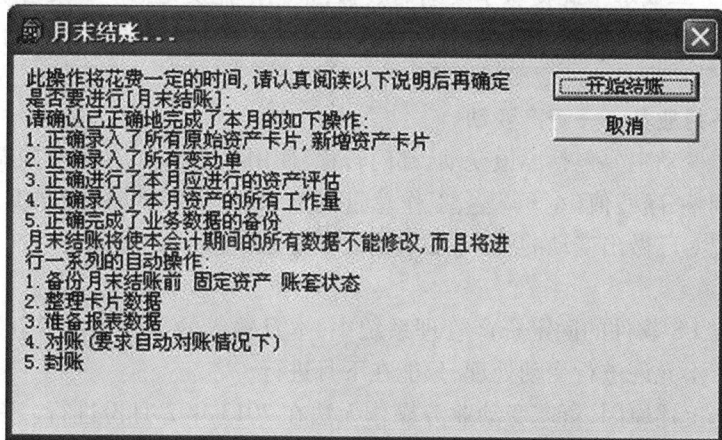

②单击"开始结账"按钮,弹出"与账务对账结果"提示对话框,单击"确定"按钮,弹出"结账成功完成"提示对话框。

③单击"确定"按钮。

☞ **注意**

　①本会计期间做完月末结账工作后,所有数据资料将不能再进行修改。

　②本会计期间不做完月末结账工作,系统将不允许处理下一个会计期间的数据。

　③月末结账前一定要进行数据备份,否则数据一旦丢失,将造成无法挽回的后果。

（3）取消结账（选做）

①执行“处理”|“恢复月末结账前状态”命令,弹出“是否继续?”提示对话框。

②单击“是”按钮,弹出“成功恢复月末结账前状态!”提示对话框。

③单击“确定”按钮。

☞ **注意**

　①假如在结账后发现结账前操作有误,必须要修改结账前的数据,则可以使用“恢复结账前状态”功能,又称“反结账”,即将数据恢复到月末结账前状态,结账时所做的所有工作都被无痕迹删除。

　②在总账系统未进行月末结账时才可以使用恢复结账前状态功能。

　③一旦成本系统提取了某期的数据,该期不能反结账。如果当前的账套已经做了年末处理,那么就不允许再执行恢复月末结账前状态功能。

7. 下月业务——资产变动

资产变动主要包括原值变动、部门转移、使用状况变动、使用年限调整、折旧方法调整、净残值（率）调整、工作总量调整、累计折旧调整、资产类别调整等。系统对已做出变动的资产,要求输入相应的“变动单”来记录资产调整结果。

用友 U8 软件的固定资产管理系统中,本月输入的卡片和本月新增加的固定资产不允许进行变动处理,只能在下月进行。

由于上述原因,资产变动业务操作无法在 2013 年 2 月份进行。因此,为了演示资产变动业务操作,本实验在 2013 年 3 月进行“使用状况变动”业务操作。

在业务操作前,首先确保 2 月份的固定资产系统已经结账。以 001 号操作员登录固定资产系统,登录时间为 2013 年 3 月份。

（1）使用状况变动

①执行"卡片"|"变动单"|"使用状况变动"命令，打开"固定资产变动单"窗口。

②输入卡片编号"00002"后，系统已经存在的关于00002号固定资产信息会自动弹出。输入变动后使用状况"大修理停用"，输入变动原因"维修"。

③单击"保存"按钮。

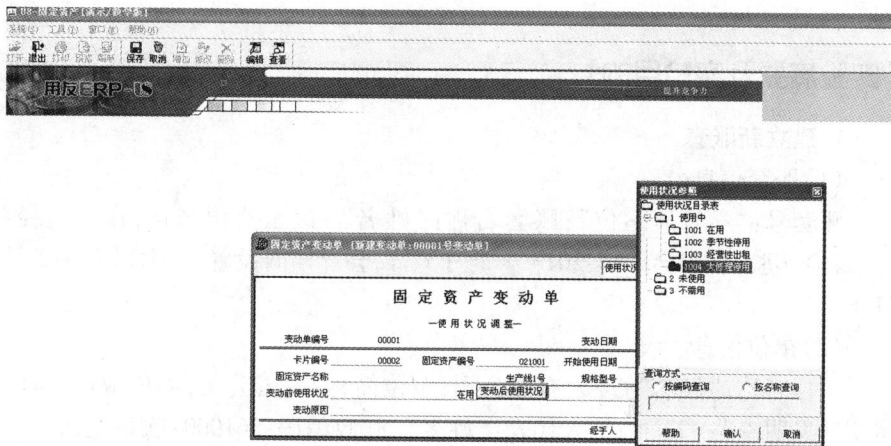

（2）部门转移

①执行"卡片"|"变动单"|"部门转移"命令，打开"固定资产变动单"窗口。

②输入卡片编号"0000"，输入变动后部门"供应部"，输入变动原因"调拨"。

③单击"保存"按钮。

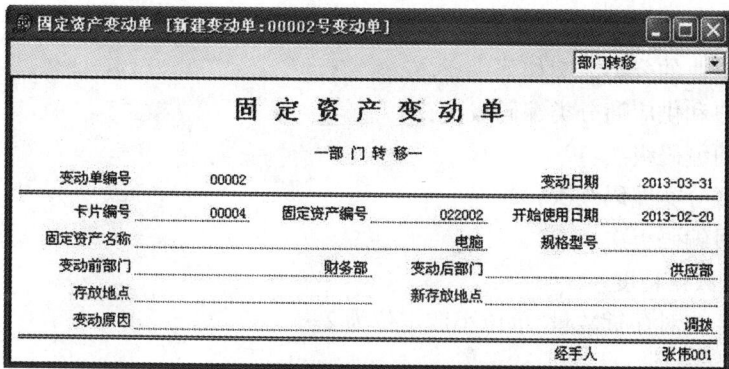

综合实验 1

【实验摘要及实验目的】

1. 建立新账套

（1）账套信息

账套号："学号后三位"；账套名称："姓名"+凌云有限公司；账套路径：E:\综合实验；启用会计期：2013 年 1 月 1 日；会计期间设置：1 月 1 日—12 月 31 日。

（2）单位信息

单位名称："姓名"+凌云有限公司；单位简称：凌云公司；单位地址：厦门思明区思明南路 422 号；法人代表："姓名"；邮政编码：361000；联系电话及传真：＊＊＊＊＊；电子邮件：＊＊＊＊＊＊＊；税号：(15 位数字)。

（3）核算类型

该企业的记账本位币：人民币(RMB)；企业类型：工业；行业性质：新企业会计制度；账套主管：自己姓名；并按行业性质预制会计科目。

（4）基础信息

该企业有外币核算，进行经济业务处理时，需要对存货、客户、供应商进行分类。

（5）分类编码方案

该企业的分类方案如下：

客户和供应商分类编码级次：22

部门编码级次：12

地区分类编码级次：22

科目编码级次：4222

（6）数据精度

该企业对存货数量、单位小数定位为2。

2. 财务分工

(1)编号:601　姓名:陈明(口令:1234)——账套主管,财务部

负责财务软件运行环境的建立,以及各项基础信息初始设置工作;负责财务软件的日常运行管理工作,监督并保证系统的有效、安全、正常运行;负责总账系统的凭证审核、记账、账簿查询、月末结账工作;负责报表管理及财务分析工作。

具有系统所有模块的全部权限。

(2)编号:602　姓名:王晶(口令:1234)——出纳,财务部

负责现金、银行账管理工作。

具有出纳签字权,现金、银行存款日记账和资金日报表的查询及打印权,支票登记权以及银行对账操作权限。

(3)编号:603　姓名:马方(口令:1234)——总账会计,财务部

负责总账系统的凭证管理工作以及客户往来和供应商往来管理工作。

具有除出纳签字权、主管签字权、审核凭证权及其他出纳权限外的所有总账系统操作权限。

3. 基础档案设置

(1)部门档案

部门编码	部门名称	部门属性
1	总经理办公室	综合管理
2	财务部	财务管理
3	销售部	市场营销

(2)职员档案

职员编号	职员名称	所属部门	职员属性
101	自己姓名	总经理办公室	总经理
201	张海	财务部	会计主管
202	赵二行	财务部	出纳
203	李沈河	财务部	会计
301	宋方	销售部	销售主管
302	王何	销售部	经营人员

（3）往来单位

客户分类	客户分类编码	客户名称	客户编码
北京	01	北京 A 公司	0101
福建	02	福建电脑公司	0201
供应商分类	供应商分类编码	供应商名称	供应商编码
深圳	01	深圳甲公司	0101
厦门	02	厦门乙公司	0201

4. 总账参数设置

（1）凭证设置：凭证制单控制采用序时控制和支票控制；不可修改他人填制的凭证；打印凭证页脚姓名；凭证审核控制到操作员；出纳凭证必须经出纳签字；凭证编号方式采用系统编号；外币核算采用固定汇率；实行预算控制；凭证按照科目、摘要相同方式合并。

（2）账簿设置：账簿打印位数、每页打印行数按软件的标准设定，明细账查询权限控制到科目，明细账打印按年排页。

（3）会计日历：会计日历为 1 月 1 日—12 月 31 日。

（4）其他：数量小数位和单价小数位设为 2 位；部门、个人、项目按编码方式排列。

5. 外币设置

币符：USD；币名：美元；固定汇率：1 : 6.2。

6. 会计科目设置

（1）增加会计科目

科目编码	科目名称	辅助核算类型
100201	银行存款——人民币	日记账、银行账
100202	银行存款——美元	日记账、银行账
550201	管理费用——差旅费	——
550202	管理费用——折旧费	——

（2）修改会计科目

将"1151 预付账款"科目改为"供应商往来"辅助核算项的会计科目；

将"现金"科目指定为"现金总账科目"，"银行存款"指定为"银行存款总账科目"；

　　将"应收账款"辅助核算类型改为"客户往来辅助核算科目"。

　　(3)删除会计科目

　　将"110103 短期投资——基金"科目删除。

　　(4)录入总账期初余额

科目名称	方向	期初余额
现金	借	1 110 000
银行存款	借	1 110 000
库存商品	借	450 000
预收账款	贷	370 000
实收资本	贷	2 300 000

　　(5)试算平衡

7. 凭证类别设置

凭证类别	限制类型	限制科目
收款凭证	借方必有	1001,1002
付款凭证	贷方必有	1001,1002
转账凭证	凭证必无	1001,1002

8. 设置结算方式

结算方式编号	结算方式名称	票据管理
1	现金结算	否
2	支票结算	是
201	现金支票	是
202	转账支票	是

9. 总账系统 1 月份日常业务处理

　　(1)1 月 8 日,以银行存款购买原材料,原材料总价 60 000 元,转账支票号 ZZR001。

　　借:原材料　　　　　　　　　　　　　　　　60 000

　　　　应交税金——增值税——进项税额　　　　10 200

　　　　贷:银行存款　　　　　　　　　　　　　　　　70 200

(2)1月10日,财务部王晶从银行提现1 000元作为备用金,现金支票号XJ001。

借:现金　　　　　　　　　　　　　　　　　1 000

　　贷:银行存款　　　　　　　　　　　　　　　　　1 000

(3)1月18日,销售部王华报销差旅费1 000元。

借:管理费用——差旅费　　　　　　　　　　1 000

　　贷:现金　　　　　　　　　　　　　　　　　　　1 000

(4)1月20日,销售一批商品给福建电脑公司,取得收入80 000元。

借:应收账款　　　　　　　　　　　　　　　93 600

　　贷:主营业务收入　　　　　　　　　　　　　　　80 000

　　　应交税金——应交增值税——销售税额　　　　13 600

(5)1月26日,收到敬贤集团投资资金50 000美元,汇率1∶6.2,转账支票号ZZW001。

借:银行存款——美元　　　　　　　　　　310 000

　　贷:实收资本　　　　　　　　　　　　　　　　310 000

输入凭证后,分别由出纳和主管签字,然后记账。

10. 工资账套的初始设置

(1)工资系统参数设置

启用日期:2013年1月1日。登录日期也是2013年1月1日。

工资类别个数:多个(工资类别1:基本人员;工资类别2:编外人员)。

核算币种:人民币RMB。

要求代扣个人所得税;进行扣零设置且扣零到元。

人员编码长度:3位。

(2)基础信息设置

①人员类别设置

经理人员、管理人员、经营人员。

②工资项目设置

项目名称	类型	长度	小数位数	增减项
基本工资	数字	8	2	增项
职务补贴	数字	8	2	增项
福利补贴	数字	8	2	增项
奖金	数字	8	2	增项

续表

项目名称	类型	长度	小数位数	增减项
应发合计	数字	10	2	增项
请假扣款	数字	8	2	减项
养老保险金	数字	8	2	减项
代扣税	数字	10	2	减项
扣款合计	数字	10	2	减项
实发合计	数字	10	2	增项
请假天数	数字	8	2	其他

③工资类别

工资类别1:基本人员。

工资类别2:编外人员。

④各工资类别工资项目设置

工资类别1:基本人员。

部门选择:所有部门。

工资项目:基本工资、职务补贴、福利补贴、奖金、应发合计、请假扣款、养老保险金、扣款合计、实发合计、代扣税、请假天数。

计算公式:请假扣款=请假天数×50

养老保险金=(基本工资+职务补贴+福利补贴+奖金)×0.05

工资类别2:编外人员。

部门选择:销售部。

工资项目:基本工资、奖金。

⑤人员档案设置

工资类别1:基本人员

人员编号	人员名称	所属部门	人员类别	是否计税	是否中方人员
101	自己姓名	总经理办公室	经理人员	是	是
201	陈明	财务部	经理人员	是	是
202	王晶	财务部	管理人员	是	是
203	马方	财务部	管理人员	是	是
301	宋佳	销售部	经理人员	是	是

工资类别2：编外人员

人员编号	人员名称	所属部门	人员类别	是否计税	是否中方人员
302	王华	销售部	经营人员	是	是

11. 工资系统1月份业务处理

（1）工资数据

①基本人员工资情况

职员编号	职员名称	基本工资	职务补贴	福利补贴	奖金
101	自己姓名	6 000	2 000	200	1 000
201	陈明	5 000	1 500	200	800
202	王晶	3 000	1 000	200	400
203	马方	4 000	1 000	200	600
301	宋佳	4 000	1 500	200	600

②编外人员工资情况

职员编号	职员名称	基本工资	奖金
302	王华	2 000	200

（2）1月份工资变动情况

考勤情况：宋佳请假3天。

（3）代扣个人所得税

计税基数：3 500。

（4）工资分摊

应付工资总额等于工资项目的"应发合计"，即"基本工资+职务补贴+福利补贴+奖金"。

应付工资费用分配的转账分录：

计提类型名称	部门名称	项目	借方科目	贷方科目
应付工资	总经理办公室	应发合计	管理费用	应付工资
	财务部	应发合计	管理费用	应付工资
	销售部	应发合计	营业费用	应付工资

最后,进行月末处理,并在总账系统中对工资系统生成的凭证进行审核并记账。

12. 总账系统期末处理

自定义和期间损益结转定义

借:管理费用——折旧费　　　　　　　　　　　JG(　)

　贷:累计折旧　　　　　　　　　　　　　　　1200/12

期间损益结转定义将损益类科目的余额结转到本年利润科目中。

根据上述自定义公式生成转账凭证,并进行期末损益结转,最终主管审核签字并记账。

13. 设置并生成报表

按照实验八的要求自定义设计利润表的格式和计算公式,并生成2013年1月份的利润表。

【简要操作指导】

1. 以系统管理员 admin 的身份登录"系统管理"。

2. 执行"权限|用户"命令,增加用户名为自己姓名的操作员。

3. 执行"账套|建立"命令,建立新账套,并输入账套相关信息。

4. 执行"权限|用户"命令,增加其他用户,执行"权限|权限"命令对用户赋予相应操作权限。

5. 以财务主管"601 陈明"的身份登录"企业门户"。

6. 打开"基础信息|基础档案",分别在"部门档案"、"职员档案"增加部门档案信息及职员档案信息,在"客户分类"及"供应商分类"中分别增加客户分类信息及供应商分类信息,然后再在"客户档案"及"供应商档案"中增加客户及供应商。

7. 打开"基础信息|基本信息|系统启用"启用总账系统,并在"系统菜单|设置|选项"中设置总账的相关信息。

8. 在总账系统里的"系统菜单|设置|外币及汇率"进行外币设置。

9. 在"系统菜单|设置|会计科目"中增加、修改或删除会计科目,并执行"编辑|指定科目"命令指定现金为"现金总账科目",指定银行存款为"银行存款总账科目"。

10. 在"系统菜单|期初余额"中录入期初余额并试算平衡。

11. 在"系统菜单|设置|凭证类别"中设置凭证类别。

12. 在"系统菜单|设置|结算方式"中设置结算方式。

13. 以总账会计 603 的身份登录总账,在"系统菜单|凭证|填制凭证"中编制凭证。

14. 以出纳 602 的身份重新登录总账,并在"系统菜单|凭证|出纳签字"中进行签字。

15. 以账套主管 601 的身份重新登录总账,并在"系统菜单|凭证|审核凭证"中进行凭证审核并记账。

16. 以账套主管 601 的身份在"用友 ERP-U8"|"企业门户"|"基础信息"|"系统启用"对话框中,启用"工资管理"子系统。

17. 以 603 的身份登录工资子系统,根据向导和实验资料建立工资账套。

18. 执行"设置"|"人员类别设置"命令,打开"类别设置"对话框,输入人员类别信息。

19. 执行"设置"|"工资项目设置"命令,打开"工资项目设置"对话框,输入实验资料中给出的工资项目并调整顺序。

20. 执行"工资类别"|"新建工资类别"命令,打开"新建工资类别"对话框,分别建立"基本人员"和"编外人员"两个类别并选择部门。

21. 设置工资权限——部门。以 601 的身份登录"企业门户",执行"基础信息"|"数据权限"|"数据权限设置",打开"权限浏览"对话框,为总账会计 603 设置访问部门信息的权限(基本人员和编外人员两类都要设)。

22. 进行"基本人员"工资类别的初始设置:

(1) 以 603 的身份进入工资系统,执行"工资类别"|"打开工资类别"命令,打开"打开工资类别"对话框。选择"001 基本人员"工资类别,单击"确认"按钮。

(2) 执行"设置"|"人员档案"命令,进入"人员档案"窗口,输入基本人员档案。

23. 执行"设置"|"工资项目设置"命令,打开"工资项目设置"对话框,设置基本人员的工资项目。

24. 在"工资项目设置"对话框中打开"公式设置"选项卡,录入实验资料中给出的计算公式。

25. 在完成基本人员工资类别初始设置的处理后,打开编外人员工资类别,参照基本人员工资类别初始设置方式,完成编外人员初始设置。

26. 设置工资权限——工资项目。以 601 的身份登录"企业门户",执行"基础信息"|"数据权限"|"数据权限设置",打开"权限浏览"对话框,为总账会计 603 设置访问工资项目信息的权限(基本人员和编外人员两类都要设)。

27. 再以603操作员的身份登录"工资管理"子系统。

28. 设置基本人员所得税纳税基数:

（1）打开"基本人员"工资类别。

（2）执行"业务处理"|"扣缴个人所得税"命令,通过此途径设置基本人员的所得税纳税基数。

29. 单击"业务处理"|"工资变动"命令,进入"工资变动"窗口,输入基本人员基本工资数据。

30. 输入基本人员工资变动数据。

31. 在"工资变动"窗口中,进行工资数据的计算与汇总。

32. 执行"业务处理"|"工资分摊"命令,打开"工资分摊"对话框。确定分摊计提的月份:1月。在进行分摊设置后进行工资分摊,并生成凭证。

33. 执行"业务处理"|"月末处理"命令,进行月末处理。

34. 参照基本人员工资处理方式完成编外人员工资处理。

35. 以601的身份进入总账系统,审核所有生成的凭证并记账。

注意:在完成总账系统所有日常业务处理和工资系统的处理后,就要进行2013年1月份的月末处理了。

36. 以总账会计603重新登录总账,并进入"系统菜单|期末|转账定义|自定义转账"进行摊销报刊费的自定义转账业务。点击"增加",输入相关自定义转账业务信息,保存并退出。

37. 进入"系统菜单|期末|转账生成",并选择"自定义转账",选择刚才定义的报刊摊销费业务,点击"确定"生成自定义凭证,保存退出。

38. 以账套主管601登录总账,并对自定义生成的凭证进行审核并记账。

39. 再以总账会计603的身份登录总账,并进入"系统菜单|期末|转账生成",选择"期间损益结转",并点击"全选"。

40. 点击"确定",自动弹出期间损益结转凭证,点击"保存"并退出。

41. 以财务主管601的身份重新登录总账,并对期间损益结转生成的凭证进行审核、记账。

42. 结账。

43. 设计并生成利润表。

综合实验 2

【实验要求】

1. 建立新账套

（1）账套信息

账套号："学号后三位"；账套名称：学号+"姓名"；账套路径：E：\综合实验；启用会计期：2013 年 1 月 1 日；会计期间设置：1 月 1 日—12 月 31 日。

（2）单位信息

单位名称："姓名"+芙蓉有限公司；单位简称：芙蓉公司；单位地址：厦门思明区思明南路 422 号；法人代表："姓名"；邮政编码：361000；联系电话及传真：＊＊＊＊＊；电子邮件：＊＊＊＊＊＊＊；税号：（15 位数字）。

（3）核算类型

该企业的记账本位币：人民币（RMB）；企业类型：工业；行业性质：新企业会计制度；账套主管：自己姓名；并按行业性质预制会计科目。

（4）基础信息

该企业无外币核算，进行经济业务处理时，需要对存货、客户、供应商进行分类。

（5）分类编码方案

该企业的分类方案如下：

客户和供应商分类编码级次：22

部门编码级次：12

地区分类编码级次：323

科目编码级次：4222

（6）数据精度

该企业对存货数量、单位小数定位为 2。

2. 新增用户及角色、权限分配

（1）张海（口令：1234），编号 111——角色：账套主管，财务部

（2）赵二行（口令:1234），编号112——角色:出纳,财务部

负责现金、银行账管理工作。

具有出纳签字权,凭证查询权,现金、银行存款日记账和资金日报表的查询及打印权,支票登记权以及银行对账操作权限。

（3）李沈河（口令:1234），编号113——角色:总账会计,财务部

负责总账系统的凭证管理工作以及客户往来和供应商往来管理工作。

具有除出纳签字权、主管签字权、审核凭证权及其他出纳权限外的所有总账系统操作权限;具有固定资产系统全部操作权限。

3. 基础档案设置

（1）部门档案

部门编码	部门名称	部门属性
1	综合部	综合管理
2	财务部	财务管理
3	销售部	市场营销
4	制造部	研发制造

（2）职员档案

职员编号	职员名称	所属部门	职员属性
101	自己姓名	综合部	总经理
102	宋方	综合部	企业管理人员
201	张海	财务部	会计主管
202	赵二行	财务部	出纳
203	李沈河	财务部	会计
301	王何	销售部	销售人员
302	张宏	销售部	销售人员
401	张迪	制造部	生产人员
402	李丹	制造部	生产人员

（3）往来单位

客户分类	客户分类编码	客户名称	客户编码
北京	01	北京A公司	0101
福建	02	福建电脑公司	0201
供应商分类	供应商分类编码	供应商名称	供应商编码
深圳	01	深圳甲公司	0101
厦门	02	厦门乙公司	0201

4. 启动总账

启动日期为2013年1月1日。

5. 总账设置

（1）凭证设置：凭证制单控制采用序时控制和支票控制；禁止修改他人填制的凭证；打印凭证页脚姓名；凭证审核控制到操作员；出纳凭证必须经出纳签字；凭证编号方式采用系统编号；不允许使用应收应付受控科目及存货受控科目；外币核算采用固定汇率；实行预算控制；凭证按照科目、摘要相同方式合并。

（2）账簿设置：账簿打印位数、每页打印行数按软件的标准设定，明细账查询权限控制到科目，明细账打印按年排页。

（3）其他：数量小数位和单价小数位设为2位；部门、个人、项目按编码方式排列。

6. 会计科目设置

（1）增加会计科目

科目编码	科目名称
550101	营业费用——折旧费
550109	营业费用——其他
550201	管理费用——差旅费
550202	管理费用——折旧费
550209	管理费用——其他
130101	待摊费用——报刊费
130109	待摊费用——其他

（2）修改会计科目

将"预付账款"、"应付账款"科目改为"供应商往来"辅助核算项的会计科目,"应收账款"改为"客户往来"辅助核算科目。

(3)指定科目

将"现金"科目指定为"现金总账科目","银行存款"指定为"银行存款总账科目"。

(4)录入总账期初余额

科目名称	方向	期初余额
现金	借	1 110 000
银行存款	借	5 110 000
库存商品	借	450 000
固定资产	借	870 000
累计折旧	贷	65 260
预收账款	贷	370 000
实收资本	贷	7 235 260

(5)试算平衡

7.凭证类别设置

凭证类别	限制类型	限制科目
收款凭证	借方必有	1001,1002
付款凭证	贷方必有	1001,1002
转账凭证	凭证必无	1001,1002

8.结算方式设置

结算方式包括现金结算、现金支票结算、转账支票结算及商业承兑汇票结算。

9.业务处理(以总账会计113的身份进入总账)

(1)1月10日,销售给北京A公司100 000元。

借:应收账款(往来客户:北京A公司)　　　　117 000
　　贷:主营业务收入　　　　　　　　　　　　　　100 000
　　　　应交税金——应交增值税——销售税额　　　17 000

(2)1月12日,向深圳甲公司购买原材料60 000元。

借:原材料　　　　　　　　　　　　　　　　60 000

　　应交税金——增值税——进项税额　　　　10 200

　　贷:应付账款(往来供应商:深圳甲公司)　　　　70 200

(3)1月18日,销售部王何报销差旅费1 000元。

借:管理费用——差旅费　　　　　　　　　　1 000

　　贷:现金　　　　　　　　　　　　　　　　1 000

(4)1月20日,收到上述销售货款117 000元,转账支票号ZZR001。

借:银行存款　　　　　　　　　　　　　　　117 000

　　贷:应收账款(往来客户:北京A公司)　　　　117 000

10. 总账系统期末处理

(1)自定义损益结转定义,在全年内摊销报刊费24 000元。

借:管理费用/其他　　　　　　　　JG(　　)

　　贷:待摊费用/报刊费　　　　　　2 400/12

(2)期间损益结转定义,将损益类科目的余额结转到本年利润科目中。

(3)把所有业务凭证记账。

(4)结账。

11. 生成芙蓉公司1月份的利润表

按照"实验8　UFO报表系统"利润表的格式,自定义报表格式,并生成芙蓉公司1月份的利润表。

12. 固定资产系统初始设置

(1)设置控制参数

启用日期:2013年2月1日。固定资产按平均年限法按月计提折旧,折旧汇总分配周期为一个月,当月初已计提月份=可使用月份−1时,要求将剩余折旧全部提足。资产类别编码方式:2−1−1−2。编码方式:按"类别编码+序号"自动编码。卡片序号长度:3。要求固定资产系统与总账系统进行对账,固定资产对账科目为"固定资产",累计折旧对账科目为"累计折旧",对账不平衡的情况下不允许月末结账。

(2)设置资产类别

类别编码	类别名称	净残值率	计提属性	折旧方法	卡片式样
01	房屋及建筑物	2%	正常计提	平均年限法	通用
011	办公楼	2%	正常计提	平均年限法	通用

续表

类别编码	类别名称	净残值率	计提属性	折旧方法	卡片式样
012	厂房	2%	正常计提	平均年限法	通用
02	机器设备	5%	正常计提	平均年限法	通用
021	办公设备	5%	正常计提	平均年限法	通用

（3）缺省入账科目设置

"固定资产"的缺省入账科目为"1501，固定资产"。"累计折旧"的缺省入账科目为"1502，累计折旧"。

（4）设置增减方式的对应科目

增减方式目录	对应入账科目
增加方式： 　直接购入	1002　银行存款
减少方式： 　毁损	1701　固定资产清理

（5）设置部门对应折旧科目

部门名称	贷方科目
综合部	管理费用——折旧费
财务部	管理费用——折旧费
销售部	营业费用——折旧费
制造部	制造费用

（6）输入固定资产原始卡片

卡片编号	00001	00002	00003
固定资产编号	011001	012001	021001
固定资产名称	1号楼	2号楼	电脑
类别编号	011	012	021
类别名称	办公楼	厂房	办公设备

续表

卡片编号	00001	00002	00003
部门名称	综合部	制造部	财务部
增加方式	在建工程转入	在建工程转入	直接购入
使用状况	在用	在用	在用
使用年限	30 年	30 年	5 年
折旧方法	平均年限法（一）	平均年限法（一）	平均年限法（一）
开始使用日期	2009 年 1 月 8 日	2010 年 3 月 10 日	2011 年 5 月 15 日
币种	人民币	人民币	人民币
原值	400 000	450 000	20 000
净残值率	2%	2%	5%
累计折旧	37 800	25 515	1 945
对应折旧科目	管理费用——折旧费	制造费用	管理费用——折旧费

13. **固定资产系统业务处理**

（1）增加资产

2013 年 2 月 15 日，直接购入并交付销售部使用电脑 1 台，预计使用年限为 5 年，原值为 12 000 元，净残值率为 5%，采用"年数总和法"计提折旧。

（2）折旧处理

计提 2 月份的资产折旧，生成计提折旧的记账凭证并保存。

（3）进行月末处理

【简要操作指导】

1. 总账部分操作指导见综合实验一【简要操作指导】

2. 以 111 号操作员的身份登录"企业门户|基础信息|基本信息|系统启用"，启用固定资产系统。

3. 执行"开始|程序|用友 ERP-U8|财务会计|固定资产"命令，建立固定资产账套，并设置控制参数。

4. 在"系统菜单|设置|资产类别"中，增加资产类别。

5. 在"设置|选项"中，把"【固定资产】缺省入账科目"设置为"1501 固定资产"，"【累计折旧】缺省入账科目"设置为"1502 累计折旧"。

6. 在"设置|增减方式"中,设置增减方式的对应科目。

7. 在"设置|部门对应折旧科目设置"中,设置部门对应折旧科目。

8. 执行"卡片|录入原始卡片"命令,输入固定资产名称、使用部门名称、增加方式、开始使用日期、原值、累计折旧、使用年限等资料。

9. 以113号操作员的身份登录固定资产系统

10. 在"系统菜单|卡片|资产增加"中,增加资产,输入名称、部门等信息。

11. 执行"处理|计提本月折旧"命令,生成本月折旧清单。

12. 在"处理|批量制单"中,自动生成购买固定资产和折旧的凭证,并保存。

13. 以出纳112的身份重新登录总账,并在"系统菜单|凭证|出纳签字"中进行签字。

14. 以111财务主管的身份重新登录总账,并在"系统菜单|凭证|审核凭证"中进行凭证审核。

15. 在"系统菜单|凭证|记账"中进行记账。

16. 以111财务主管的身份登录固定资产系统,执行"处理"|"对账"命令,进行固定资产系统对账。

17. 执行"处理"|"月末结账"命令,进行月末结账。

图书在版编目(CIP)数据

《会计信息系统》学习指导、练习与实验/薛祖云主编.—3版.—厦门:厦门大学
出版社,2013.6
(21世纪会计学系列教材)
ISBN 978-7-5615-2634-7

Ⅰ.①会⋯ Ⅱ.①薛⋯ Ⅲ.①会计信息-财务管理系统-高等学校-教学参考资料
Ⅳ.①F232

中国版本图书馆 CIP 数据核字(2013)第 096582 号

厦门大学出版社出版发行

(地址:厦门市软件园二期望海路 39 号   邮编:361008)

http://www.xmupress.com

xmup @ xmupress.com

厦门市明亮彩印有限公司印刷

2013 年 6 月第 3 版   2013 年 6 月第 1 次印刷

开本:787×960   1/16   印张:21.75

字数:380 千字   印数:7 000～10 000 册

定价:28.00 元

本书如有印装质量问题请直接寄承印厂调换